政府补贴与战略新兴产业创新

李清 等◎著

九州出版社
JIUZHOUPRESS

图书在版编目（CIP）数据

政府补贴与战略新兴产业创新 / 李清等著 . -- 北京：
九州出版社，2024.5

ISBN 978-7-5225-2861-8

Ⅰ . ①政… Ⅱ . ①李… Ⅲ . ①政府补贴—影响—新兴
产业—企业创新—研究—中国 Ⅳ . ① F279.244.4

中国国家版本馆 CIP 数据核字 (2024) 第 088046 号

政府补贴与战略新兴产业创新

作　　者	李　清　等著
责任编辑	蒋运华
出版发行	九州出版社
地　　址	北京市西城区阜外大街甲 35 号（100037）
发行电话	（010）68992190/3/5/6
网　　址	www.jiuzhoupress.com
印　　刷	三河市龙大印装有限公司
开　　本	710 毫米 ×1000 毫米　16 开
印　　张	16
字　　数	210 千字
版　　次	2024 年 5 月第 1 版
印　　次	2024 年 5 月第 1 次印刷
书　　号	ISBN 978-7-5225-2861-8
定　　价	88.00 元

前 言

战略新兴产业是引领国家未来发展的重要决定性力量，对我国形成新的竞争优势和实现跨越发展至关重要。战略性新兴产业是实现新旧动能转换的关键所在，是实现高质量发展的核心力量，是满足高品质生活的根本基石。战略性新兴产业代表新一轮科技革命和产业变革的方向，是国家培育发展新动能、赢得未来竞争新优势的关键领域，是现代化产业体系建设的关键带动力量，也是我国实现第二个百年奋斗目标的重要支撑。

党的二十大报告提出"推动战略性新兴产业融合集群发展，构建新一代信息技术、人工智能、生物技术、新能源、新材料、高端装备、绿色环保等一批新的增长引擎"，对我国战略新兴产业发展提出更高要求。发展战略新兴产业有四个方面的重要性：一是战略新兴产业能够维持我国经济与环境间的动态平衡。改革开放以来，我国经济得到高速发展，在经济增长的同时，也面临着大气、水、土壤污染等挑战；同时医疗卫生、能源等方面也存在一些亟待解决的问题。培育战略新兴产业，消除环境污染，控制生态平衡与自然灾害，让新动能代替旧动能，助推资源的可持续发展，是国家的重大战略需求。二是经济社会全局和长远发展离不开战略新兴产业。战略新兴产业在市场开放与发展、产品更新、技术升级、就业质量提升等方面作出巨大贡献，助力实现我国经济社会的可持续发展。通过瞄准产业前沿领域，实施一批具有前瞻性、战略性的国家重大科技项目，促进关键科技领域创新和变革，谋划发展一批具有广阔发展前景的未来产业，以此获得国家和区域竞争优势，进而实现经济社会全局和长远发展。三是战略新兴产业带动性强。战略新兴产业具有关联度高、带动系数大、辐射水平高、技术连带功能强的特征。能够实现产业间的技术互动和价值链接，促使产业间的专利数量的增加以及专利质量的提升，有效地带动一批产业和相关产业的发展，形成产业发展的技术经济新范式。在产业发展上，技术"卡脖子"问题依然存在，需要进一步整合发展资源，进而发展战略新兴产业，集中开展关键技术的研究和突破工作，推动经济的可持续发展。四是战略新兴产业的快速发展，将创造大量的就业机会。战略新兴产业也能更好地培养人的创造精神，进而实现更加美好和更高质量的生活。同时，战略新兴产业可以为人民提供更好的医疗、就业和居住条件。

战略性新兴产业经过"十二五""十三五"两个时期的发展，科技创新能力、产业规模与竞争力发展迅速，产业体系呈现融合化、集群化、生态化的发展趋势。战略性新兴产业的发展情况具体表现为以下几个方面：

一是战略性新兴产业发展势头迅猛，且带动作用不断提升。2010年，我国正式提出加快培育和发展战略性新兴产业，随后《"十二五"国家战略性新兴产业发展规划》《"十三五"国家战略性新兴产业发展规划》相继出台，战略性新兴产业迈入发展快车道。2021年，战略性新兴产业增加值占GDP比重为13.4%，比2014年累计提高5.8个百分点。其中，规模以上工业战略性新兴产业增加值比上年增长16.8%，比规模以上工业增加值增速快7.2个百分点。可见战略性新兴产业已经成为推动产业结构转型升级、经济高质量发展的动力源。2023年1至8月份，中央企业战略性新兴产业完成投资超8400亿元，同比增长约30%，在推动产业升级的同时，有力带动上下游企业共同发展。整理2013年到2021年《中国高技术统计年鉴》中高技术产业的企业数、主营业务收入和利润发现，我国高技术产业企业总数从 27218 家增加到 45646 家，其中医药制造业和医疗设备及仪表制造业从 12491 家增加至 16930 家，并呈现逐年增加的趋势。我国高技术产业发展趋势较好，带来巨大的经济效益，主营业务收入从 2013 年的 116048.9 亿元增加到 2099896 亿元，其中医药制造业增加了 9000 亿元。利润从 2013 年 7233.7 亿元增长到 2021 年的 18435 亿元，而医药制造业增加了 3 倍。我国电子通信设备制造业、医药制造业、医疗设备及仪器制造业蓬勃发展，以 2021 年为例，电子及通信设备制造业企业数量占高技术企业总数的 54%，医药制造业与医疗设备及仪器仪表制造业分别占 18%、19%。

二是科技创新的驱动能力不断增强。一批关键技术取得重大进展。例如，生物医药领域，我国独立研发、具有完全知识产权的"重组埃博拉病毒病疫苗"在全球首家获批，突破了病毒载体疫苗冻干制剂的技术瓶颈。近十年，中央企业累计投入研发经费超过 6 万亿，拥有研发人员 119 万人，建有国家级研发平台 759 个，创新成果高效能产出，创新生态全方位优化，在关键材料、核心元器件、基础零部件等领域突破一批短板技术，相关领域涌现出一批重大成果，有力支撑了国家科技实力、经济实力和国际竞争力提升。

三是产业集群规模优势突出。形成一批特色优势产业集群。例如，深圳市的电子制造等产业集群、武汉市的生物医药和光电子等产业集群、湖南长株潭区域的轨道交通产业集群、安徽合芜蚌区域的新型显示产业集群、杭州市的软件和电子商务等产业集群都各具特色，并形成较强综合竞争力。截至 2023 年 3 月，战略性新兴产业集群已初步形成以钢铁新材、先进陶瓷、电子信息等为主导的新材料产业集聚区，聚集规上企业 429 家，1 亿元以上重点项目 48 个，总投资 652 亿元，产业集聚效应明显，产业集群发展来势喜人。战略性新兴产业融合集群发展，发挥产业集群的集聚效应和科技外溢效应，实现人才、技术、资金的有机结合和效益最大化，是优化产业结构、加快构建现代化产业体系、提升科技创新水平、抢占新一轮科技革命和产业变革的制高点的重要途径。

四是产业生态活力凸显。我国在5G、工业互联网、集成电路、工业机器人、增材制造、智能制造、新型显示、新能源汽车、节能环保等多个重点领域孕育了战略性新兴产业的新业态新模式。例如，北京、上海、山东等多地正加码新兴产业布局，聚焦5G、物联网、人工智能、大数据、区块链、创新平台等新业态，策划形成了一批引领性、带动性、根植性强的重大项目。

近年来，我国不断加大对科技创新的支持，战略新兴产业更是受到国家的重视。2010年国务院出台《国务院关于加快培育和发展战略性新兴产业的决定》，明确提出抓住机遇，加快培育和发展战略新兴产业，坚持创新发展，将战略性新兴产业加快培育成为先导产业和支柱产业，强化科技创新，提升产业核心竞争力。在未来国际竞争的舞台上，战略新兴产业为我国赢得强大的优势。2013年国务院发布《"十二五"国家战略性新兴产业发展规划》，在生物医药产业中提出完善药品注册管理、价格管理、集中招标采购等政策。完善生物伦理法律法规。在新能源产业方面中提出加快发展技术成熟、市场竞争力强的核电、风电、太阳能光伏和热利用、页岩气、生物质发电、地热和地温能、沼气等新能源。2016年国务院发布《"十三五"国家战略性新兴产业发展规划》，全面发展七大产业，构建创新驱动的经济发展新模式，在生物医药产业中提出构建生物医药新体系，加快技术研发应用，推动新兴药物研发，并创新生物医药监管方式。对新能源产业，推动新能源汽车、新能源和节能环保产业快速壮大，构建可持续发展新模式。2019年国家发改委发布《关于加快推进战略性新兴产业集群建设有关工作的通知》，旨在通过建设一批战略新兴产业集群，强化产业链、优化价值链、提升创新链；加快培育新动能，有序推动东中西部产业转移和错位发展。2020年国家发改委提出《关于扩大战略性新兴产业投资，培育壮大新增长点增长极的指导意见》，指导意见提到聚焦重点产业投资领域、打造产业集群发展新高地、增强资金保证能力、优化投资环境。2021年12月工业和信息化部、国家发展和改革委员会等联合发布《"十四五"智能制造发展规划》，以新一代信息技术与先进制造技术深度融合为主线，深入实施智能制造工程，着力提升创新能力、供给能力、支撑能力和应用水平，加快构建智能制造发展生态。2022年11月工业和信息化部、发展改革委、国资委联合发布《关于巩固回升向好趋势加力振作工业经济的通知》，深入实施先进制造业集群发展专项行动，聚焦新一代信息技术、高端装备、新材料、新能源等重点领域，推进国家级集群向世界级集群培育提升。2022年12月国家发改委发布《"十四五"扩大内需战略实施方案》，壮大战略性新兴产业。围绕新一代信息技术、生物技术、新材料、新能源、高端装备、新能源汽车、绿色环保、海洋装备等关键领域，5G、集成电路、人工智能等产业链核心环节，推进国家战略性新兴产业集群发展工程，实施先进制造业集群发展专项行动，培育一批集群标杆，探索在集群中试点建设一批创新和公共服务综合体。国家发布以上规划、方案意见等，大力培育发展战略新兴产业，营造有利于战略新兴产业发展的经济生态环境，推动我国经济高质量发展。

《政府补贴与战略新兴产业创新》共有三篇十七章，是一部系统研究政府补贴与战略新兴产业创新的学术著作。本书基于不同视角将政府补贴进行分类，以新能源与生物医药企业为例，探讨不同类型政府补贴对企业创新的影响机制。"第一篇，政府补贴与新能源上市企业创新"收集并整理了新能源上市公司的数据，将政府补贴细分为创新补贴和非创新补贴两部分，用创新投入和创新产出表示企业创新，探讨不同类型的补贴对新能源企业创新的作用机制与效用。建立静态的FE/RE模型、动态的系统GMM/差分GMM模型和静态门槛/动态门槛模型。首先对全样本进行实证分析，其次重点按地区分样本进行实证分析，同时按企业所有权性质和所处生命周期进行分样本分析，并讨论处于不同地区的企业受政府补贴的力度和企业创新绩效是否存在差异。最后对创新投入的中介效应和政府补贴的信号传递机制进行检验。考察企业创新的动力来自下列哪一种情况：政府补贴的作用，企业创新惯性的作用，政府补贴与企业创新惯性的共同作用。"第二篇，政府补贴对中国生物医药企业创新的影响"在现有研究的基础上，基于外部性、信息不对称和资源基础理论，采用 2013—2021 年中国生物医药上市企业为研究样本，实证探究了政府补贴对生物医药企业创新投入和创新产出的影响作用。本篇进行了政府补贴对企业创新非线性影响的研究，明晰了政府补贴对生物医药企业创新的作用规律，并采用动态与静态门槛模型相对比的思路，更好地解释了政府补贴的作用机理，构建出了政府补贴、创新投入和创新产出的分析框架和计量模型。此外，本篇还讨论了动态模型反应的新规律，结合实际证明了企业创新行为是一个连续而非间歇性的过程，更进一步厘清了政府补贴对生物医药企业创新的直接影响。"第三篇，研发补贴和非研发补贴"选取了 2013—2021 年生物医药企业上市公司作为研究样本。将政府补贴划分为研发补贴和非研发补贴，探讨两种类型的补贴对企业创新产出的影响。将研发投入作为中介变量，探讨研发投入所起到的作用，由于考虑到创新具有可持续影响，因此运用静态面板中介效应模型和动态面板中介效应模型进行对比分析，同时研究了外部资源的机构投资者和银行信贷在企业自身研发投入和创新产出之间所起到的作用。按照企业规模与企业所处周期不同探讨分样本中研发补贴和非研发补贴对企业创新产出的影响。李清负责整体写作框架设计、各部分内容修订、最终统稿；王茂琼负责新能源企业部分的初稿撰写与修改；邸洁负责生物医药企业部分的初稿撰写与修改；刘晴晴负责研发补贴和非研究发补贴部分的初稿撰写与修改。

有关战略新兴产业创新的研究涉及颇为丰富的内容，也涉及很多相关产业，因为篇幅原因，本书以新能源和生物医药上市企业为研究对象，重点关注政府补贴的作用，不足之处敬请读者批评指正。

目　录

第一篇
政府补贴与新能源上市企业创新

政府对企业进行了大量扶持，但政府扶持是否如愿以偿地提升了企业的创新水平，现有研究关于政府补贴与企业创新之间的关系尚未形成定论，政府补贴与企业创新领域的研究仍存在争议。同时，由于政府补贴分类、研究方法的差异、企业创新惯性、地区差异、企业和行业异质性特征等均会影响政府补贴与企业创新的关系，因此政府补贴对企业创新的作用并不能简单地从理论上进行预测，而是必须具体情况具体分析。

新能源产业是全球产业竞争的重点，对我国经济发展和国家创新具有重要的作用。本篇利用2012—2016年中国新能源上市公司的数据，试图找到以下问题的答案：在静态和动态情景中，政府创新补贴和非创新补贴对企业创新的影响有何差异？如果政府补贴无法立即发挥作用，是什么支持企业的创新？在不同地区政府补贴的力度和效果存在怎样的差异？

本篇收集并整理了新能源上市公司的数据，将政府补贴细分为创新补贴和非创新补贴两部分，用创新投入和创新产出表示企业创新，建立静态的 FE/RE 模型、动态的系统 GMM/ 差分 GMM 模型和静态门槛 / 动态门槛模型。首先对全样本进行实证分析，其次重点按地区分样本进行实证分析，同时按企业所有权性质和所处生命周期进行分样本分析，最后对创新投入的中介效应和政府补贴的信号传递机制进行检验。研究发现：1. 总体来看，政府补贴能通过资源属性和信号传递机制促进企业创新投入和创新产出，企业创新投入在政府创新补贴与企业创新产出之间存在中介效应。但进一步研究发现，政府创新补贴和非创新补贴与企业创新投入和创新产出之间存在复杂的非线性关系。只有在一定区间内，政府创新补贴和非创新补贴才能起到促进企业创新的作用；当超过这个区间，政府补贴的作用方向和显著性将会发生变化。2. 政府补贴可能并非总能发挥作用，但企业存在创新惯性，即使政府补贴的作用无法在当期表现出来，企业仍然可以通过惯性保持一定的创新绩效。3. 政府补贴的强度和效果存在地区差异。虽然东部沿海地区的企业获得的补贴较少，但它们利用补贴的效率更高。非沿海地区的企业获得了更多的补贴，但其对创新的影响并未达到预期，部分企业的创新可能是一种获取其他利益的策略行为。4. 政府创新补贴和非创新补贴对企业创新的作用在所有权性质和所处生命周期不同的企业中存在差别。

第一章 政府补贴与新能源企业创新

一、研究背景及意义

（一）研究背景

随着中国经济的迅猛增长，国家愈发重视新能源产业的培育，以期在可持续发展的道路上迈出更加坚实的步伐。2007—2015 年，中国可再生能源电力供应增长了 185.5%，远高于全球 56.6% 的水平[1]；预计到 2050 年，新能源消费在能源消费总量中的份额会超过 30%[2]。但同时，传统能源的极速消耗抑制了能源产业的发展，并使得我国的环境污染问题更加严峻。Li 等认为中国政府应出台更多的能源技术推动政策，促进能源技术创新以实现节能减排[3]。但对比环境友好型新能源，传统能源对环境的负面影响难以杜绝。因此，中国乃至世界面对的能源危机使得助力新能源产业的成长变得更加紧迫和重要。

---

[1] Sun C, Zhan Y, Du G. Can value-added tax incentives of new energy industry increase firm's profitability? Evidence from financial data of China's listed companies [J]. Energy Economics, 2020, 86.

[2] Huang Z, Huang L. Individual new energy consumption and economic growth in China [J]. The North American Journal of Economics and Finance, 2019.

[3] Li K, Lin B. Impact of energy technology patents in China: Evidence from a panel cointegration and error correction model [J]. Energy Policy, 2016, 89:214-223.

新能源产业已逐渐变为全球产业竞争的焦点①。新能源可以缓解经济快速发展导致的自然资源过度使用和环境污染的问题②，符合世界可持续发展和向低碳密集型能源转型的规划③。战略性新兴产业有助于中国经济发展方式的转变④，更有助于我国实现科技进步和技术创新从而位列创新型国家。作为战略性新兴产业之一的新能源，具有绿色无污染、可循环使用的特征⑤。如风能和太阳能对环境无害；而氢能可以替代化石能源以避免石油等耗尽对科学技术发展造成的负面影响⑥。

在中国，企业已成为国家创新体系的重要参与者并发挥着越来越大的作用⑦。为使新能源在国家创新竞争和经济发展中更高质量地发挥作用，更长久地服务于人类科技发展，新能源产业应以技术研发和自主创新为核心。但创新正外部性、研发市场失灵⑧、研发周期长、研发资金短缺等现象的存在，使得创新成为高风险性和不确定性的活动⑨，仅依靠

---

① Vidadili N, Suleymanov E, Bulut C, et al. Transition to renewable energy and sustainable energy development in Azerbaijan [J]. Renewable and Sustainable Energy Reviews, 2017, 80:1153-1161.

② Ouellette P, Petit P, Tessierparent L, et al. Introducing regulation in the measurement of efficiency, with an application to the Canadian air carriers industry [J]. European Journal of Operational Research, 2010, 200（1）:216-226.

③ Kaplan Y A. Overview of wind energy in the world and assessment of current wind energy policies in Turkey [J]. Renewable and Sustainable Energy Reviews, 2015, 43:562-568.

④ 刘洪昌. 中国战略新兴产业的选择原则及培育政策取向研究 [J]. 科学学与科学技术管理, 2011, 32（03）:87-92.

⑤ 周亚虹, 蒲余路, 陈诗一, 等. 政府扶持与新型产业发展——以新能源为例 [J]. 经济研究, 2015, 50（06）:147-161.

⑥ 韩秀云. 对我国新能源产能过剩问题的分析及政策建议——以风能和太阳能行业为例 [J]. 管理世界, 2012（08）:171-172, 175.

⑦ Liu X, White S. Comparing innovation systems: a framework and application to China's transitional context [J]. Research Policy, 2001, 30（7）:1091-1114.

⑧ Tassey G. Policy issues for R&D investment in a knowledge-based economy [J]. The Journal of Technology Transfer, 2004, 29（2）:153-185.

⑨ Holmstrom B. Agency costs and innovation [J]. Journal of Economic Behavior and Organization, 1989, 12（3）:305-327.

企业自身条件进行创新恐难以达到公众的预期水平。Bointner 指出，公众会因为如下两个原因而支持研发活动：一个是市场失灵及其导致的知识溢出；另一个是研发的系统性失败[1]。政府补贴作为公众支持企业创新活动的重要工具之一，能缓解企业创新面临的资源短缺、市场失灵和研发风险等问题，从而为新能源产业创新提供强大的驱动力。

对比发达国家，我国新能源产业成长迟缓，技术创新和市场发展都不够成熟，因此其亟须政府的支持。2006 年至 2011 年 4 月，政府对风能、太阳能、生物质能的发电补贴总达 33448.84 百万元，每千瓦时补贴成本为 0.248 元[2]。自 2012 年以来，政府补贴政策已逐步从最初的投资补贴转变为元 / 千瓦时补贴；2013 年，政府通过电网向分布式光伏项目提供 0.42 元 / 千瓦补贴；截至 2016 年末，中国可再生能源补贴的赤字总达 600 亿元人民币[3]。2004—2019 年，受政府补贴的新能源公司整体呈逐年增多的态势；新能源上市公司受到的政府补贴总达 2325.30 亿元，政府补贴的分布比例为：风能 55.16%、核能 15.06%、氢能 9.25%、生物质能 4.83%、太阳能 15.17%、地热能 0.52%（如表 1-1-1 和图 1-1-1 所示）。

学术界一直在探讨，政府补贴投入力度如此之大，究竟对新能源企业创新起到了怎样的作用？关于政府补贴与企业创新的关系已有较多研究，但不同学者对两者间的关系存在异议。这表明，政府补贴与企业创新领域仍是一个尚未明晰的黑箱，这种现象存在的原因可能是研究国

[1]　Bointner R. Innovation in the energy sector: Lessons learnt from R&D expenditures and patents in selected IEA countries [J]. Energy Policy，2014，73:733-747.

[2]　Zhao H-r, Guo S, Fu L-w. Review on the costs and benefits of renewable energy power subsidy in China [J]. Renewable and Sustainable Energy Reviews，2014，37:538-549.

[3]　Liu Z, Li X, Peng X, et al. Green or nongreen innovation? Different strategic preferences among subsidized enterprises with different ownership types [J]. Journal of Cleaner Production，2019:118786.

别和对象存在差异①。本篇选择新能源上市公司，将中国作为研究情景，验证并进一步考察政府补贴与企业创新的关系，尝试就我国的政府补贴与新能源产业创新的关系作出新的解释。

表1-1-1　按年份政府补贴分布和受补贴的企业数量情况

年份	政府补贴（亿元）	企业数量（个）
2004	0.97	14
2005	2.97	14
2006	1.03	14
2007	47.42	216
2008	87.74	248
2009	95.49	278
2010	160.34	338
2011	206.09	380
2012	244.84	396
2013	217.63	399
2014	289.04	409
2015	384.8	429
2016	427.53	445
2017	63.79	407
2018	52.64	317
2019	42.98	269
总计	2325.30	—

资料来源：笔者根据 CSMAR 中的数据计算整理得到。

---

① 王一卉.政府补贴、研发投入与企业创新绩效——基于所有制、企业经验与地区差异的研究［J］.经济问题探索，2013（07）:138-143.

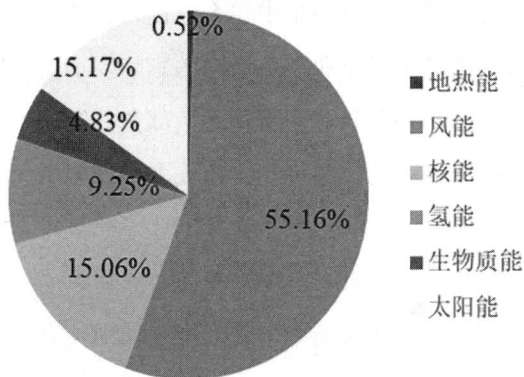

图 1-1-1　2004—2019 年按新能源分类的政府补贴分布情况

资料来源：笔者根据 CSMAR 中的数据计算整理得到。

（二）研究意义

1.理论意义

第一，本篇对现有研究在方法和研究角度上有新的补充，也在一定程度上缓解了现有研究结论间的争议。本篇运用静态和动态的线性模型及门槛模型，全面考察政府补贴与企业创新之间的线性和非线性关系。学者关于政府补贴与企业创新的关系存在异议，但实际上不同的研究并非都是对立关系。除了政府补贴外，企业自身因素也会影响企业创新。在静态环境中，政府补贴对企业创新的作用存在明确的符号；考虑动态因素时，企业自身创新惯性的作用得以体现；考虑门槛模型时，政府补贴对企业创新的作用不再是简单的正向或负向作用，而可能存在复杂的非线性作用。但现有研究关于政府补贴与企业创新之间关系的考察多属静态研究，而忽略了动态环境。

第二，本研究对理论分析中政府补贴分类的衡量与讨论具有重要的启示意义。现有研究基本从政府补贴总体展开分析，或者关注政府补贴中的创新补贴部分。但实际上，政府补贴包括直接作用于企业创新的补贴和间接对企业创新补贴发挥作用的补贴。如果不将政府补贴按补贴目的加以区分，或者只考虑政府补贴中与企业创新直接相关的部分，难以深入全面地分析政府补贴对企业创新活动的影响。本篇按照一定的标准将政府补贴区分为创新补贴和非创新补贴两部分，厘清了政府创新补贴和非创新补贴对企业创新的作用机制，建立多个模型全面分析这两种补贴对企业创新活动的作用。

第三，本篇能够引起学术界对于企业创新活动中创新惯性重要性的关注，让学者重视技术创新活动中创新的主观能动性对于企业创新活动持续性的影响。企业创新活动是一个投入创新资源、产出创新成果的过程。在这个过程中，企业创新的资源和动力不仅来源于外部，更依赖于企业自身。企业除投入创新资金和研发人才等研发要素外，更重要的是增强自主创新的意识。如果企业自身创新意识薄弱，外部资源的供给如政府补贴，也无法从根本上提高企业的创新能力和创新质量。本篇建立静态面板模型和静态门槛模型，并建立动态面板模型和动态门槛模型与之进行对比分析，以探究：企业的创新惯性是否对企业创新发挥了作用？企业创新的动力究竟只来自外部的政府支持，还是也有自身惯性的作用？

2. 实践意义

对企业而言，本篇研究有助于企业清晰：企业创新应当是自主创新为主，外部扶持为辅；企业应当增强自主创新的意识，并充分利用内外部创新资源提高自主创新的能力；此外，企业应当重点提高创新质量而非只增加创新数量，这有利于企业获得更多外部资源，有助于企业的持续创新。本篇从新能源上市公司这一微观角度考察政府补贴的实施效果，对企业发挥创新的主观能动性、提高创新能力并扩大市场竞争力，具有重要的实践意义。

对政府而言，本篇有助于政策制定者明晰：政府补贴对企业创新存在非线性作用，因此政府补贴并非越多越好，政府不应盲目加大对企业创新的扶持，而是应将补贴强度控制在一个合理的范围。在这个范围内，政府补贴能够得到最充分的利用并取得最经济的效果。此外本篇也有助于政策制定者认识到，政府应当加大对企业自主创新意识和自主创新能力的培育，从根本上解决企业创新的困境，再结合资金补贴和政策支持提高新能源企业创新质量和企业竞争力。

二、研究内容与方法

（一）技术路线图

研究技术路线图如图 1-1-2 所示。

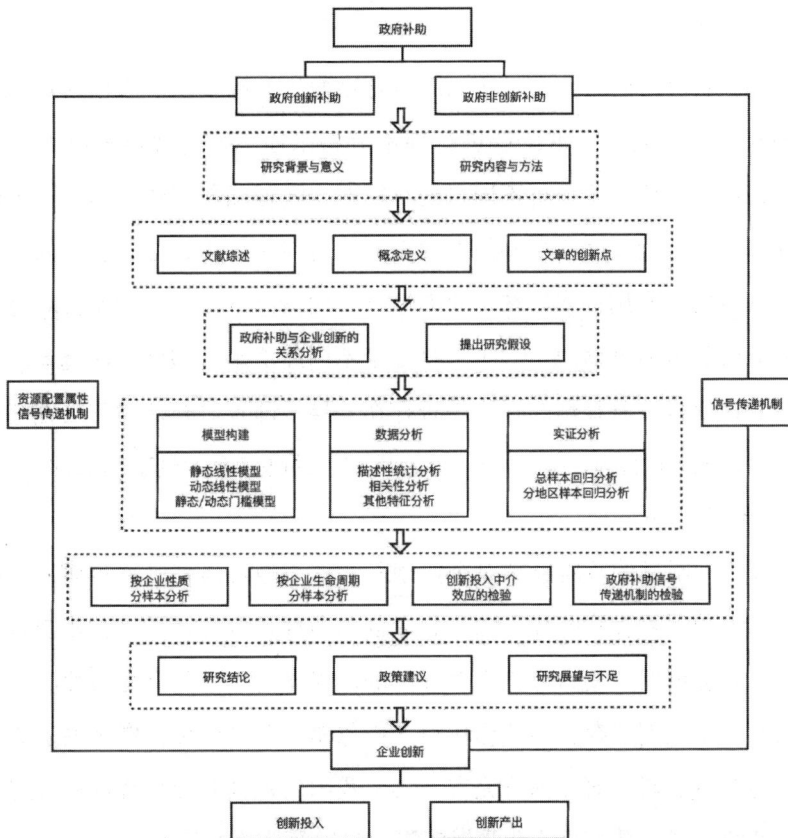

图 1-1-2　技术路线图

（二）研究内容与目标

1.研究内容

本篇基于新能源企业，探讨政府补贴对企业创新的影响机制及政策效果。（1）收集并整理新能源上市企业名单与政府补贴数据，将其区分为政府创新补贴和非创新补贴，探讨不同目的补贴对新能源企业创新的作用机制与效用。（2）将企业的创新惯性作为影响企业创新的重要因素，考察企业创新的动力来自下列哪一种情况：政府补贴的作用，企业创新惯性的作用，政府补贴与企业创新惯性的共同作用。（3）将地区差异作为企业创新的影响变量，并讨论处于不同地区的企业受政府补贴的力度和企业创新绩效是否存在差异。

2.研究目标

（1）获取新能源上市企业的政府补贴数据并筛选出政府创新补贴与非创新补贴，通过文献研读进行理论分析来厘清两种政府补贴的作用机制，通过实证方法分析不同目的补贴对企业创新作用的异同。（2）建立静态和动态的线性模型和门槛模型并进行对比分析，考察企业创新的惯性是否发挥作用，或者在企业惯性存在的情况下政府补贴能否对企业创新形成显著的推动力。（3）考察处于不同经济水平和创新环境地区中的企业，获得政府补贴的强度是否存在差异，即政府补贴政策是否有地区倾斜现象。在此基础上，进一步分析政府补贴对企业创新绩效的影响。

3.拟解决的问题

（1）不同目的政府补贴对企业创新的作用通过何种机制实现，作用大小和方向是否存在差异。（2）企业创新惯性是否发挥了对企业创新的作用，企业创新的动力究竟来自外部的政府支持，还是自身惯性。若创新惯性对企业创新存在显著作用而人们忽略这部分作用，那么关于政府补贴与企业创新的研究亟待完善。（3）我国的地区差异是否带来政府扶持力度的不同，是否导致企业创新能力和创新绩效参差不齐。

（三）研究方法

第一，文献研读法。对大量的中外文献阅读和整理，回顾了如下问题：政府补贴与企业创新的四种关系、政府补贴与企业创新关系的影响因素。在厘清上述问题后，笔者对新能源、政府创新补贴和非创新补贴作出了概念定义，并提出了资源基础观、市场失灵和委托代理理论三个用于解释研究问题的理论。

第二，实证分析法。本篇所用数据是跨度为 5 年的平衡面板数据，实证过程如图 1-1-2 所示。首先分析政府补贴分类与企业创新的关系、创新惯性与企业创新的关系、地区差异与企业创新的关系，基于此提出四个研究假设。随后构建了静态 / 动态线性模型；对数据按总样本和分地区样本进行描述性统计分析和相关性分析，并对样本按新能源种类和行业类型分类来分析新能源上市公司的特征。然后分别对总样本和分地区样本进行静态的线性分析，包括固定效应模型和随机效应模型；建立动态的线性模型，包括系统 GMM 模型和差分 GMM 模型，进行自相关检验和工具变量过度识别检验。在线性分析的基础上，为进一步考察政府补贴与企业创新之间可能存在的非线性关系，本篇运用了静态和动态的门槛模型，分别以政府创新补贴与非创新补贴作为门槛变量，同时进行线性检验。此外，本篇还按企业产权异质性和所处生命周期分样本考察政府补贴与企业创新之间关系存在的差异，并对创新投入的中介效应和政府创新补贴、非创新补贴的信号传递机制进行了检验。

第二章 政府补贴
与新能源企业创新的相关文献以及理论介绍

一、文献综述

（一）政府补贴对企业创新的影响

Dimos 等[1]通过对文献进行元回归分析（MRA），发现政府补贴与企业创新之间存在几种可能的关系。参照他们的分析思路，本篇将政府补贴与企业创新投入和创新产出的关系简单用图 1-2-1 表示。

第一，促进作用。政府补贴正向作用于企业的创新水平，即政府补贴发挥了杠杆效应。黎文靖等[2]以沪深 A 股上市公司 2001—2010 年的样本作为研究对象，研究表明包括政府补贴在内的产业政策刺激了企业策略性创新。陈红等[3]在以 A 股制造业和服务业上市公司作为样本的研究中发现，政府补贴明显地提高了企业创新绩效。伍健等[4]利用 Tobit 模

① Dimos C，Pugh G. The effectiveness of R&D subsidies: A meta-regression analysis of the evaluation literature［J］. Research Policy，2016，45（4）:797-815.

② 黎文靖，郑曼妮. 实质性创新还是策略性创新?——宏观产业政策对微观企业创新的影响［J］.经济研究，2016，51（04）:60-73.

③ 陈红，张玉，刘东霞.政府补贴、税收优惠与企业创新绩效——不同生命周期阶段的实证研究［J］.南开管理评论，2019，22（03）:187-200.

④ 伍健，田志龙，龙晓枫，等.战略性新兴产业中政府补贴对企业创新的影响［J］.科学学研究，2018，36（01）:158-166.

型分析后发现，战略性新兴产业中的政府补贴通过资源属性和信号传递效应带动了企业创新。解维敏等[①]认为政府的研发补贴可以增加企业进行研发活动的可能性，而熊维勤[②]也认为政府对企业的研发补贴能显著促进企业的研发活动规模从而提升企业 R&D 规模。Wang[③]以新加坡和香港作为对比案例，结果发现政府干预能提高企业的技术水平和创新范围。Santos[④]用反事实分析方法评估葡萄牙的一项创新补贴政策对企业绩效的影响，通过对已获申请补贴和未获申请补贴的公司进行分析，他发现前者的投资项目在就业水平、销售、资本支出等方面具有较高的预期影响。Minford 等[⑤]使用英国 1981—2010 年的数据来建立模型，结果发现研发补贴弥补了研发的摩擦成本，刺激了创新从而促进了生产率的增长。Clausen[⑥]、Maseko 等[⑦]、Bloch 等[⑧]的研究也支持政府补贴的促进作用。

① 解维敏，唐清泉，陆姗姗. 政府 R&D 资助，企业 R&D 支出与自主创新——来自中国上市公司的经验证据 [J]. 金融研究，2009（06）:86-99.

② 熊维勤. 税收和补贴政策对 R&D 效率和规模的影响——理论与实证研究 [J]. 科学学研究，2011, 29（05）:698-706.

③ Wang J. Innovation and government intervention: A comparison of Singapore and Hong Kong [J]. Research Policy, 2018, 47（2）:399-412.

④ Santos A M. Do selected firms show higher performance? The case of Portugal's innovation subsidy [J]. Structural Change and Economic Dynamics, 2019, 50:39-50.

⑤ Minford L, Meenagh D. Testing a model of UK growth: A role for R&D subsidies [J]. Economic Modelling, 2019, 82:152-167.

⑥ Clausen T H. Do subsidies have positive impacts on R&D and innovation activities at the firm level? [J]. Structural Change and Economic Dynamics, 2009, 20（4）:239-253.

⑦ Maseko N, Manyani O, Chiriseri L, et al. An analysis of the impact of targeted government support on SMEs growth and development in Zimbabwe: A survey of Mashonaland Central Province [J]. Journal of Research in International Business Management, 2011, 2（2）:51-59.

⑧ raversen E. Additionality of public R&D funding for business R&D—A dynamic panel data analysis [J]. World Review of Science, Technology Sustainable Development, 2012, 9（2-4）:204-220.

第二，抑制作用，政府补贴消极作用于企业的创新水平。王一卉[①]证明了在国有制企业中政府补贴不利于企业创新，并且政府补贴负向调节研发投入对创新产出的作用。周海涛等[②]通过对2013年广东省1002家高新技术企业进行回归分析后发现，政府直接的经费补贴会抑制企业的研发投入水平。李培楠等[③]利用面板回归分析和BP神经网络算法对2007—2012年制造业和高技术产业进行研究，结果发现政府支持负向作用于技术开发阶段企业发明专利的增加。Howell[④]采用2001年至2007年国家统计局编制的《工业企业年报》统计数据，考虑与生产相关的政府补贴，研究发现其负向作用于企业全要素生产率，并且未明显作用于企业研发决策和研发强度。

第三，无作用。政府补贴既不积极也不消极作用于企业创新，即政府补贴无效应或者作用不确定。早有学者提出，政府补贴对受补贴企业是否具有长期影响无法确定[⑤]，政府补贴是否能带来企业行为和技术战略的改变也无法确定[⑥]。国内学者的研究证实了这一结论。熊和平等[⑦]以2011—2013年沪深A股、中小板及创业板上市公司为样本，考虑企业生命周期，研究发现政府补贴对成熟期企业的研发投入并未发挥促进或抑

---

① 王一卉. 政府补贴、研发投入与企业创新绩效——基于所有制、企业经验与地区差异的研究 [J]. 经济问题探索，2013（07）:138-143.

② 周海涛，张振刚. 政府研发资助方式对企业创新投入与创新绩效的影响研究 [J]. 管理学报，2015，12（12）:1797-1804.

③ 李培楠，赵兰香，万劲波. 创新要素对产业创新绩效的影响——基于中国制造业和高技术产业数据的实证分析 [J]. 科学学研究，2014，32（04）:604-612.

④ Howell A. Picking 'winners' in China: Do subsidies matter for indigenous innovation and firm productivity? [J]. China Economic Review，2017，44:154-165.

⑤ Georghiou L. Evaluation of behavioural additionality [C]. Concept Paper. Presented at the Meeting of the TIP Working Group of the OECD，2003.

⑥ Aerts K, Czarnitzki D, Fier A. Econometric evaluation of public R&D policies: Current state of the art. Unpublished Manuscript.

⑦ 熊和平，杨伊君，周靓. 政府补贴对不同生命周期企业R&D的影响 [J]. 科学学与科学技术管理，2016，37（09）:3-15.

制作用。王俊[1]利用 1996—2007 年制造业企业的面板数据建立固定效应模型和系统 GMM 模型，结果发现政府补贴对企业自主创新并未发挥显著的刺激作用。朱治理等[2]利用我国中小板和创业板 2004—2013 年的数据作为样本，结果也发现政府研发补贴并未对企业创新发挥明显作用。李爽[3]通过对新能源企业建立随机前沿生产函数模型 (SFPM) 进行分析，结果发现政府补贴并未对新能源行业的技术创新效率发挥有效作用。

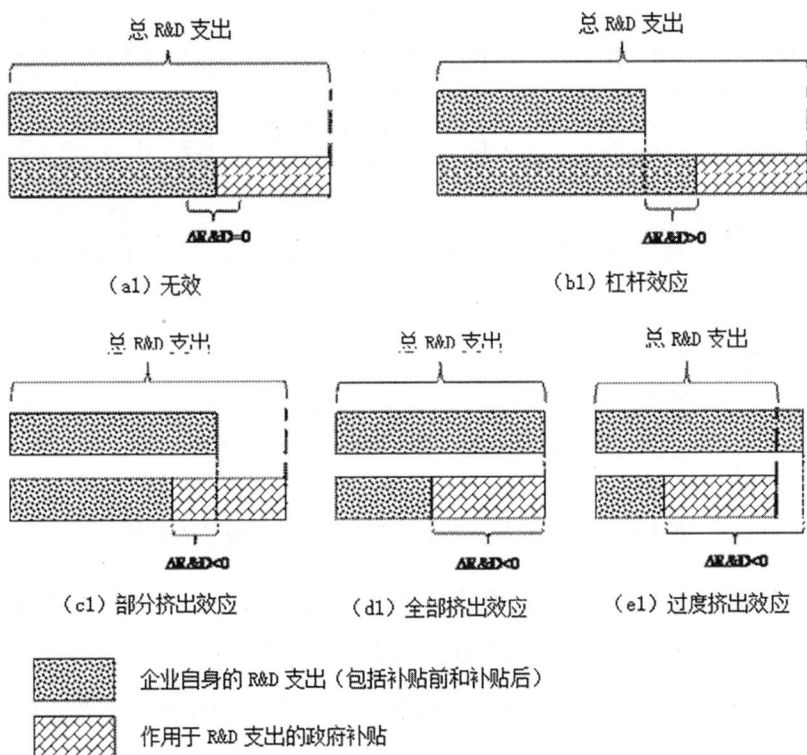

（a1）无效　　　　　　　　　　　　　（b1）杠杆效应

（c1）部分挤出效应　　　（d1）全部挤出效应　　　（e1）过度挤出效应

企业自身的 R&D 支出（包括补贴前和补贴后）

作用于 R&D 支出的政府补贴

(a) 政府补贴与企业创新投入之间的关系

① 王俊. R&D 补贴对企业 R&D 投入及创新产出影响的实证研究［J］. 科学学研究，2010，28（09）:1368-1374.
② 朱治理，温军，赵建兵. 政府研发补贴、社会投资跟进与企业创新融资［J］. 经济经纬，2016，33（01）:114-119.
③ 李爽. R&D 强度、政府支持度与新能源企业的技术创新效率［J］. 软科学，2016，30（03）:11-14.

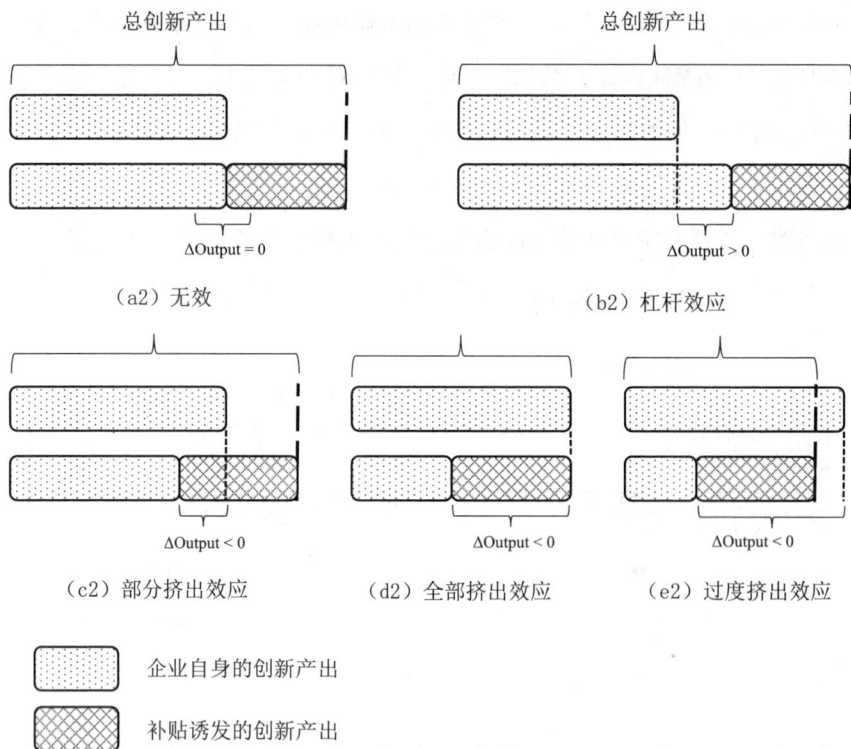

ΔOutput = 0

（a2）无效

（b2）杠杆效应

ΔOutput < 0

（c2）部分挤出效应

ΔOutput < 0

（d2）全部挤出效应

ΔOutput < 0

（e2）过度挤出效应

企业自身的创新产出

补贴诱发的创新产出

（b）政府补贴与企业创新产出之间的关系

图1-2-1 政府补贴与企业创新之间几种可能的关系

第四，非线性作用。政府补贴并非只是简单地提高或抑制企业创新水平，政府补贴对企业创新的作用存在区间效应。Liu等[①]用研发投入总额、研发强度、专利进展和全要素生产率四个指标来衡量企业技术创新，研究发现政府补贴与技术创新的四个指标之间呈倒U型关系。毛其淋等[②]提出政府补贴强度应注意"适度"，当政府补贴过高至越过某个

① Liu D，Chen T，Liu X，et al. Do more subsidies promote greater innovation? Evidence from the Chinese electronic manufacturing industry［J］. Economic Modelling，2019，80:441−452.

② 毛其淋，许家云. 政府补贴对企业新产品创新的影响——基于补贴强度"适度区间"的视角［J］. 中国工业经济，2015（06）:94−107.

区间时政府补贴对企业创新的作用将由正向转向负向。张彩江等[①]也认为政府补贴并非越多越好并验证了毛其淋等提出的结论。李晓钟等[②]对电子信息产业中的上市公司按企业性质分样本研究，结果发现在民营企业中政府补贴与企业创新绩效之间的关系存在门槛效应。其他学者的研究也发现了政府补贴与企业创新之间的非线性关系[③]。

（二）影响政府补贴与企业创新关系的因素

影响政府补贴与企业创新关系的因素不仅包括研究国别和样本的差异，还包括如下几点：

第一，政府补贴对企业创新的作用与是否区分政府补贴的目的[④]有关。政府补贴按补贴的目的不同，应当包括对企业创新活动的补贴和对非创新活动的补贴。前者是可以直接作用到企业创新活动中的政府资金[⑤]；后者只能间接对企业创新发挥作用，且没有研究表明它可以直接促进企业与外部技术合作的形成[⑥]。但现有文献中较少出现政府创新补贴和非创新补贴的概念，理论研究基本聚焦于研发补贴和非研发补贴。研发补贴是政府对企业研究与开发活动的补贴，而相较之下政府创新补贴涵盖的范围更广。在企业层面，政府创新补贴与非创新补贴的数据筛选过程烦琐、分类标准不一、数据缺失等现况导致其数据获取难度较大，细

① 张彩江，陈璐.政府对企业创新的补助是越多越好吗？[J].科学学与科学技术管理，2016，37（11）:11-19.

② 李晓钟，徐怡.政府补贴对企业创新绩效作用效应与门槛效应研究——基于电子信息产业沪深两市上市公司数据[J].中国软科学，2019（05）:31-39.

③ 武咸云，陈艳，杨卫华.战略性新兴产业的政府补贴与企业R&D投入[J].科研管理，2016，37（05）:19-23.

④ Santos A M. Do selected firms show higher performance? The case of Portugal's innovation subsidy [J]. Structural Change and Economic Dynamics，2019，50:39-50.

⑤ 郭玥.政府创新补助的信号传递机制与企业创新[J].中国工业经济，2018（09）:98-116.

⑥ Bianchi M，Murtinu S，Scalera V G. R&D subsidies as dual signals in technological collaborations [J]. Research Policy，2019，48（9）.

分政府补贴的工作在研究中常被省略，以致政府补贴对企业创新的影响中实际掺杂了不同的噪音。同时学者多关注政府创新补贴对企业创新的影响而忽略了政府非创新补贴的作用①。有研究因未将政府非创新补贴剔除而得出政府补贴抑制企业创新的结论。

因此，为对政府补贴与企业创新的关系进行全面衡量，应当将政府补贴按是否作用于企业创新活动进行分类。Santos 用反事实分析方法评估葡萄牙的一项创新补贴政策对企业绩效的影响，通过对已获申请补贴和未获申请补贴的公司分析，他发现前者的投资项目在就业水平、销售、资本支出等方面具有较好的预期效果。Liu 等从政府补贴总额中筛选出政府创新补贴，研究发现政府创新补贴促进了企业绿色创新和非绿色创新。吕久琴等② 按照一定的标准将政府科研创新补贴从政府补贴中细分出来，实证分析后发现政府科研创新补贴明显挤出了企业研发投资水平。李万福等③ 以 2007—2014 年 A 股非金融类上市企业作为对象，实证研究发现政府创新补贴并非如愿促进了企业自主创新水平。郭玥④ 将政府补贴细分为创新补贴和非创新补贴，以 A 股上市公司 2008—2015 年的样本作为研究对象，实证分析发现政府创新补贴能有效刺激企业研发投入和创新产出水平，而政府非创新补贴并未提升企业的创新水平。由上述分析可知，现有研究多关注政府创新补贴，鲜有研究同时考察政府创新补贴和非创新补贴对企业创新的影响。尽管郭玥在实证分析中对政府非创新补贴进行了讨论，但研究结论表明其并不认

① Liu Z，Li X，Peng X，et al. Green or nongreen innovation? Different strategic preferences among subsidized enterprises with different ownership types［J］. Journal of Cleaner Production，2019:118786.

② 吕久琴，郁丹丹. 政府科研创新补助与企业研发投入：挤出、替代还是激励？［J］. 中国科技论坛，2011（08）:21-28.

③ 李万福，杜静，张怀. 创新补助究竟有没有激励企业创新自主投资——来自中国上市公司的新证据［J］. 金融研究，2017（10）:130-145.

④ 郭玥. 政府创新补助的信号传递机制与企业创新［J］. 中国工业经济，2018（09）:98-116.

可政府非创新补贴的作用。本篇认为政府非创新补贴对企业创新的效用或需进一步考察。通过建立静态和动态的线性模型及门槛模型，本篇证明了政府非创新补贴对企业创新投入存在显著的刺激效应，也能正向作用于企业创新产出，这与郭玥的研究发现形成了对比。

第二，模型方法的差异意味着对政府补贴作用的考察方向不同，使用不同的模型也可以改变研究的重点。创新惯性的探讨也与所使用的方法相关。例如静态面板模型适合反映可再生能源的整体情况[1]，而动态面板模型更适合分析长期和动态的影响[2]。因此，只考虑静态或动态模型都可能难以全面反映政府补贴与企业创新之间的关系。企业可持续创新行为与企业创新惯性最好是在动态的情况下分析，但现有研究关于创新惯性的分析与讨论尚不全面[3]。

聚焦到能源类，现有文献主要运用静态模型和动态模型来考察政府补贴与企业创新之间的关系。中国情境中的静态模型包括周亚虹[4]、Bai[5]、Zhu[6]等；动态模型包括 He、Yang[7]等。Bai 等对中国 2010—2015

[1] He Z-X, Xu S-C, Li Q-B, et al. Factors that influence renewable energy technological innovation in china: A dynamic panel approach [J]. Sustainability, 2018, 10（1）:124.

[2] Marques A n C, Fuinhas J A. Drivers promoting renewable energy: A dynamic panel approach [J]. Renewable and Sustainable Energy Reviews, 2011, 15（3）:1601-1608.

[3] Suárez D. Persistence of innovation in unstable environments: Continuity and change in the firm's innovative behavior [J]. Research Policy, 2014, 43（4）:726-736.

[4] 周亚虹，蒲余路，陈诗一，等. 政府扶持与新型产业发展——以新能源为例 [J]. 经济研究，2015, 50（06）:147-161.

[5] Bai Y, Song S, Jiao J, et al. The impacts of government R&D subsidies on green innovation: Evidence from Chinese energy-intensive firms [J]. Journal of Cleaner Production, 2019.

[6] Zhu Z, Zhu Z, Xu P, et al. Exploring the impact of government subsidy and R&D investment on financial competitiveness of China's new energy listed companies: An empirical study [J]. Energy Reports, 2019, 5:919-925.

[7] Yang F, Cheng Y, Yao X. Influencing factors of energy technical innovation in China: Evidence from fossil energy and renewable energy [J]. Journal of Cleaner Production, 2019, 232:57-66.

年能源密集型上市企业样本的倾向得分进行匹配，以绿色专利数量衡量企业的创新绩效，实证结果表明政府研发补贴使能源密集型企业的绿色创新倾向和绩效分别提高了107.3%和54.1%。Zhu等用中国2012—2016年新能源上市企业的数据来探究影响新能源上市公司竞争力的因素，研究发现政府补贴促进了技术创新和科技成果转化，从而调节了研发投入与企业竞争力之间的关系。He等和Yang等均使用动态面板估计方法来考察滞后期企业创新和当期政府补贴对企业创新的影响。非中国情境下的静态模型包括Peters[1]、Klaassen[2]、Bointner[3]、Johnstone[4]等；动态模型如Sung[5]。Peters等以太阳能光伏产业为研究案例，利用专利数据对1978—2005年15个经合组织国家进行了分析，发现国内技术推动政策并没有促进境外创新产出，但国内和国外需求拉动政策都能刺激一个国家的创新产出。Klaassen等研究了丹麦、德国和英国的R&D支持对风力涡轮机农场创新的影响，结果发现丹麦的研发政策在支持创新方面最为成功，而丹麦和英国的产能促进补贴在刺激创新方面更有效。Bointner以14个数据质量充足的能源机构国家为对象，研究结果显示与利基技术的市场扩散相关的公共研发资金可能导致相关技术的突破。Johnstone等使用25个国家1978—2003年可再生能源的专利信息，实

① Peters M, Schneider M, Griesshaber T, et al. The impact of technology-push and demand-pull policies on technical change—Does the locus of policies matter? [J]. Research Policy, 2012, 41（8）:1296-1308.

② Klaassen G, Miketa A, Larsen K, et al. The impact of R&D on innovation for wind energy in Denmark, Germany and the United Kingdom [J]. Ecological Economics, 2005, 54（2-3）:227-240.

③ Bointner R. Innovation in the energy sector: Lessons learnt from R&D expenditures and patents in selected IEA countries [J]. Energy Policy, 2014, 73:733-747.

④ Johnstone N, Haščič I, Popp D. Renewable energy policies and technological innovation: Evidence based on patent counts [J]. Environmental and Resource Economics, 2010, 45（1）:133-155. 、

⑤ Sung B. Do government subsidies promote firm-level innovation? Evidence from the Korean renewable energy technology industry [J]. Energy Policy, 2019, 132:1333-1344.

证研究发现包括政府补贴在内的六种公共政策很大程度上决定了其专利申请水平。

第三，地区差异也起着重要的作用。政府行为对区域创新有影响[1]，因此本篇进一步从地理视角研究政府补贴的作用。Květoň 等[2] 在考察 2007—2014 年间捷克企业研发补贴的地区和行业影响时提出，各地区的经济结构不同，或多或少都在发生变化，各地区的实际可能性、人员和知识能力都会受到不同程度的限制，因此研发支持的效果将因地区而异。通过研究他们发现，在区域创新体系正在形成的地方由于仍在制定创新政策，研发支持对于激活区域潜力发挥着重要作用，研发支持对在研发强度较低地区经营的公司有较高的净效应。Bianchini 等[3]认为公共研发政策可以成为刺激弱势地区商业部门的知识创造和创新的重要工具；虽然专注于表现最好的公司可能会带来相对较高的回报，但将公共资源投资在更糟糕的制度环境中去支持企业研发活动时公共资源将产生积极的效果，从而使得知识和技术创造得以传播。Wang 等[4] 的研究发现政策组合在创新环境较弱的地区实施得更好，尤其是在该地区民营企业的创新绩效方面。然而对于创新环境较强地区的民营企业和创新环境

---

[1] Guan J，Yam R C M. Effects of government financial incentives on firms' innovation performance in China: Evidences from Beijing in the 1990s [J]. Research Policy，2015，44（1）:273-282.

[2] Květoň V，Horak P. The effect of public R&D subsidies on firms' competitiveness: Regional and sectoral specifics in emerging innovation systems [J]. Applied Geography，2018，94:119-129.

[3] Bianchini S，Llerena P，Martino R. The impact of R&D subsidies under different institutional frameworks [J]. Structural Change and Economic Dynamics，2019.

[4] Wang X，Zou H，Zheng Y，et al. How will different types of industry policies and their mixes affect the innovation performance of wind power enterprises? Based on dual perspectives of regional innovation environment and enterprise ownership [J]. Journal of Environmental Management，2019，251（Dec.1）:109586.1-109586.13.

较弱地区的国有企业，则没有显著影响。王一卉[①]发现政府补贴在研发投入与创新绩效的关系中发挥了负向的调节效应，这种效应在经济欠发达地区企业中的表现比在较发达地区企业中更明显。杨洋等[②]认为在要素市场扭曲程度低的地区，政府补贴促进创新的效应更大。高艳慧等[③]发现，当市场化程度低时，该地区政府补贴的信号传递效应更有效。Liu等[④]的研究也证明了同样数额的政府补贴对于不同经济发展水平地区的企业创新产生的效果完全不同。

此外差异巨大的行业因素如碳排放强度、出口、知识存量[⑤]等和企业因素如总资产、年龄、组织松弛[⑥]等，也会对研究结论产生影响。

（三）文献述评

无论国内还是国外已有大量研究从行业和企业层面考察政府补贴与企业创新的关系，学术界已将新能源作为研究热点并从新能源视角研究政府补贴与企业创新之间的关系。总的来说，现有研究关于政府补贴与企业创新的探讨是比较充分的，但现有文献关于政府补贴与企业创新关系的研究尚未形成统一结论。形成这种现象的原因，除了研究国别和样本的不同，还可能是因为：未区分政府补贴中的创新补贴和非创新补贴

---

① 王一卉. 政府补贴、研发投入与企业创新绩效——基于所有制、企业经验与地区差异的研究[J]. 经济问题探索，2013（07）:138-143.

② 杨洋，魏江，罗来军. 谁在利用政府补贴进行创新?——所有制和要素市场扭曲的联合调节效应[J]. 管理世界，2015（01）:75-86, 98, 188.

③ 高艳慧，万迪昉，蔡地. 政府研发补贴具有信号传递作用吗?——基于我国高技术产业面板数据的分析[J]. 科学学与科学技术管理，2012, 33（01）:5-11.

④ Liu D, Chen T, Liu X, et al. Do more subsidies promote greater innovation? Evidence from the Chinese electronic manufacturing industry[J]. Economic Modelling, 2019, 80:441-452.

⑤ Costantini V, Crespi F, Martini C, et al. Demand-pull and technology-push public support for eco-innovation: The case of the biofuels sector[J]. Research Policy, 2015, 44（3）:577-595.

⑥ Plank J, Doblinger C. The firm-level innovation impact of public R&D funding: Evidence from the German renewable energy sector[J]. Energy Policy, 2018, 113:430-438.

部分，行业或者产业存在异质性特征，忽略了企业自身的惯性对企业创新活动的影响，所使用的不同研究方法导致考察重点存在区别以及地区差异会对政府补贴和企业创新间的关系产生影响。

第一，如前所述，政府补贴包括直接和间接作用于企业创新的两部分，由于对政府补贴明细内容区分的标准不一、筛选过程烦琐，大多数学者在研究中并不重视这一过程，如不对政府补贴进行细分得出的研究结果可能与真实情况存在偏差。国内外有少量学者关注到了细分政府补贴的重要性，但大部分似乎认为创新补贴更值得关注并只探讨了政府创新补贴对企业创新的影响，鲜少有学者同时分析政府创新补贴和非创新补贴。第二，企业创新的动力可能来自政府政策等外部因素，也可能来自自身的惯性作用。如果企业创新是惯性作用而非政府补贴的结果，那这将对政府补贴发挥政策作用带来新的启示效果。学术界对惯性这个概念进行了理论分析，但创新惯性似乎并未得到足够的关注。虽然已有研究表明了企业存在创新惯性，但少有学者在研究政府补贴与企业创新间的关系时将企业的创新惯性纳入其中进行系统的讨论。第三，在能源类研究中，国内外学者建立了静态模型和动态模型分析政府补贴与企业创新间的关系，但实际上这些研究都是基于线性条件下的分析，几乎尚未有文献同时考虑静态和动态的线性模型和门槛模型，这也为本选题的计量方法和思路提供了突破点。第四，国内外学者的研究表明，不同地区受政府补贴强度的不同会对企业创新产生不同的影响，因此在政府补贴与企业创新分析框架中考虑地区差异是必要的。

（四）本篇创新点

如前述分析，现有研究关于政府补贴与企业创新的关系存在争议，且在细分政府补贴、研究方法、考虑企业创新惯性等方面存在不足。因此本篇将从以下三个方面对新能源企业政府补贴与企业创新间的关系进行补充和完善。

第一，将政府补贴细分为政府创新补贴和非创新补贴，并分别考察其对企业创新的效用。本篇通过对政府补贴明细内容进行检索分类以细分政府补贴。如果不将政府非创新补贴部分剔除，可能会导致政府补贴的实际作用存在偏差。或者若只考虑政府创新补贴部分，则无法形成全面的比较。国内外鲜少有学者关注到了政府补贴的细分，且在这些研究中几乎均只考虑了政府创新补贴对企业创新的作用，忽略或否定了政府非创新补贴的作用。本篇在细分政府补贴的基础上将研究视角同时延伸至政府创新补贴与非创新补贴，通过研究分析肯定了政府非创新补贴的作用，这能丰富和完善政府补贴与企业创新领域的相关研究。

第二，同时建立静态和动态的线性模型及门槛模型并对比研究。本篇着重考察了政府补贴与创新惯性对企业创新投入和创新产出发挥的作用，同时也验证了细分后的政府补贴是否存在门槛效应。据作者所知，在政府补贴与企业创新关系的研究中，本篇是首次将静态门槛模型、动态门槛模型与静态和动态的线性模型进行对比分析的。

第三，系统、全面考虑企业自身的创新惯性对企业创新的作用。鲜少有文献在政府补贴与企业创新的研究中详细讨论创新惯性。

二、概念定义

（一）新能源

在我国新能源属于战略性新兴产业，具有较好的发展潜力，但在国内和国际市场中尚未占领明显优势地位。因此，政府如何扶持新能源产业发展使其发挥后发优势，成为学者研究的重点。我国不同统计机构对新能源产业的划分标准不一，不同学者对新能源的界定也不同。本篇综合同花顺财经、新浪财经、东方财富网、证券之星中新能源概念股的公司名单，并结合中国新能源网对其进行补充和查证。

得到风能、氢能、核能、太阳能、地热能、生物质能、新能源汽车企业及其他属于新能源概念股的企业，包括石墨烯、芯片、新材料、锂电池、光伏、光纤等。

（二）政府创新补贴与非创新补贴

政府创新补贴是直接用于企业创新活动的资金，政府非创新补贴间接作用于企业创新活动。结合已有学者[①]对中国政府补贴的分类方法，本篇在政府补贴明细内容中按照下列关键词搜索并筛选出政府创新补贴。1.反映创新活动，如研发、研制、研究、创新、技术改造、课题经费、科研、产业升级、重大科技项目等。2.反映创新成果，如知识产权、专利、著作权、新药、新品种、新产品、科技成果转化等。3.反映创新人才与技术合作，如专家、博士后、高层次人才、海外工程师、院士、引才引智（如江苏省2016年第一批省级高层次创新创业人才引进计划专项资金、辽宁省外国专家局引智拨款资助）、人才高地、产学研、校企合作等。4.反映政府支持创新的政策，如火炬计划、小巨人、863计划、瞪羚企业、科技支撑计划、973计划、金太阳、高新技术企业认定等。5.反映高新技术的词，如机器人、集成系统、云雷达、激光、高频高温、云计算、石墨烯、数控、高精度、数字化模具等。将政府补贴总额减去政府创新补贴来反映政府非创新补贴，非创新补贴主要包括税收返还、发展基金、生产补贴、奖励款等与企业创新活动无直接关系的资金。本篇以2016年长安汽车公司为实例，对政府补贴进行细分，如表1-2-1所示。

---

① 李玲，陶厚永.纵容之手、引导之手与企业自主创新——基于股权性质分组的经验证据［J］.南开管理评论，2013，16（03）:69-79，88.

表 1-2-1 政府创新补贴筛选实例（股票代码 000625，公司名称：长安汽车，会计期间：2016 年）

政府补贴分类	项目内容	金额（元）
政府创新补贴 合计：544870489.06 元	小排量和 CB 系列发动机产业升级项目	15965833.31
	高效清洁增压直喷汽油机开发及产业化应用	6863454.24
	保长客轻型车技改项目	6820018.49
	北斗兼容 GPS 的乘用车前装智能车载终端研制与产业化	4340516.34
	汽车模具扩能技术项目财政资金	580666.68
	合肥长安研发资金补贴	360000000
	研发费用补贴	100300000
	新产品补贴	50000000
政府非创新补贴 合计：319388463.29 元	合肥长安新基地启动资金补贴	45414503.82
	北京长安项目补贴资金	33593110.43
	汽车综合试验场项目	28199166.64
	汽车轻质零部件产品化实施方案	15278642.84
	鱼嘴项目补贴款	5683673.52
	H 系列发动机项目财政资金	5333333.33
	扩充产能改造项目	4686606.84
	新型工业化补贴资金	3011223.36
	河北新厂区建设补贴款	2740000
	M201 客货系列产品生产线改造项目	333333.33
	定州市财政局出让金返款	218016.34
	南京长安发动机基地补贴资金	198873.96
	燃煤锅炉改造项目	20000.03
	企业发展资金补贴款	63477200
	生产补贴奖励	26100000
	税收返还	22890000

续表

政府补贴分类	项目内容	金额（元）
政府非创新补贴 合计：319388463.29 元	就业培训补贴及奖励	22433695.46
	就业岗位补贴	6000000
	节能降耗补贴	380000
	节能示范项目发展基金	100000
	其他	33297083.39

三、理论基础

（一）资源基础观

创新是一个投入产出过程，企业需要投入资金、人力、研发的技术知识等资源[1]。资源基础观（Resource-Based View）指出企业创新需要有形资源、无形资源和能力[2]，而企业所控制或拥有的这些独有的资源有助于其维持竞争优势[3]。在政府补贴与企业创新领域，企业创新的有形资源主要包括研发资金、技术平台、实验室、研究院、研发设备等；无形资源包括研发的技术知识、员工或管理者的创新意识、管理者的领导风格、企业声誉、员工忠诚度等；能力包括企业吸收资源的能力、企业对研发相关技术掌握的能力、融资能力、运用资源进行创新的能力等。

资源基础观的运用在政府补贴与企业创新的关系分析中得以体现。政府创新补贴能够为企业带来额外收入，能通过信号传递提升社会机构

---

[1] Horbach J. Determinants of environmental innovation—New evidence from German panel data sources [J]. Research Policy, 2008, 37 (1):163-173.

[2] Wernerfelt B. A resourced based view of the firm [J]. Strategic Management Journal, 1984, 5 (2):171-180.

[3] Barney J B. Returns to bidding firms in mergers and acquisitions: Reconsidering the relatedness hypothesis [J]. Strategic Management Journal, 1988, 9 (5):71-78.

对企业的投资力度，并能通过政府补贴项目向外部研发机构传递信号，如产学研、校企合作、科技人才、重大科技专项等研发项目。这些项目促使企业通过人才引进和对外技术合作等方式与研发机构建立紧密联系。由此政府补贴为企业创新带来研发资金和技术平台等有形资源，弥补了企业的研发技术知识，也为企业引进技术人才从而提升企业的创新能力。政府非创新补贴也能通过信号传递引导外部机构对企业进行投资，为企业创新带来研发资金。虽然政府补贴能为企业带来研发资金、人才、技术知识等创新资源，但是这些创新资源能否得到利用很大程度上取决于企业自身的内部资源情况。若政府补贴为企业带来的外部创新资源促进了企业创新，这表明企业的员工或管理者具有良好的创新意识，使得企业具有吸收外部创新资源的能力并能充分运用资源进行创新，同时企业从外部机构获得融资的能力和机会也得到提高。若政府补贴为企业带来的外部创新资源并不能促进企业创新，企业只能运用内部的研发资金和技术人才，依靠所掌握的技术知识，在具有自主创新意识和能力的管理者领导下进行创新活动。总结而言，资源基础观表明企业可以利用内部资源和外部资源进行创新，这也能对前述研究内容的第一点和第二点作出解释：探讨政府补贴对企业创新的影响，即是在讨论企业从外部获得的创新资源能否为企业带来创新产出；考察企业创新惯性对企业创新的影响，即分析企业能否利用内部研发资源和自主创新能力使企业维持持续性创新行为。同时资源基础观支持了后文研究假设的提出和模型的构建。资源基础观与企业创新的逻辑关系如图1-2-2所示。

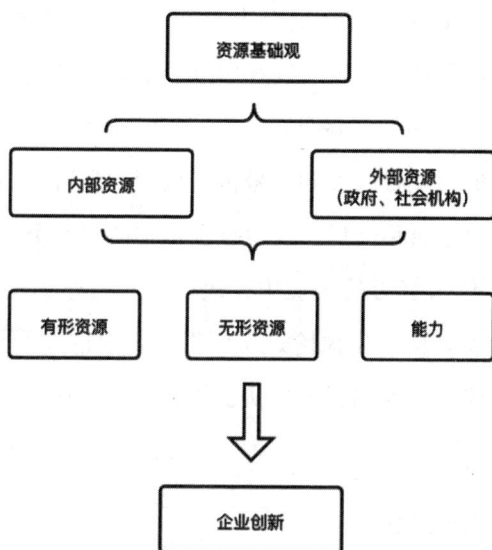

图 1-2-2　资源基础观与企业创新

（二）市场失灵

在政府补贴与企业创新领域，导致市场失灵现象出现的原因，包括外部性和不完全信息。早有学者指出了知识的重要性[①]。新知识的公开意味着能够被所有人获悉和应用，比如专利。知识是一种公共产品，它给社会带来了正的外部性，如知识溢出和搭便车[②]。因此企业的新知识极易被剽窃和模仿，在产权制度不完善的地区这种现象更加普遍和严重。由于这些原因，企业创新积极性会下降。企业创新的动力可以来自社会资源，但社会机构面临着信息不对称问题。企业在获得外部机构投资前可能会选择披露对企业有利的信息，从而获得社会机构的研发投资；在获得投资后投资机构无法完全获知企业研发资金的使用、创新过程和成果等真实信息。投资机构面临的不完全信息可能会带来"劣币

---

① David P. Lessons from patents: Using patents to measure technological change in environmental models［J］. Ecological Economics，2005，54（2005）:209-226.

② Bointner R. Innovation in the energy sector: Lessons learnt from R&D expenditures and patents in selected IEA countries［J］. Energy Policy，2014，73:733-747.

驱逐良币"问题，真正具有发展潜力和创新前景的企业无法得到研发投资，而通过披露有利信息塑造良好形象的企业却能获得较大份额的研发投资。政府干预作为"看得见的手"，能够缓解市场失灵问题。通过发挥政府补贴的资源配置属性和信号传递机制，政府能够减小外部机构和企业之间的信息不对称问题，使得投资机构的研发资金真正投用到有创新需求和做出创新努力的企业中；政府补贴资金运用到企业创新活动中，能够减少企业的研发风险，从而提高企业创新的积极性。此外，政府通过完善法律制度如知识产权法，能降低研发正外部性给企业创新带来的威胁。

（三）委托代理理论

外部投资机构和企业之间存在委托代理关系，外部投资者为委托人，从事创新活动的企业为代理人。外部投资者委托被投资企业从事研发创新活动，当企业通过创新提高产品质量时企业的市场份额和经营绩效将会增加，外部投资者能从中获得理想收益。当外部投资者与企业的行为目标不一致时会出现目标冲突，常见的一种情况是企业未将获得的研发投资用于企业创新活动，从而使得外部投资者的期望利益无法得到实现。委托代理关系包括逆向选择和道德风险两个问题。若将企业按创新能力分为低能力和高能力两类企业，在信息不对称的情况下外部投资机构可能面临逆向选择的问题，表现为无法识别出高创新能力的企业。将企业按创新努力程度划分为创新努力和创新不努力两类企业，此时外部机构面临隐藏行动的道德风险问题，外部机构无法识别企业是否利用了研发资金进行创新活动及创新的真实性和努力程度[1]。Takalo 等[2]基于融资约束视角在同时考虑企业、政府和以市场为基础的金融家

---

[1] 郭玥. 政府创新补助的信号传递机制与企业创新[J]. 中国工业经济，2018（09）:98-116.

[2] Takalo T，Tanayama T. Adverse selection and financing of innovation: Is there a need for R&D subsidies? [J]. The Journal of Technology Transfer, 2010, 35（1）:16-41.

（Market-based financier）的博弈模型时，指出企业家和金融家之间关于创新项目质量的信息不对称会导致资金缺口；这种资金缺口可能会阻止特别小的和以技术为基础的创业公司开展经济上可行的创新项目。分配直接补贴的政府项目是基于事先对补贴申请的筛选和审查[①]，同时政府能通过事后的监管及惩罚来控制企业创新行为[②]。因此政府可以发挥对企业认证的作用并减少其融资约束[③]，缓解企业和外部机构之间的信息不对称从而解决逆向选择和道德风险的问题。因此，委托代理理论有助于考察和解释企业融资能力和政府补贴对企业创新的间接作用，从而支持了本研究的必要性。由于存在逆向选择和道德风险，对外部投资者而言企业的创新活动充满了更大的不确定性，这会直接影响外部投资机构对投资风险和企业创新能力的判断，从而使得企业面临融资约束。政府对企业的补贴表明了政府对企业创新潜质的肯定和对创新风险的"兜底"，这实际上是一种市场信号，能够引导外部投资者对企业进行投资从而缓解企业的融资困境。而政府补贴也能通过指向外部投资机构的信号为企业争取更多的研发资源从而对企业创新发挥间接作用。

[①] Takalo T, Tanayama T. Adverse selection and financing of innovation: Is there a need for R&D subsidies? [J]. The Journal of Technology Transfer, 2010, 35（1）:16-41.

[②] 郭玥. 政府创新补助的信号传递机制与企业创新[J]. 中国工业经济, 2018（09）:98-116.

[③] Beugelsdijk S, Cornet M. 'A far friend is worth more than a good neighbour': Proximity and innovation in a small country [J]. Journal of Management and Governance, 2002, 6（2）:169-188.

第三章　政府补贴与企业创新的关系分析

一、政府创新补贴、非创新补贴与企业创新

创新是一项高投入的风险活动，企业需投入研发资金和人力资本等要素[1]。同时创新也是创造新产品的过程，企业需不断从外部吸收相关技术知识以满足新产品开发的需要[2]。因此企业不但面临着资金短缺和融资约束的压力，还可能因研发人员和技术知识匮乏而使创新活动受阻。政府补贴能为企业提供一笔不需付出成本的营业外收入来填补企业的资金缺口[3]并为企业补充创新资源[4]，从而降低企业的研发成本[5]和研发风险[6]

[1] Horbach J. Determinants of environmental innovation—New evidence from German panel data sources [J]. Research Policy, 2008, 37（1）:163-173.

[2] Escribano A, Fosfuri A, Tribó J A. Managing external knowledge flows: The moderating role of absorptive capacity [J]. Research Policy, 2009, 38（1）:96-105.

[3] Almus M, Czarnitzki D. The effects of public R&D subsidies on firms' innovation activities: The case of Eastern Germany [J]. Journal of Business and Economic Statistics, 2003, 21（2）:226-236.

[4] Tether B S. Who co-operates for innovation, and why: An empirical analysis [J]. Research Policy, 2002, 31（6）:947-967.

[5] Dimos C, Pugh G. The effectiveness of R&D subsidies: A meta-regression analysis of the evaluation literature [J]. Research Policy, 2016, 45（4）:797-815.

[6] González X, Pazó C. Do public subsidies stimulate private R&D spending? [J]. Research Policy, 2008, 37（3）:371-389.

并缓解企业融资约束，进而促进企业的创新活动[①]。企业的创新投入还可以来自外部融资[②]，主要是社会投资机构。但是投资机构面临着逆向选择问题，而公共机构是根据企业的资格标准来确定研发补贴的强度[③]，因此政府补贴能在一定程度上缓解投资机构面临的逆向选择下的信息不对称问题。同时政府能够向外界传递有利信号以吸引社会投资[④]，这些信号有助于减少作为合作伙伴的公司生存能力的不确定性，最终促进协作的形成[⑤]。政府补贴的信号也能指向学术机构和企业以形成技术合作，有助于企业获取政府补贴以外的其他资金[⑥]。

实际上，政府补贴中只有政府创新补贴可以直接作为企业的创新投入资金来使用[⑦]。政府非创新补贴无法直接作用于企业研发活动，也未有研究表明其能直接促进企业与外界形成技术合作[⑧]。但政府创新补贴和政府非创新补贴属于政府的产业政策手段，产业政策在企业竞争和成长中扮演着重要角色[⑨]，从而为企业创新奠定良好的基础。而且，政府产业政

① Czarnitzki D，Hottenrott H. R&D investment and financing constraints of small and medium-sized firms［J］. Small Business Economics，2011，36（1）:65-83.

② Kang K-N，Park H. Influence of government R&D support and inter-firm collaborations on innovation in Korean biotechnology SMEs［J］. Technovation，2012，32（1）:68-78.

③ Duch-Brown N，García-Quevedo J，Montolio D. The link between public support and private R&D effort: What is the optimal subsidy? Working Papers，2011:9.

④ Takalo T，Tanayama T. Adverse selection and financing of innovation: Is there a need for R&D subsidies?［J］. The Journal of Technology Transfer，2010，35（1）:16-41.

⑤ Bianchi M，Murtinu S，Scalera V G. R&D subsidies as dual signals in technological collaborations［J］. Research Policy，2019，48（9）.

⑥ Feldman M P，Kelley M R. The ex ante assessment of knowledge spillovers: Government R&D policy，economic incentives and private firm behavior［J］. Research Policy，2006，35（10）:1509-1521.

⑦ 郭玥. 政府创新补助的信号传递机制与企业创新［J］. 中国工业经济，2018（09）:98-116.

⑧ Bianchi M，Murtinu S，Scalera V G. R&D subsidies as dual signals in technological collaborations［J］. Research Policy，2019，48（9）.

⑨ Aghion P，Dewatripont M，Du L，et al. Industrial policy and competition. NBER Working Paper，2012.

策也能为企业创新打造良好的氛围。如政府非创新补贴中的招商引资政策能吸引新的企业或产业入驻，从而为本土企业带来新观念、新知识和新技术。其中常为学者所研究的 FDI，在行业内和企业间均存在显著的技术溢出效应[①]，从而有助于提升企业创新的意识和能力。综上所述，政府创新补贴可以直接为企业提供资金，也可以通过向社会投资机构、科研机构和技术合作企业传递信号，帮助企业获得研发所需的资金、人才和技术从而对企业创新产生间接影响。政府非创新补贴除了对上述组织起作用外，还能使企业获得外部技术溢出效应，通过信号传递机制间接提高企业的创新活力。社会投资机构主要包括风险投资机构、金融机构等投资机构；而科研机构、技术合作企业和技术溢出效应来源是外部研发条件提供者。因此本研究厘清政府创新补贴和非创新补贴对企业创新的作用机制，如图 1-3-1 所示：政府创新补贴通过资源配置效应[②]（直接作用）和信号传递机制（间接作用）来为企业创新活动提供资金流、信息流和技术流，而政府非创新补贴通过信号传递机制（间接作用）为企业创新提供信息流、资金流和技术流。

---

① Ayyagari M，Kosova R. Does FDI facilitate domestic entry? Evidence from the Czech Republic [J]. Review of International Economics，2010，18（1）:14-29.

② Yu F，Guo Y，Le-Nguyen K，et al. The impact of government subsidies and enterprises' R&D investment: A panel data study from renewable energy in China [J]. Energy Policy，2016，89:106-113.

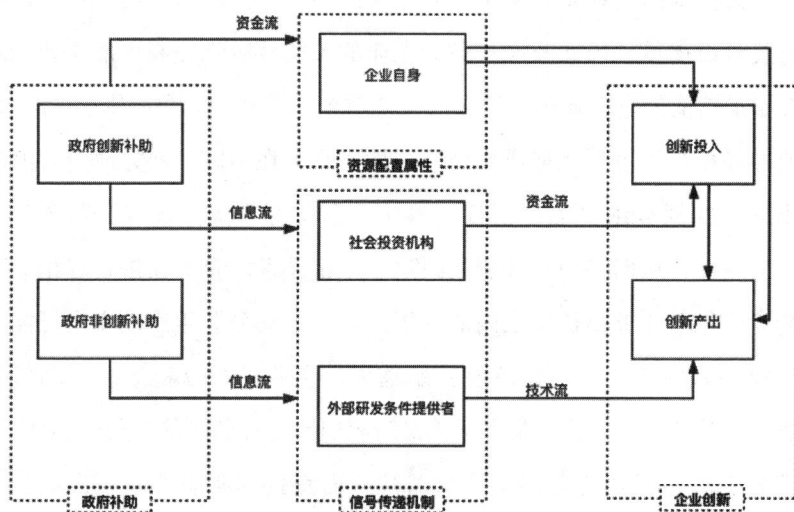

图 1-3-1 政府创新补贴和非创新补贴对企业创新的作用机制

根据上述分析，本篇提出如下假设：

H1：政府补贴促进了企业创新。

H1a：政府创新补贴显著促进了企业创新。

H1b：政府非创新补贴显著促进了企业创新。

然而如文献综述指出，政府补贴的作用可能并不总是线性的，政府补贴与企业创新之间还可能存在非线性关系。除了资源配置属性和信号传递机制外，政府补贴还具有风险控制效应[①]。企业创新主要面临来自技术、产品和金融市场的风险[②]。政府补贴可以通过资源配置属性和信号传递机制来降低企业创新面临的风险，风险越低企业的创新积极性就越高。然而当政府补贴流向一个或一些生产部门时，市场资源可能过度

[①] Liu D，Chen T，Liu X，et al. Do more subsidies promote greater innovation? Evidence from the Chinese electronic manufacturing industry［J］. Economic Modelling，2019，80:441-452.

[②] Pierrakis Y，Saridakis G. Do publicly backed venture capital investments promote innovation? Differences between privately and publicly backed funds in the UK venture capital market［J］. Journal of Business Venturing Insights，2017:55-64.

集中，其他部门的补贴要求不太可能得到满足，技术市场的系统性风险上升且难以衡量。因此政府补贴对企业的系统性风险控制可能失效，政府补贴虽然能促进企业创新但同时也会对企业创新产生负向影响。同时，企业的寻租行为也可能造成这种非线性关系。在中国，地方政府对财政支出的支配拥有绝对的话语权。因此，企业为了获得政府补贴会与当地官员结交，从而与当地政府之间建立寻租关系。企业在进行寻租活动时会产生包括业务招待费在内的寻租成本，这部分非生产性支出可能挤出企业的研发资金。但是政府补贴越多，企业进行寻租活动的动机就越强[①]。因此，一方面企业为了获得高额的政府补贴可能进行寻租活动，这部分支出使得企业的创新资金缩减从而直接抑制企业创新；但另一方面，企业通过寻租活动获得的政府补贴能通过资源属性和信号传递效应极大地支持企业的创新活动。因此政府补贴应当注重"适度区间"原则，政府补贴过低时企业进行创新的资金无法得到满足，政府补贴过高时企业可能产生过多的寻租成本从而挤出企业创新资金。由此，本篇作出如下假设：

H2：政府补贴与企业创新之间存在非线性关系。

H2a：政府创新补贴与企业创新之间存在非线性关系。

H2b：政府非创新补贴与企业创新之间存在非线性关系。

二、创新惯性与企业创新

除由资金和技术驱动外，企业创新还与组织制定的规则[②]、组织过去

① 毛其淋，许家云. 政府补贴对企业新产品创新的影响——基于补贴强度"适度区间"的视角 [J]. 中国工业经济，2015（06）:94-107.

② Eisenhardt K M, Martin J A. Dynamic capabilities: What are they? [J]. Strategic Management Journal, 2000, 21（10-11）:1105-1121.

的经验[1]等相关。但企业新的组织战略会受到过去战略行动的影响[2]，经验惯性能对组织创新发挥作用[3]。Chandrashekaran等[4]将"Domestic inertia"描述为分析单元保持在给定状态的一个（内在）趋势，这种趋势会对创新的持续时间产生影响。企业创新也存在这样一个"保持状态"的内在趋势，而保持创新会形成创新的套路或简单的规则，即形成创新的惯性[5]。惯性的存在使得企业可信，有助于企业获得更多的研发投资进而维持创新活动。因而企业的创新惯性能改变企业创新状况。创新惯性与企业创新的联系，在现有文献中有迹可循。周亚虹等[6]建立新能源企业的动态模型后发现，政府的产业政策未能激发企业的创新投入，但滞后一期的创新投入刺激了当期创新投入水平。Sung[7]利用韩国1990—2016年67家可再生能源技术企业的数据，以公司的智力资本来衡量企业创新，研究发现当其为被解释变量时，滞后一期企业创新和当期政府研发补贴

[1] Liao S-h, Fei W-C, Liu C-T. Relationships between knowledge inertia, organizational learning and organization innovation [J]. Technovation, 2008, 28（4）:183-195.

[2] Huang H-C, Lai M-C, Lin L-H, et al. Overcoming organizational inertia to strengthen business model innovation: An open innovation perspective [J]. Journal of Organizational Change Management, 2013, 26（6）:977-1002.

[3] Blumentritt T, Danis W M. Business Strategy Types and Innovative Practices [J]. Journal of Managerial Issues, 2006, 18.

[4] Chandrashekaran M, Mehta R, Chandrashekaran R, et al. Market motives, distinctive capabilities, and domestic inertia: A hybrid model of innovation generation [J]. Journal of Marketing Research, 1999, 36（1）:95-112.

[5] Wu S, Huang Z, Zhong W. Does inertia matter for parts manufacturers' innovation?[J]. Scientometrics, 2014, 101（1）:705-716.

[6] 周亚虹, 蒲余路, 陈诗一, 等. 政府扶持与新型产业发展——以新能源为例 [J]. 经济研究, 2015, 50（06）:147-161.

[7] Sung B. Do government subsidies promote firm-level innovation? Evidence from the Korean renewable energy technology industry [J]. Energy Policy, 2019, 132:1333-1344.

对被解释变量的影响系数显著为正。与周亚虹等[①]不同的是，Sung[②]的结论表明了企业创新存在路径依赖。He等[③]以中国可再生能源产业的专利数作为衡量创新的指标，回归结果表明政府补贴和滞后一期的创新绩效均显著促进了产业当期创新绩效。Yang等[④]在研究政府补贴与中国化石能源和可再生能源企业创新之间的关系时也发现了这一结果。

资源基础观指出企业可以运用内部资源进行创新活动，包括有形资源（如研发资金、技术平台）、无形资源（如研发知识、员工或管理者的创新意识）和能力（如融资能力、掌握研发技术的能力）。如前文所述，创新能力是新能源企业的核心竞争力。企业要想在市场立足并持续发展，就必须维持一定数量和质量的创新活动。在获得政府补贴后，即使政府补贴无法作用于企业创新，企业也应当充分调动内部创新资源进行自主创新，避免被市场淘汰。因此本研究认为在有政府补贴的情形下企业的创新惯性仍然存在，并作出如下假设：

H3：企业的创新惯性对企业创新有显著的正向作用。

三、地区差异、政府补贴与企业创新

创新是创造知识的过程，地方政府可通过加强知识产权保护为企

① 周亚虹，蒲余路，陈诗一，等. 政府扶持与新型产业发展——以新能源为例［J］. 经济研究，2015，50（06）:147—161.

② He Z-X, Xu S-C, Li Q-B, et al. Factors that influence renewable energy technological innovation in china: A dynamic panel approach［J］. Sustainability, 2018, 10（1）:124.

③ Yang F, Cheng Y, Yao X. Influencing factors of energy technical innovation in China: Evidence from fossil energy and renewable energy［J］. Journal of Cleaner Production, 2019, 232:57—66.

④ Buesa M, Heijs J, Baumert T. The determinants of regional innovation in Europe: A combined factorial and regression knowledge production function approach［J］. Research Policy, 2010, 39（6）:722—735.

业创新提供制度保障[①]。企业的创新活动需要 R&D 资金和创新人才[74]，但 R&D 要素市场的扭曲会影响区域创新活动。例如，一些企业通过寻租行为与地方政府接触以获取低成本的研发资金，从而影响研发资金在区域企业中的有效分配；区域要素价格的非市场化可能会抑制创新人才的流动。而政府可以缓解研发的市场失灵，通过资源配置[②]和信号传递[③]帮助区域吸收社会投资、引进技术人才。政府还可通过构建和完善研发相关的基础设施从而促进知识的溢出[④]。此外，政府可制定政策来吸引外部企业并形成企业集群，从而促进企业之间的知识共享，提高企业的创新意识和创新效率[⑤]。因此，在考察政府补贴对企业创新的影响时应考虑区域的经济发展水平、知识产权制度等法律制度环境[⑥]，区域要素市场的扭曲程度[⑦]，政治联系[⑧]等。

① Horbach J. Determinants of environmental innovation—New evidence from German panel data sources [J]. Research Policy, 2008, 37（1）:163-173.

② Yu F, Guo Y, Le-Nguyen K, et al. The impact of government subsidies and enterprises' R&D investment: A panel data study from renewable energy in China [J]. Energy Policy, 2016, 89:106-113.

③ Bianchi M, Murtinu S, Scalera V G. R&D subsidies as dual signals in technological collaborations [J]. Research Policy, 2019, 48（9）.

④ Whittington K B, Owensmith J, Powell W W. Networks, propinquity, and innovation in knowledge-intensive industries [J]. Administrative Science Quarterly, 2009, 54（1）:90-122.

⑤ Broekel T, Fornahl D, Morrison A. Another cluster premium: Innovation subsidies and R&D collaboration networks [J]. Research Policy, 2015, 44（8）:1431-1444.

⑥ Dosi G, Marengo L, Pasquali C. How much should society fuel the greed of innovators? On the relations between appropriability, opportunities and rates of innovation [J]. Research Policy, 2006, 35（8）:1110-1121.

⑦ 杨洋, 魏江, 罗来军. 谁在利用政府补贴进行创新?——所有制和要素市场扭曲的联合调节效应 [J]. 管理世界, 2015（01）:75-86, 98, 188.

⑧ Jia J, Ma G. Do R&D tax incentives work? Firm-level evidence from China [J]. China Economic Review, 2017, 46:50-66.

事实上，政府研发支持存在区域不平衡的现象[①]。公共研发是对低技术创新能力企业研发支出的补充[②]，因此政府应着眼于缺乏技术创新资源的地区，实现公共资源在区域间的有效配置[③]。不同地区在创新的前提条件、活动、过程和创新网络上存在差异，并且"one size does not fit all"[④]。因此，政府补贴的强度和效果存在地区差异。区域经济和创新环境[⑤]对政府补贴的效果影响很大，如人力资本、技术支持、创新设施、制度保障等。优势地区的企业拥有更好的创新环境，然而由于区域创新系统已有的成熟度和本土企业更高的临界规模，政府补贴对企业创新的边际效应可能不显著。而在欠发达地区，区域创新体系还不成熟、自主创新企业较少，因此政府补贴的作用潜力和效用更大。优势地区的新能源产业创新行为逐渐成熟，政府补贴可能会起到"锦上添花"的作用。而在弱势地区，企业对政府补贴的需求更高，政府补贴可能会起到"雪中送炭"的作用。在中国，东部沿海地区属于经济水平较发达地区，创新环境较成熟；而非东部沿海地区属于经济欠发达地区，创新环境较薄弱。因此本篇认为政府补贴的强度和效果存在地区差异，并假设创新环境较弱的地区获得的政府补贴越多，创新绩效越好。

H4：非东部沿海地区获得的政府补贴更多，政府补贴对企业创新发

---

① Květoň V, Horak P. The effect of public R&D subsidies on firms' competitiveness: Regional and sectoral specifics in emerging innovation systems [J]. Applied Geography, 2018, 94:119-129.

② Lee C. The differential effects of public R&D support on firm R&D: Theory and evidence from multi-country data [J]. Technovation, 2011, 31 (5):256-269.

③ Min S, Kim J, Sawng Y. The effect of innovation network size and public R&D investment on regional innovation efficiency [J]. Technological Forecasting and Social Change, 2020, 155.

④ Todtling F, Trippl M. One size fits all?: Towards a differentiated regional innovation policy approach [J]. Research Policy, 2005, 34 (8):1203-1219.

⑤ Buesa M, Heijs J, Baumert T. The determinants of regional innovation in Europe: A combined factorial and regression knowledge production function approach [J]. Research Policy, 2010, 39 (6):722-735.

挥的作用更大。

四、研究模型

本章在政府补贴与企业创新的关系分析中，深入探讨了政府补贴分类、创新惯性与地区差异对企业创新的影响。第一，通过分析政府补贴的资源配置属性和信号传递机制，本研究假设政府创新补贴和非创新补贴促进了企业的创新投入和创新产出。通过理论分析，本研究认为政府补贴对企业系统性风险的控制可能失效、企业寻租活动产生的寻租成本会挤出研发资金，因此假设政府创新补贴和非创新补贴与企业创新之间存在非线性关系。第二，本章肯定了企业创新惯性的作用且认为在有政府补贴时企业自主创新的行为仍然存在，并假设企业创新惯性对企业创新发挥了作用。第三，本章通过理论分析认为政府补贴的目的是弥补创新条件差的地区，而政府补贴在这些地区能够有更大的作用空间，由此假设创新环境较弱的地区获得的政府补贴越多，创新绩效越好。由此，绘制了如图 1-3-2 所示的研究模型：

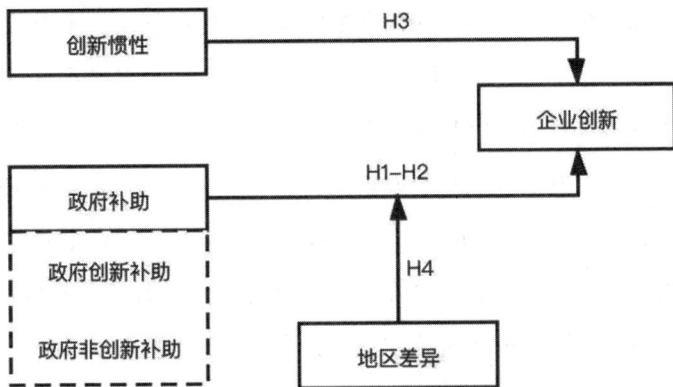

图 1-3-2　研究模型

第四章　政府补贴
与新能源企业创新的研究设计

一、样本选择和数据来源

结合多个金融数据库整理出新能源概念股企业名单，共 477 家企业。为推动"十二五"国家关于战略性新兴产业规划的开展，国家统计局编制《战略性新兴产业的分类 (2012)》(试行) 并指出新能源产业为七大战略性新兴产业之一，这使得学术界更加重视新能源产业与国家创新和绿色创新发展的结合。由于上市公司的财务数据和关键变量数据的缺失，考虑到企业数据的完整性及参照现有研究的做法，本篇选取 2012—2016 年为研究区间[①]。运用 EXCEL 和 STATA　15.1 对数据进行如下处理：1. 删除在该期间被 ST 或退市处理的企业；2. 删除关键变量存在缺失值的样本，包括发明专利和研发投入；3. 删除未获得政府创新补贴和非创新补贴的样本。经上述处理后得到 180 家公司 5 年的数据，共 900 个有效观测值。重点对分地区样本进行分析，将样本分为东部沿海和非东部沿海两个地区，前者包括北京、上海、天津、辽宁、山东、江苏、浙江、福建和广东 9 个省（市），后者包括河北、重庆、贵州、山西、宁

---

① 李传宪，黄丽.政府补贴对新能源上市公司双元创新投入影响研究［J］.中国科技论坛，2019（03）:11–18.

夏、安徽、云南、江西、四川、河南、湖北、湖南、黑龙江、新疆、内蒙古、甘肃、青海和陕西 18 个省（市）。此外，为避免变量极端值可能带来的结果误差，在回归之前对控制变量在 1% 和 99% 水平上做 Winsorize 缩尾处理。上市公司的财务信息从 CSMAR 数据库中收集，部分缺失数据由笔者通过上市公司年报收集。其中政府补贴数据来自营业外收入，专利是数据库中上市公司本身及子公司的专利合计数。

二、变量定义

（一）被解释变量

被解释变量包括创新投入和创新产出。企业会通过增加产品创新投入来提高获利机会[①]，但企业的创新是一个投入产出过程，仅创新投入无法体现企业真正的创新，因此将企业创新定义为创新投入和创新产出两方面。研发投入表明了企业在促进创新产出方面的努力程度，也可以代表企业的创新能力[②]，用企业研发投入比总资产的值表示创新投入 R&D[③]。现有文献主要采用两种方法来衡量企业的创新产出：第一是专利数，包括专利申请数、授权数和引用数[④]；第二种是新产品的销售收

---

① Barney J B. Returns to bidding firms in mergers and acquisitions: Reconsidering the relatedness hypothesis [J]. Strategic Management Journal, 1988, 9 (5):71-78.

② Hagedoorn J, Cloodt M. Measuring innovative performance: Is there an advantage in using multiple indicators? [J]. Research Policy, 2003, 32 (8):1365-1379.

③ 喻青松，舒建玲. 融资结构、政府补贴与公司研发投入——基于门槛回归模型的研究 [J]. 南方金融，2016 (01):89-96.

④ Cornaggia J, Mao Y, Tian X, et al. Does banking competition affect innovation? [J]. Journal of Financial Economics, 2015, 115 (1):189-209.

入①。考虑到数据获取的可行性与难度，本篇只选择上市公司的专利数来表示创新产出。《中华人民共和国专利法》明确指出，专利包括发明、实用新型及外观设计三种专利。其中，发明专利的研发难度最大、审批过程最难、创新价值最高，因此最能代表新能源企业的创新产出水平。且在中国，发明专利是各地专利资助项目的主要投资对象，而有一些城市并不支持另外两种专利②。因此选用发明专利能避免某些地区企业数据遗漏的问题。然而，中国的发明专利从申请授权审查到获得专利授权需经三到四年，这就导致了企业的发明专利授权数相对于申请数存在滞后性。为使专利数据具有统计口径的一致性，选择发明专利申请数（Ipatent）作为衡量指标。由于发明专利数量存在为0的情况，参照已有文献的普遍做法，对发明专利申请数加1后取自然对数③。

（二）解释变量

解释变量包括政府创新补贴和政府非创新补贴。在政府补贴明细内容中按照相关关键词搜索并筛选出政府创新补贴，然后用政府补贴减去政府创新补贴来表示政府非创新补贴。参考现有文献的处理，对政府创新补贴和政府非创新补贴取自然对数④。

① Lin C，Lin P，Song F M，et al. Managerial incentives，CEO characteristics and corporate innovation in China's private sector［J］. Journal of Comparative Economics，2011，39（2）:176-190.

② Dang J，Motohashi K. Patent statistics: A good indicator for innovation in China? Patent subsidy program impacts on patent quality［J］. China Economic Review，2015，35:137-155.

③ 郭玥. 政府创新补助的信号传递机制与企业创新［J］. 中国工业经济，2018（09）:98-116.

④ Liu Z，Li X，Peng X，et al. Green or nongreen innovation? Different strategic preferences among subsidized enterprises with different ownership types［J］. Journal of Cleaner Production，2019:118786.

（三）控制变量

控制变量包括企业年龄、规模、股权集中度、两职合一、资本结构、市场势力、资本密集度、盈利能力，如表 1-4-1 所示。企业层面的特征会对企业创新活动产生影响。其中，年龄（Age）和规模（Size）是企业最重要的异质性特征。企业年龄与企业创新存在密不可分的联系[①]，企业年龄越大意味着有越多的时间积累知识和经验以支持企业创新。不同规模的企业对研发风险的承受能力不同，这将直接影响企业的创新积极性[②]。由于创新是一项持续周期较长的风险活动，在这过程中企业一旦出现资金困难，将会导致创新进程受阻。而公司治理能通过影响经营者的创新积极性，从而影响企业创新行为[③]。因此，同时选择股权集中度、两职兼任情况和资本结构来衡量企业的公司治理和风险状况。在市场竞争力较高的情况下，企业能通过提高盈利能力来为企业创造高额利润率，并提高企业创新效率[④]。若市场竞争力较低，企业创造利润的能力不足便难以支撑企业进行创新活动。因此，企业的市场势力（Market）和盈利能力（Roe）均对企业创新活动起着关键作用。固定资产越多的企业寻求创新的行为更积极[⑤]，这样的企业能为创新提供更好的设备和基础，因此资本密集度与企业创新也有关。本篇用企业净资产收益率表

① Balasubramanian N, Lee J. Firm age and innovation [J]. Industrial and Corporate Change, 2008, 17（5）:1019-1047.

② Hiroyuki O, Zhang JX. Ownership structure and R&D investment of Japanese start-up firms. [C]. Center for Economic Institutions Working Paper Series, Hitotsubashi University; 2006.

③ 陆国庆，王舟，张春宇. 中国战略性新兴产业政府创新补贴的绩效研究 [J]. 经济研究，2014，49（07）:44-55.

④ Jeng D J-F, Pak A. The variable effects of dynamic capability by firm size: the interaction of innovation and marketing capabilities in competitive industries [J]. International Entrepreneurship and Management Journal, 2016, 12（1）:115-130.

⑤ Ziedonis R H. Don't fence me in: Fragmented markets for technology and the patent acquisition strategies of firms [J]. Management Science, 2004, 50（6）:804-820.

示盈利能力；用营业收入与营业成本之比衡量市场势力；用固定资产占总资产的比率来替代资本密集度（Fasset）[1]。

表 1-4-1　变量情况

变量类型	变量名称	变量符号	变量含义
被解释变量	创新投入	R&D	用企业研发投入强度来衡量，研发强度 =（研发投入 / 总资产）*100%
	创新产出	Ipatent	企业发明专利申请数加 1 后取自然对数
解释变量	政府创新补贴	Inno_sub	政府补贴中与企业创新直接相关的补贴
	政府非创新补贴	Ninno_sub	政府补贴中与企业创新不直接相关的补贴
控制变量	企业年龄	Age	企业上市年限
	企业规模	Size	企业总资产取自然对数
	资本结构	Lev	用企业资产负债率来衡量，资产负债率 =（负债总额 / 资产总额）*100%
	股权集中度	Holder	第一大股东的持股比例
	资本密集度	Fasset	资本密集度 =（固定资产 / 总资产）*100%
	市场势力	Market	企业营业收入与营业成本之比
	两职合一	Dual	哑变量，董事长与总经理是否由一人兼任，是则取 1，否则取 0
	盈利能力	Roe	净资产收益率 =（净利润 / 净资产）*100%

---

[1]　Chang S J, Chung J, Moon J J. When do wholly owned subsidiaries perform better than joint ventures? [J]. Strategic Management Journal, 2013, 34（3）:317-337.

三、模型设计

本篇所用数据只有 5 年，属于 N>T 的短面板，且为平衡面板数据。如资源基础观和前文指出，政府补贴能通过资源属性和信号传递机制为企业带来研发资金、技术人才等创新资源，从而促进企业创新。现有关于政府补贴与企业创新之间关系的研究，多采用静态的线性模型。因此为对已有研究的结果进行验证，也为了检验 H1a 和 H1b，建立了静态的线性模型，包括固定效应（FE）和随机效应（RE）。在建立静态线性模型时，首先对是否应进行混合回归进行检验，结果明显表明不应使用混合回归；其次对是否考虑时间效应进行检验，结果明显表明不应考虑时间效应。为进行全面的对比分析，同时保留了这两种模型的结果，以观测解释变量对被解释变量的作用是否具有明显的差异。资源基础观也表明企业可依靠内部资源进行自主创新活动，在政府补贴无法发挥作用时仍持续创新。因此为验证企业的创新惯性对企业创新的作用即 H3，同时也考察政府创新补贴和非创新补贴在动态中对企业创新作用的变化，建立了差分 GMM 模型和系统 GMM 模型。系统 GMM 能提高模型的估计效率，而差分 GMM 的结果能对比检验系统 GMM 的结果[①]。如前文分析，政府补贴对企业系统性风险的控制可能失效，企业寻租活动产生的寻租成本可能挤出研发资金，这使得政府补贴与企业创新之间存在非线性关系。因此，在考察线性关系的基础上，为进一步研究政府补贴与企业创新之间可能存在的非线性关系即 H2a 和 H2b，建立了静态门槛和动态门槛模型。在门槛模型中分别将政府创新补贴和非创新补贴作为门槛变量，动态门槛模型在静态门槛的基础上考虑了被解释变量的滞后项，以此评估在政府补贴区间效应存在的同时企业创新的持续情况，即企业的创新惯性是否仍然明显。

---

① Wooldridge J. Econometric analysis of cross section and panel data. 2nd edition［M］. Cambridge，Massachusetts London，England: MIT Press，2010.

（一）线性静态模型

$$R\&D_{it} = \alpha_i + \beta Inno\_sub_{it} + \eta Ninno\_sub_{it} + \sigma Controls_{it} + \varepsilon_{it} \qquad （1）$$

$$Ipatent_{it} = \alpha_i + \beta Inno\ sub_{it} + \eta Ninno\ sub_{it} + \sigma Controls_{it} + \varepsilon_{it}（2）$$

（二）线性动态模型

$$R\&D_{it} = \alpha_i + \rho R\&D_{i,t-1} + \beta Inno\_sub_{it} + \eta Ninno\_sub_{it} + \sigma Controls_{it} + \varepsilon_{it} \qquad （3）$$

$$Ipatent_{it} = \alpha_i + \rho Ipatent_{i,t-1} + \beta Inno\_sub_{it} + \eta Ninno\_sub_{it} + \sigma Controls_{it} + \varepsilon_{it}（4）$$

同静态的线性模型相比，动态面板模型有如下优势：第一，能够消除个体的不可观测效应；第二，能够处理模型中存在的内生性问题；第三，能够处理变量之间存在的共线性问题；第四，能够分析企业创新的持续性情况，考察当期企业创新水平是否与之前的创新情况有关[1]。已有大量学者以盈利能力为被解释变量，探讨不同的变量对企业盈利能力的影响，笔者认为在控制现有变量的基础上，模型中 Roe 会受到不可观测的遗漏变量影响而导致内生性问题。如前所述在传统线性模型基础上，系统 GMM/ 差分 GMM 提供了考察和消除内生变量影响的更大可能性。因此在该模型中将 Roe 考虑为内生变量，参照陈强[2]的做法最多使用被解释变量的两个滞后值和 Roe 二阶与三阶滞后值作为工具变量，同时在回归中需作自相关检验和工具变量的过度识别检验。

（三）门槛模型

正如前面分析的那样，政府补贴和企业创新之间可能存在非线性关系。现有的研究多在模型中加入二次项或考虑 Hansen 的静态门槛模型。然而，这两种方法并不能很好地满足静态门槛效应和动态门槛

---

[1] Marques A n C, Fuinhas J A. Drivers promoting renewable energy: A dynamic panel approach［J］. Renewable and Sustainable Energy Reviews, 2011, 15（3）:1601-1608.

[2] 陈强. 高级计量经济学及 Stata 应用（第二版）［M］. 高等教育出版社, 2014.

效应的比较。Seo 等[①] 提出了动态面板门槛模型的一阶差分 GMM 估计，Seo 等[②] 提供了可实现该估计的 Stata 程序。

假设面板数据为$\{y_{it}, x_{it}, q_{it}, 1 \leqslant i \leqslant n, 1 \leqslant t \leqslant T\}$，其中$i$是个体，$t$是时间，那么可以考虑如下的门槛模型：

$$\begin{cases} y_{it} = \emptyset_1(1, x'_{it}) + \varphi_{it}, & \text{若 } q_{it} \leqslant \gamma \\ y_{it} = \emptyset_2(1, x'_{it}) + \varphi_{it}, & \text{若 } q_{it} > \gamma \end{cases} \quad (\text{a})$$

也可以将模型简洁地表示为：

$$y_{it} = (1, x'_{it})\emptyset_1 1\{q_{it} \leqslant \gamma\} + (1, x'_{it})\emptyset_2 1\{q_{it} > \gamma\} + \varphi_{it} \quad (\text{b})$$

其中，y_{it}是被解释变量，x'_{it}是时变自回归的 k1 x 1 向量，包含y_{it}的滞后值y_{it-1}。$1\{.\}$为示性函数，q_{it}是用来划分样本的门槛变量，γ是门槛值，$\emptyset_1$和$\emptyset_2$是不同情形下函数的斜率，φ_{it}是随机扰动项，并且有以下关系：

$$\varphi_{it} = \alpha_i + \varepsilon_{it} \quad (\text{c})$$

其中a_i是未被观测到的个体固定效应，ε_{it}是一个特殊的零均值随机扰动项。特别地，假设ε_{it}是满足如下条件的序列：$E(\varepsilon_{it}|\pi_{t-1}) = 0$，$\pi_{t-1}$是时间$t$的自然过渡。同时也假设允许变量$x'_{it}$和门槛变量$q_{it}$为内生变量。

为了处理（a）（b）（c）中存在的个体效应，对（b）进行一阶差分处理，得到如下的方程：

$$\Delta y_{it} = \beta' \Delta x_{it} + \theta' X'_{it} 1_{it}(\gamma) + \Delta \varphi_{it} \quad (\text{d})$$

其中，Δ 是一阶差分符号，Δx_{it} 可能包括被解释变量的滞后值Δy_{it-1}，$\underset{k1x1}{\beta} = (\emptyset_{1,2} \cdots, \emptyset_{1,k1+1})$，$\underset{k1x1}{\theta} = \emptyset_2 - \emptyset_1$，$\underset{2x(1+k1)}{X'_{it}} = \begin{pmatrix} (1, X'_{it}) \\ (1, X'_{it-1}) \end{pmatrix}$，$\underset{2x1}{1_{it}(\gamma)} = \begin{pmatrix} 1\{q_{it} > \gamma\} \\ -1\{q_{it-1} > \gamma\} \end{pmatrix}$。

（d）式得到的 OLS 估计存在偏差，因为Δy_{it-1}与$\Delta \varphi_{it}$相关。为了解决

① Seo M H, Shin Y. Dynamic panels with threshold effect and endogeneity [J]. Journal of Econometrics, 2016, 195（2）:169-186.

② Seo M H, Kim S, Kim Y-J. Estimation of Dynamic Panel Threshold Model using Stata [J]. The Stata Journal, 2019, 19（3）:685-697.

这个问题，需要寻找到 r x 1 的向量$(Z'_{ito}, \ldots, Z'_{iT})$作为工具变量，当 r≥k 且 2<to≤T 时，存在如下情况之一：$E(Z'_{ito}\Delta\varphi_{it}, \ldots, Z'_{iT}\Delta\varphi_{iT})=0$；或$E(\Delta\varphi_{it}|Z_{it})=0$，t=t0，…，T。值得注意的是，$Z_{it}$可能包括$x_{it}$、$q_{it}$及被解释变量的滞后项，因此 t 不同时工具变量的数量也可能不同。

虽然门槛模型通常意味着回归函数是非连续的，但是当对于某个 k 值存在$(1, x'_{it}) \emptyset_2 = k(q_{it} - \gamma)$时，回归函数就不再是间断的。该等式要求$q_{it}$是$x_{it}$中的一个元素，并且$\emptyset_2$的第一个元素等于$-\gamma k$。此时，模型（b）变为：

$$y_{it} = \alpha_i + \delta x'_{it} + k(q_{it} - \gamma)1\{q_{it} > \gamma\} + \varepsilon_{it}, \ i = 1, \ldots, n, \ t = 1, \ldots, T$$

在上述分析的基础上，本篇建立以下模型：

$$R\&D_{it} = \alpha_i + \delta x'_{it} + k(q_{it} - \gamma)1\{q_{it} > \gamma\} + \varepsilon_{it} \tag{5}$$

$$Ipatent_{it} = \alpha_i + \delta x'_{it} + k(q_{it} - \gamma)1\{q_{it} > \gamma\} + \varepsilon_{it} \tag{6}$$

门槛变量包括$Inno\_sub$ 和 $Ninno\_sub$；γ为门槛值。x'_{it}表示解释变量，包括 $Inno\_sub$、$Ninno\_sub$、Age、$Size$、Lev、$Holder$、$Fasset$、$Market$、$Dual$ 和 Roe。当包含被解释变量的滞后项 ($L.R\&D$ 和 $L.Ipatent$) 时，式（5）和式（6）成为动态门槛模型，反之为静态门槛模型。在门槛回归中本篇使用 booststrap 自抽样方法并将抽样次数设置为 400，回归时需要检验门槛效应是否存在。

第五章
政府补贴与新能源企业创新的实证分析

一、描述性统计分析

表 1-5-1 显示了样本的描述性统计结果。Roe 和 Dual 的标准差均大于平均值，即不同企业间个体的盈利能力及两职合一情况有明显差距。其他变量的平均值均大于标准差，这表明样本整体的离散情况并不严重。但研发投入与发明专利最小值均为 0，与最大值之间存在差距，所以企业间创新能力悬殊较大。同时，政府补贴总额（Sub）、政府创新补贴和政府非创新补贴的最小值与最大值之间差距也较大，这说明存在异质性的企业受到政府补贴支持的力度不同。

表1-5-1 描述性统计情况

	R&D	Ipatent	Sub	Inno_sub	Ninno_sub	Age	Size	Lev	Holder	Fasset	Market	Dual	Roe
全样本													
Obs	900	900	900	900	900	900	900	900	900	900	900	900	900
Mean	2.035	2.782	16.767	15.147	16.258	8.272	22.171	0.417	34.771	22.810	1.347	0.308	0.054
Sd	1.282	1.325	1.386	1.604	1.633	5.980	1.092	0.189	14.592	12.311	0.221	0.462	0.147
Min	0	0	12.070	7.783	7.465	0	19.867	0.019	7.203	0.592	0.808	0	-3.078
Max	9.768	6.898	21.860	20.166	21.852	25	27.104	0.964	78.844	84.599	3.421	1	0.479
东部沿海地区													
Obs	600	600	600	600	600	600	600	600	600	600	600	600	600
Mean	2.200	2.825	16.669	15.144	16.141	7.400	22.085	0.409	34.694	21.965	1.339	0.348	0.062
Sd	1.337	1.325	1.408	1.493	1.668	5.516	1.068	0.185	14.381	11.561	0.192	0.477	0.104
Min	0	0	12.187	8.517	7.465	0	19.867	0.019	7.203	0.592	0.816	0	-1.533
Max	9.768	6.898	21.860	20.166	21.852	25	27.104	0.964	78.844	78.949	2.208	1	0.332
非东部沿海地区													
Obs	300	300	300	300	300	300	300	300	300	300	300	300	300
Mean	1.704	2.695	16.964	15.152	16.493	10.017	22.342	0.434	34.926	24.499	1.364	0.227	0.038
Sd	1.094	1.324	1.322	1.809	1.538	6.480	1.121	0.196	15.028	13.552	0.270	0.419	0.208
Min	0	0	12.070	7.783	10.581	0	20.190	0.027	11.315	1.562	0.808	0	-3.078
Max	5.897	6.182	20.577	20.116	19.984	23	25.392	0.954	75.254	84.599	3.421	1	0.479

在东部沿海地区和非东部沿海地区的样本中，比较 *Sub*、*Inno_sub*、*Ninno_sub* 的最小值与最大值可以发现，在区域内部政府对不同企业扶持力度仍存在差异；而比较 *R&D* 与 *Ipatent* 的最小值与最大值发现，细分地区之后不同企业个体的创新能力差距仍较为悬殊。通过对各变量平均值的分析还能发现：位于非东部沿海地区的企业，无论是 *Sub*、*Inno_sub* 还是 *Ninno_sub* 均大于总样本值，而东部沿海地区均处于总样本值以下。

与现有研究[①]的发现相反，描述性统计结果显示，经济欠发达地区的企业更有可能获得政府的支持，这一发现支持了 H4 的部分假设。政府补贴之所以向非东部沿海地区倾斜，与这些地区经济发展水平相对落后的情况有关，政府一方面要鼓励处于该区域的企业进行创新，另一方面更要支持企业的成长与发展。后者在数据上得到了验证：非东部沿海地区的企业规模、资本密集度、市场势力的水平均处于总样本水平之上，这表明政府补贴有利于企业创新基础的增强。但就创新投入和创新产出而言，东部沿海地区企业的创新力度大于非东部沿海地区的企业。综合前述分析，笔者认为这可能是因为企业利用政府补贴的能力和效率更高，也有可能是因为企业创新惯性的作用更大。此外，东部沿海地区的企业盈利能力较强，这可能是因为发达地区企业的研发向利润的转化率较高[②]，进而提高企业竞争力和从外部获取利润的能力。从表 1-5-1 的结果来看，分地区讨论时，政府补贴力度和企业创新之间并不构成正相关关系，而这需要在后续研究中进一步讨论。

---

① Nieto M J, Santamaría L. The importance of diverse collaborative networks for the novelty of product innovation [J]. Technovation, 2007, 27（6-7）:367-377.

② Zhao X, Sun B. The influence of Chinese environmental regulation on corporation innovation and competitiveness [J]. Journal of Cleaner Production, 2016, 112:1528-1536.

二、相关性分析

在进行回归之前，需要检验多重共线性问题的存在性，而严重的多重共线性会对结果造成影响。如表 1-5-2 所示，解释变量之间的相关系数绝对值均小于 0.8，各变量的膨胀因子值均在 10 以下，容忍度均大于 0.1，因此该问题不存在 [1]。

① Neter J, Wasserman W, Kutner M H. Applied Linear Regression Models, Irwin, New York, NY, USA, 1989.

表 1-5-2 样本相关性情况

变量	R&D	Ipatent	Inno_sub	Ninno_sub	Age	Size	Lev	Holder	Fasset	Market	Dual	Roe
R&D	1											
Ipatent	0.232***	1										
Inno_sub	0.144***	0.520***	1									
Ninno_sub	0.052	0.512***	0.447***	1								
Age	-0.172***	0.324***	0.280***	0.361***	1							
Size	-0.133***	0.604***	0.517***	0.714***	0.509***	1						
Lev	-0.140***	0.291***	0.239***	0.361***	0.408***	0.562***	1					
Holder	-0.040	0.034	-0.046	0.099***	-0.070**	0.158***	0.054*	1				
Fasset	-0.120***	-0.045	-0.006	0.063*	-0.034	-0.005	0.100***	-0.039	1			
Market	0.091***	-0.037	-0.060*	-0.092***	-0.077***	-0.170***	-0.350***	-0.015	-0.200***	1		
Dual	0.138***	-0.076**	-0.143***	-0.080**	-0.222***	-0.157***	-0.116***	0.067**	-0.005	0.173***	1	
Roe	0.174***	0.117***	0.138***	0.134***	0.000	0.107***	-0.156***	0.031	-0.198***	0.256***	0.035	1

	Inno_sub	Ninno_sub	Age	Size	Lev	Holder	Fasset	Market	Dual	Roe
VIF	1.440	2.130	1.490	3.310	1.750	1.090	1.090	1.260	1.100	1.180
Tolerance	0.693	0.470	0.673	0.303	0.571	0.918	0.917	0.795	0.913	0.848

注: ***、**、* 分别表示1%、5%、10% 的显著性水平。

三、样本的其他特征分析

本篇按新能源种类和行业分类统计了样本公司数量分布和政府补贴总额、政府创新补贴总额和非创新补贴总额的情况（见表1-5-3及表1-5-4）。其中太阳能上市公司的数量最多，为52个；但获政府补贴（包括创新补贴和非创新补贴）最多的是新能源汽车上市公司。

为进一步考察政府补贴和企业创新的变化情况，本部分从不同地区和不同年份对政府创新补贴、政府非创新补贴、企业创新投入和创新产出这4个主要变量的差异情况进行了分析。运用Arcgis 10.2来总体表现4个主要变量在不同地区间的差异，如图1-5-1所示。不同地区所获政府创新补贴和非创新补贴的力度不同，企业创新情况也参差不齐。特别地，属于非东部沿海地区的新疆，该地区的企业获政府补贴力度和企业创新水平均较高，该现象与描述性统计的结果存在矛盾。这与新疆地区新能源产业发展的地域优势和天然条件有关。在此基础上，展示了4个变量在2012—2016年期间随时间变化的情况，如图1-5-2所示。由图1-5-2可知，除了企业创新投入以外，其他变量总体上随时间变化呈现逐年上升的趋势。

表1-5-3　对样本按新能源种类和新能源上市公司数量统计的
政府补贴情况

新能源分类	公司数量（个）	政府补贴总额（元）	政府创新补贴总额（元）	政府非创新补贴总额（元）
地热能	3	379365231	90224396.26	289140834.8
风能	34	8338332918	1714342373	6623990546
核能	14	1845557820	525266979.2	1320290841
氢能	16	7782225966	1527137616	6255088350
生物质能	2	62200906.67	39963292.33	22237614.34

续表

新能源分类	公司数量（个）	政府补贴总额（元）	政府创新补贴总额（元）	政府非创新补贴总额（元）
太阳能	52	9126062148	2818704800	6307357348
新能源汽车	35	23006079568	4822328158	18183751410
其他①	24	7375797231	1533817144	5841980087

表 1-5-4 对样本按行业分类和新能源分类的分布情况

行业分类	新能源分类
1. 综合	氢能、新能源汽车、其他
2. 计算机、通信和其他电子设备制造业	风能、氢能、太阳能、新能源汽车、其他
3. 电气机械及器材制造业	地热能、风能、核能、氢能、生物质能、太阳能、新能源汽车、其他
4. 汽车制造业	氢能、新能源汽车、其他
5. 有色金属矿采选业	其他
6. 非金属矿物制品业	风能、核能、太阳能、新能源汽车、其他
7. 通用设备制造业	地热能、风能、核能、氢能、太阳能、新能源汽车、其他
8. 电力、热力生产和供应业	风能、生物质能、太阳能
9. 橡胶和塑料制品业	风能、核能、太阳能、新能源汽车、其他
10. 金属制品业	核能、氢能
11. 铁路、船舶、航空航天和其他运输设备制造业	氢能、太阳能、新能源汽车
12. 专用设备制造业	风能、核能、太阳能、其他
13. 商务服务业	新能源汽车
14. 化学原料及化学制品制造业	风能、氢能、太阳能、新能源汽车、其他
15. 房地产业	太阳能
16. 批发业	新能源汽车
17. 仪器仪表制造业	风能、太阳能
18. 软件和信息技术服务业	风能、其他
19. 纺织服装、服饰业	太阳能、新能源汽车、其他
20. 有色金属冶炼及压延加工业	太阳能、新能源汽车、其他
21. 纺织业	太阳能

行业分类	新能源分类
22. 文教、工美、体育和娱乐用品制造业	核能
23. 建筑装饰和其他建筑业	太阳能
24. 生态保护和环境治理业	风能
25. 燃气生产和供应业	太阳能
26. 农副食品加工业	太阳能

注：其他包括石墨烯、芯片、新材料、锂电池、光伏、光纤等新能源概念，下同。

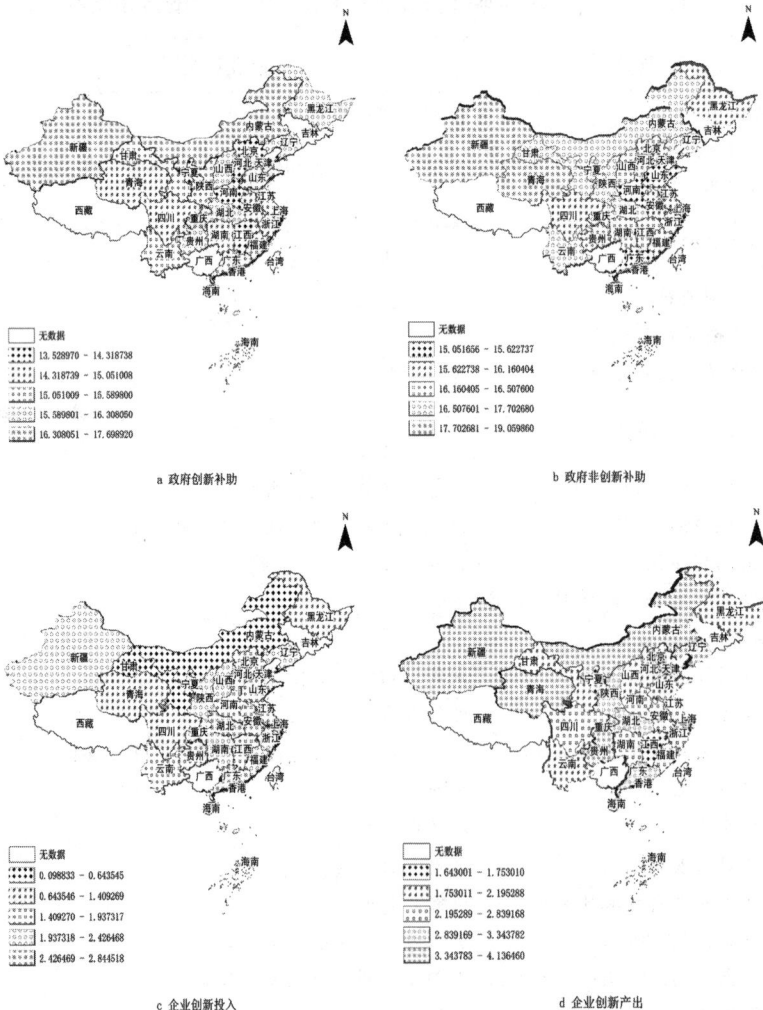

a 政府创新补助

b 政府非创新补助

c 企业创新投入

d 企业创新产出

图 1-5-1　样本关键变量的地区分布差异情况

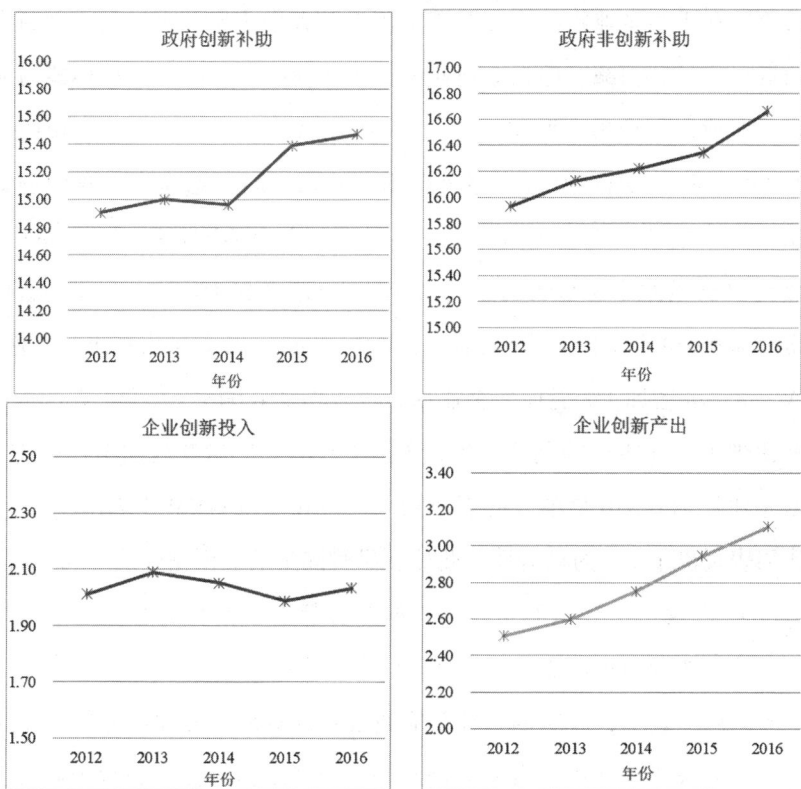

图 1-5-2　样本 2012—2016 年关键变量的变化情况

四、总样本回归分析

（一）线性模型回归结果

如表 1-5-5 所示，从总体来看，随机效应模型中自变量的作用和显著性有所增强，但固定效应模型和随机效应模型的结果基本一致。静态模型的回归结果表明，政府创新补贴正向作用于企业创新，政府非创新补贴对企业创新投入有刺激作用。资本结构与企业创新投入之间存在显著的正相关关系，是因为企业获得的债务融资能降低研发成本从而提升企业创新投入的积极性。企业规模能刺激创新产出却抑制创新投入，可能的原因在于当企业将政府补贴资金用以扩大企业规模时，企业创新投入的资金将受到缩减；但企业规模的扩大能提高企业的风险承担能力从而促进企业创新产出的增加。动态模型中，AR（2）均不显著，说明差分 GMM 和系统 GMM 模型不存在自相关问题。同静态模型，政府创新补贴对企业创新投入的正向作用仍然显著。差分 GMM 中 $Ninno\_sub$ 的系数在 10% 的水平上显著为正，当 $Ninno\_sub$ 增加 1% 时，企业创新投入将增加 0.054 个单位。尽管系统 GMM 中 $Ninno\_sub$ 并未表现出显著性，但 $Ninno\_sub$ 增加 1% 能促使企业创新投入增加 0.046 个单位。$L.Ipatent$ 显著促进了企业本期的创新产出，差分 GMM 中 $L.R\&D$ 增加 1% 虽只能刺激企业增加 0.236 个单位的创新投入，但在系统 GMM 中 $L.R\&D$ 的正向作用表现出了 1% 的显著性。此外，尽管固定效应模型中的 $Ninno\_sub$ 对 $Ipatent$ 表现出了轻微的负作用，但综合静态模型和动态模型的结果可知，政府非创新补贴能发挥对创新产出的正向作用。

上述结果表明，政府创新补贴能通过直接资源配置和信号传递作用于企业创新投入和产出，政府非创新补贴能通过信号传递刺激企业的创新投入，但对创新产出的作用稍弱。即 H1a 和 H1b 得到验证。

而对动态模型的进一步分析发现，企业 t-1 期的创新行为能持续到 t 期，政府补贴只对创新投入发挥显著效用。因此创新投入的增加是政府补贴和企业创新惯性的共同效用，而企业创新产出主要由创新惯性驱动。该结果完全验证了 H3。

企业过去成功的创新能使企业获得商业收益，这有助于其未来持续投资创新活动[①]并形成创新的惯例。此外，企业能通过积累知识模式和学习动力来实现创新[②]，在这过程中企业积累的经验有助于解决后续创新

---

① Geroski P A, Van Reenen J, Walters C F. How persistently do firms innovate? [J]. Research Policy, 1997, 26（1）:33-48.

② Colombelli A, von Tunzelmann N. The persistence of innovation and path dependence [Z]. Handbook on The Economic Complexity of Technological Change, 2011:105-119.

中遇到的问题①。动态面板模型显示出与静态模型不同的结果，其原因在于企业创新会受到环境的约束，因此只有在动态中才能分析企业的持续性创新行为②。Sung③、He等④、Yang等⑤等利用动态面板模型也发现，t−1期的企业创新对 t 期的企业创新表现出了显著的正相关关系。

但与本研究结果存在差别的是，Sung 的结果表明政府非研发补贴对企业创新投入无显著作用，He 等的研究显示政府对可再生能源附加费的补贴能在当期促进企业创新产出的增加。实际上政府对企业创新活动的补贴往往需要一定的时间才能发挥效用，如 Yang 等发现中国能源企业获得的政府研发支持对企业创新产出的作用需滞后一期。同时创新产出充满不确定性⑥，这意味着创新投入的收益可能跨期，所以创新产出会滞后于创新投入⑦。因此，政府补贴可能无法在当期为企业带来创新成果，而此时企业主要靠惯性的作用来维持创新。

① Liao S−h, Fei W−C, Liu C−T. Relationships between knowledge inertia, organizational learning and organization innovation［J］. Technovation, 2008, 28（4）:183−195.

② Su á rez D. Persistence of innovation in unstable environments: Continuity and change in the firm's innovative behavior［J］. Research Policy, 2014, 43（4）:726−736.

③ Sung B. Do government subsidies promote firm−level innovation? Evidence from the Korean renewable energy technology industry［J］. Energy Policy, 2019, 132:1333−1344.

④ He Z−X, Xu S−C, Li Q−B, et al. Factors that influence renewable energy technological innovation in china: A dynamic panel approach［J］. Sustainability, 2018, 10（1）:124.

⑤ Yang F, Cheng Y, Yao X. Influencing factors of energy technical innovation in China: Evidence from fossil energy and renewable energy［J］. Journal of Cleaner Production, 2019, 232:57−66.

⑥ Hall B H. The financing of research and development［J］. Oxford Review of Economic Policy, 2002, 18（1）:35−51.

⑦ Hall BH, Griliches Z, Hausman JA. Patents and R&D: Is there a lag? National Bureau of Economic Research Cambridge, Mass, USA, 1984.

表1-5-5 全样本线性回归结果

	FE		RE		系统GMM		差分GMM	
	R&D	lpatent	R&D	lpatent	R&D	lpatent	R&D	lpatent
L.R&D					0.236		0.551***	
					(0.163)		(0.144)	
L.lpatent						0.243*		0.418***
						(0.141)		(0.114)
Inno_sub	0.055***	0.048**	0.084***	0.088***	0.067**	−0.004	0.071**	0.009
	(0.021)	(0.022)	(0.020)	(0.021)	(0.027)	(0.032)	(0.029)	(0.042)
Ninno_sub	0.060*	−0.001	0.092***	0.031	0.054*	0.033	0.046	0.027
	(0.031)	(0.029)	(0.033)	(0.028)	(0.033)	(0.043)	(0.036)	(0.043)
Age	0.057*	0.041	−0.007	0.012	0.144***	0.041	0.130***	0.000
	(0.030)	(0.027)	(0.015)	(0.012)	(0.031)	(0.051)	(0.042)	(0.058)
Size	−0.559***	0.616***	−0.385***	0.645***	−1.002***	0.430**	−0.944***	0.441*
	(0.126)	(0.156)	(0.090)	(0.091)	(0.159)	(0.212)	(0.221)	(0.233)
Lev	0.891**	−0.204	0.604*	−0.262	0.514	0.169	0.482	0.058
	(0.380)	(0.371)	(0.325)	(0.308)	(0.488)	(0.403)	(0.677)	(0.505)
Holder	−0.005	−0.000	−0.005	−0.003	−0.004	−0.000	−0.008	−0.007
	(0.008)	(0.006)	(0.005)	(0.004)	(0.008)	(0.011)	(0.008)	(0.015)
Fasset	0.004	−0.000	0.001	−0.001	0.010**	0.012*	0.013***	0.009
	(0.004)	(0.005)	(0.004)	(0.004)	(0.004)	(0.006)	(0.005)	(0.008)

续表

	FE		RE		系统 GMM		差分 GMM	
	R&D	lpatent	R&D	lpatent	R&D	lpatent	R&D	lpatent
Market	0.091	0.140	0.139	0.237	0.030	-0.397	-0.544	-0.002
	(0.258)	(0.299)	(0.221)	(0.233)	(0.368)	(0.699)	(0.504)	(0.634)
Dual	-0.196*	0.044	-0.064	0.062	-0.135	0.034	-0.165	0.095
	(0.118)	(0.124)	(0.111)	(0.095)	(0.102)	(0.170)	(0.120)	(0.188)
Roe	0.393	-0.459*	0.419	-0.407**	0.227	0.422	1.618	-0.541
	(0.259)	(0.240)	(0.284)	(0.206)	(0.885)	(1.383)	(1.527)	(1.317)
Cons	11.762***	-12.004***	7.577***	-13.505***	20.335***	-8.041	19.392***	-8.675
	(2.609)	(3.054)	(1.889)	(1.631)	(3.429)	(4.912)	(5.103)	(5.284)
Instruments					GMM-dif	GMM-dif	GMM-sys	GMM-sys
Observations	900	900	900	900	540	540	720	720
F	4.440	9.559	56.21	240.21				
Wald ( )					80.14	85.53	102.53	101.62
AR (1)					-2.005**	-3.939***	-2.750***	-4.421***
AR (2)					1.279	-0.186	1.014	0.255
Sargan ( )					10.528	5.687	14.361	10.933
P	0.000	0.000	0.000	0.000	0.000	0.000	0.000	0.000

注: ***、**、* 分别表示 1%、5%、10% 的显著性水平; 括号内是标准误。

（二）门槛模型回归结果

表 1-5-6 中，静态门槛模型和动态门槛模型的 P 值表明均能拒绝线性原假设，即存在门槛效应。静态门槛模型的结果表明，当 $Inno\_sub$ 处于门槛值以下时，政府创新补贴对创新投入和创新产出均存在显著的负效应；而当 $Inno\_sub$ 增加时，其对企业创新投入和创新产出的负向作用能随之减弱，直至 $Inno\_sub$ 超过门槛值时表现出正向作用。当 $Ninno\_sub<17.039$ 时，其能显著促进企业增加创新投入；而一旦政府非创新补贴的力度超过 17.039，$Ninno\_sub$ 的作用则转为负向。与之相反的是，当 $Ninno\_sub< 17.486$，政府非创新补贴在 1% 水平上抑制了企业创新产出；只有当 $Ninno\_sub$ 增至该门槛值之上时，政府非创新补贴对企业创新产出的作用才能由负转正并表现出显著性。动态门槛中，$L.R\&D$ 与 $L.Ipatent$ 均能在 1% 的水平上分别对 $R\&D$ 与 $Ipatent$ 发挥显著的正向作用，这表明企业的创新惯性在模型存在门槛效应时仍然存在，即 H3 仍得到了验证。动态门槛模型的其他结果表明，当 $Inno\_sub$ 小于 15.357 时，政府创新补贴对企业创新投入的影响微弱；当 $Inno\_sub$ 大于 15.357 时，政府补贴对企业创新的作用能得到增强。而 $Ninno\_sub$ 在门槛值以下时，政府非创新补贴对企业创新投入的正向作用较强；一超过门槛值，政府非创新补贴就表现出了负向作用。此外，当 $Inno\_sub$ 与 $Ninno\_sub$ 处于门槛值以下时，政府创新补贴和政府非创新补贴均会在一定程度上抑制企业创新产出的增加；只有当 $Inno\_sub$ 与 $Ninno\_sub$ 超过门槛值时，政府创新补贴与政府非创新补贴才能发挥较弱的促进作用。

虽然线性模型表明在总体上政府创新补贴对企业创新投入和创新产出存在积极的作用，而政府非创新补贴对企业创新产出的效果不显著；但静态门槛模型和动态门槛模型的估计结果表明，政府创新补贴、政府非创新补贴对创新投入和创新产出的作用随其投入强度的变化而表现出门槛效应。这一发现与 H2a 和 H2b 的假设内容一致。

已有部分研究也注意到了政府补贴与企业创新之间的非线性关系[1]，但本研究与这些研究不同的是，静态门槛模型表明了政府创新补贴与非创新补贴存在门槛效应，在动态门槛模型中它们的门槛效应仍存在且其门槛值均发生了变化。因此政府创新补贴与非创新补贴对企业创新投入和创新产出的门槛效应会因动态情境的影响而改变，门槛值可能并不唯一。

所以本篇的研究结果更倾向于揭示这样的关系：政府补贴与企业创新之间不是纯粹的先上升后下降的 U 型关系；只有当政府创新补贴与政府非创新补贴的投入位于某个区间时，才具有对创新投入和创新产出的正向效用。企业研发投入总额包括企业自身研发投入和外部研发投入，虽然政府补贴提升了企业外部研发投入，但由于信息不对称的存在企业可能将自身研发资金用作他途，因此政府补贴可能挤出企业私人研发投入[2]。挤出的一种形式是，政府补贴投入后，企业可以利用内部资金投资于成功率较高、私人回报率较高的项目。虽然从总体来看，在得到一定的政府补贴之后企业的研发成本和研发风险降低，从而使得政府补贴在一定区间内能刺激企业进行创新，但是政府补贴对不同创新情况的企业发挥的作用会存在区别。在研发密集程度较低的企业中，补贴强度对私人研发努力的影响接近于零；在研发密集程度较高的企业中，补贴强度的影响大于零[3]。除企业层面因素外，企业创新也受到外部因素的影响，

[1] Liu D, Chen T, Liu X, et al. Do more subsidies promote greater innovation? Evidence from the Chinese electronic manufacturing industry [J]. Economic Modelling, 2019, 80:441-452.

[2] Aschhoff B. The effect of subsidies on R&D investment and success: Do subsidy history and size matter? [J]. Social Science Electronic Publishing，2009.

[3] Duch-Brown N, García-Quevedo J, Montolio D. The link between public support and private R&D effort: What is the optimal subsidy? Working Papers，2011:9.

包括法律制度环境①、要素市场的扭曲程度②及政治联系等人为因素③。因此样本企业的异质性和市场环境的差异导致政府补贴的作用呈现区间性。此外，专利产出本身存在滞后机制④，而这种滞后机制在一定程度上也会造成政府补贴效果的不规律。

① Dosi G, Marengo L, Pasquali C. How much should society fuel the greed of innovators? On the relations between appropriability, opportunities and rates of innovation [J]. Research Policy, 2006, 35（8）:1110-1121.

② 杨洋，魏江，罗来军. 谁在利用政府补贴进行创新?——所有制和要素市场扭曲的联合调节效应 [J]. 管理世界, 2015（01）:75-86, 98, 188.

③ Jia J, Ma G. Do R&D tax incentives work? Firm-level evidence from China [J]. China Economic Review, 2017, 46:50-66.

④ Pakes A, Griliches Z. Patents and R&D at the firm level: A first report [J]. Economics Letters, 1980, 5（4）:377-381.

表1-5-6 全样本门槛回归结果

变量	静态门槛回归				动态门槛回归			
	R&D		lpatent		R&D		lpatent	
	Y	Y	Y	Y	Y	Y	Y	Y
L.R&D					0.239*** (0.080)	0.196*** (0.074)		
L.lpatent							0.251** (0.108)	0.357*** (0.115)
Inno_sub		0.031** (0.016)		.066*** (.022)		0.052*** (0.018)		0.025 (0.031)
Below	-0.082* (0.044)		-0.170*** (0.060)		0.028 (0.062)		-0.258 (0.202)	
Above	0.701** (0.312)		0.896** (0.437)		0.149 (0.237)		0.248 (0.488)	
Ninno_sub	0.095*** (0.029)		0.011 (0.032)		0.047 (0.029)		0.009 (0.039)	
Below		0.104** (.047)		-0.348*** (0.136)		0.149 (0.091)		-0.192 (0.141)
Above		-0.030 (0.275)		0.661 (0.430)		-0.142 (0.224)		0.257 (0.333)
控制变量	Y	Y	Y	Y	Y	Y	Y	Y
kink_slope	0.783*** (0.287)	-0.134 (0.252)	1.009*** (0.310)	1.066** (0.417)	0.121 (0.205)	-0.291* (0.162)	0.506* (0.303)	0.449* (.233)
Threshold	Inno_sub 16.051*** (0.398)	Ninno_sub 17.039*** (2.616)	Inno_sub 14.848*** (0.292)	Ninno_sub 17.486*** (0.497)	Inno_sub 15.357*** (3.058)	Ninno_sub 16.418*** (1.166)	Inno_sub 14.039*** (0.925)	Ninno_sub 16.319*** (1.130)
P	0.000	0.000	0.000	0.000	0.000	0.000	0.000	0.000

注：***、**、*分别表示1%、5%、10%的显著性水平；括号内是标准误。

五、分地区样本回归分析

（一）线性模型回归结果

参照总样本的分析方法，对两个地区分别建立模型进行回归。由表 1-5-7 中线性静态模型的回归结果可知，在东部沿海地区，政府创新补贴对企业的创新投入和创新产出均存在显著的正向效应，政府非创新补贴能刺激企业的创新投入而无法明显刺激创新产出。在非东部沿海地区，政府创新补贴能对企业创新投入发挥明显效用；但同东部沿海地区相比，政府创新补贴对创新产出的影响较小；而政府非创新补贴与创新投入和创新产出之间的关系均不明显。结合描述性统计的结果，非东部沿海地区所获政府补贴的力度大于东部沿海地区，但政府补贴对非东部沿海地区发挥的效应却低于对东部沿海地区发挥的效应。描述性统计结果支持了 H4 中政府补贴对非东部沿海地区的支持力度更大的假设，但是回归结果部分否定了 H4，即政府补贴并非对获得政府补贴更多的非东部沿海地区发挥更大的效应。

除企业异质性外，地区差异也是影响政府补贴效果的一个重要因素。政府补贴的区域差异可能与区域环境有关[1]。在中国，东部沿海地区属于经济发达地区，能吸引高层次的人力资本，而人力资本及其集聚能发挥对技术创新的积极作用[2]。较发达地区的企业往往间接受益于创新

---

[1] Buesa M，Heijs J，Baumert T. The determinants of regional innovation in Europe: A combined factorial and regression knowledge production function approach [J]. Research Policy, 2010, 39（6）:722-735.

[2] Benhabib J, Spiegel M M. The role of human capital in economic development evidence from aggregate cross-country data [J]. Journal of Monetary Economics, 1994, 34（2）:143-173.

支持，而不依赖直接的研发补贴[1]。此外，东部沿海地区所具有的有利条件还有助于形成企业集群以使企业集群表现出更高的创新效率[2]。因此，东部沿海地区的企业有更大的机会吸收更多的知识和技术，而地区知识和技术积累程度可以改变创新活动的成功程度[3]；同时东部沿海地区的企业可能获得更大区域资源和条件的补充[4]，为政府补贴发挥更大的激励作用提供基础。相较之下，非东部沿海地区属于经济欠发达地区，该地区技术创新水平[5]和经济发展水平相对较低，其基础设施、研发人才和技术等研发资源短缺，使得该地区企业的创新意识和创新能力较低。即使政府补贴政策有意向该地区的企业倾斜，也可能事与愿违。

　　线性静态模型结果还表明，在东部沿海地区，企业盈利能力（Roe）对企业创新投入存在显著的正向作用，而在非东部沿海地区样本中并没有表现出显著性。结合表1-5-1来看，这可能与东部沿海地区企业的盈利能力水平较高有关系。同总样本分析，本篇将企业盈利能力作为内生变量处理。为了更大程度地减少遗漏变量的影响，也为进一步比较东部沿海地区和非东部沿海地区的企业创新情况差别，在东部沿海地区的模型中加入企业盈利能力的滞后一期，而非东部沿海地区的模型中不考虑。

①　Květoň V, Horak P. The effect of public R&D subsidies on firms' competitiveness: Regional and sectoral specifics in emerging innovation systems [J]. Applied Geography, 2018, 94:119-129.

②　Broekel T, Fornahl D, Morrison A. Another cluster premium: Innovation subsidies and R&D collaboration networks [J]. Research Policy, 2015, 44 (8):1431-1444.

③　Fritsch M. Interregional differences in R&D activities—an empirical investigation [J]. European Planning Studies, 2000, 8 (4):409-427.

④　Liu D, Chen T, Liu X, et al. Do more subsidies promote greater innovation? Evidence from the Chinese electronic manufacturing industry [J]. Economic Modelling, 2019, 80:441-452.

⑤　Min S, Kim J, Sawng Y. The effect of innovation network size and public R&D investment on regional innovation efficiency [J]. Technological Forecasting and Social Change, 2020, 155.

表1-5-7 分地区样本线性静态回归结果

| | 东部沿海地区 | | | | 非东部沿海地区 | | | |
| | FE | | RE | | FE | | RE | |
	R&D	Ipatent	R&D	Ipatent	R&D	Ipatent	R&D	Ipatent
Inno_sub	0.052**	0.056**	0.088***	0.094***	0.072**	0.045	0.074**	0.070**
	(0.025)	(0.028)	(0.024)	(0.027)	(0.033)	(0.036)	(0.031)	(0.033)
Ninno_sub	0.073*	0.018	0.124***	0.063*	0.033	-0.008	0.039	0.002
	(0.041)	(0.038)	(0.044)	(0.034)	(0.053)	(0.050)	(0.046)	(0.048)
Age	0.048	0.036	0.005	0.016	0.089*	0.033	-0.012	0.016
	(0.042)	(0.036)	(0.022)	(0.016)	(0.045)	(0.041)	(0.021)	(0.018)
Size	-0.606***	0.559***	-0.493***	0.600***	-0.497**	0.724***	-0.232*	0.711***
	(0.161)	(0.205)	(0.122)	(0.123)	(0.208)	(0.193)	(0.120)	(0.104)
Lev	0.903*	0.026	0.755*	0.069	1.032	-0.483	0.182	-0.776*
	(0.479)	(0.506)	(0.402)	(0.385)	(0.624)	(0.439)	(0.508)	(0.402)
Holder	-0.005	0.002	-0.003	-0.002	-0.001	-0.005	-0.004	-0.004
	(0.010)	(0.006)	(0.006)	(0.004)	(0.013)	(0.013)	(0.007)	(0.007)
Fasset	0.004	0.001	0.001	0.001	0.006	-0.004	0.001	-0.005
	(0.004)	(0.006)	(0.004)	(0.005)	(0.009)	(0.008)	(0.007)	(0.007)
Market	-0.293	0.478	0.286	1.052***	0.377	-0.021	-0.009	-0.224
	(0.546)	(0.580)	(0.384)	(0.366)	(0.235)	(0.350)	(0.226)	(0.298)
Dual	-0.245	-0.107	-0.080	-0.072	-0.138	0.242	-0.113	0.239
	(0.159)	(0.168)	(0.143)	(0.111)	(0.177)	(0.162)	(0.177)	(0.154)
Roe	0.891**	-1.054***	0.806*	-1.005***	0.221	-0.312	0.264	-0.321*
	(0.348)	(0.322)	(0.429)	(0.252)	(0.281)	(0.221)	(0.260)	(0.171)
Cons	13.369***	-11.594***	9.083***	-14.300***	9.259**	-13.897***	5.318**	-13.597***
	(3.175)	(4.014)	(2.518)	(2.203)	(4.612)	(4.017)	(2.579)	(1.986)
Observations	600	600	600	600	300	300	300	300
F	3.79	6.47			2.29	10.64		
Wald( )			51.46	201.34			17.95	214.99
P	0.000	0.000	0.000	0.000	0.024	0.000	0.056	0.000

注:***、**、*分别表示1%、5%、10%的显著性水平;括号内是标准误。

线性动态模型的结果如表 1-5-8 所示。在东部沿海地区，系统 GMM 的结果表明 L.R&D 与 L.Ipatent 分别在 1% 和 5% 的水平上同 R&D 和 Ipatent 之间存在正相关的关系，尽管在差分 GMM 中它们的系数均不显著正。同时 Inno_sub 与 Ninno_sub 对 R&D 存在显著的正向作用，但是对 Ipatent 的作用均不显著。在非东部沿海地区，L.R&D 的系数均不显著为正，而 L.Ipatent 均表现出了显著性；Inno_sub 对 R&D 存在显著的正向作用，但是对 Ipatent 的作用却不显著；Ninno_sub 对 R&D 和 Ipatent 的作用均不显著为正。

线性动态模型的结果表明：在东部沿海地区，企业创新投入是政府创新补贴、政府非创新补贴及企业创新惯性共同作用的结果，创新产出主要由企业创新惯性驱动，这一结论与总样本结论相同。而在非东部沿海地区，企业创新投入的增加主要由政府创新补贴发挥作用，创新产出由企业创新惯性驱动，但企业创新投入的惯性并没有表现出显著的作用。

表1-5-8 分地区样本线性动态回归结果

| | 东部沿海地区 | | | | 非东部沿海地区 | | | |
| | 差分 GMM | | 系统 GMM | | 差分 GMM | | 系统 GMM | |
	R&D	Ipatent	R&D	Ipatent	R&D	Ipatent	R&D	Ipatent
L.R&D	0.225 （0.169）		0.583*** （0.144）		0.222 （0.233）		0.393 （0.243）	
L.Ipatent		0.166 （0.121）		0.298** （0.137）		0.386* （0.207）		0.406** （0.182）
Inno_sub	0.084** （0.036）	−0.018 （0.054）	0.075* （0.045）	0.013 （0.058）	0.054** （0.025）	0.058 （0.041）	0.052* （0.030）	0.057 （0.054）
Ninno_sub	0.073** （0.031）	0.006 （0.060）	0.075** （0.037）	0.045 （0.070）	0.035 （0.062）	0.043 （0.079）	0.016 （0.062）	0.102 （0.085）
Age	0.150*** （0.037）	−0.002 （0.052）	0.129*** （0.042）	−0.022 （0.042）	0.160*** （0.051）	0.080 （0.066）	0.074 （0.047）	−0.012 （0.057）
Size	−1.204*** （0.166）	0.542** （0.215）	−1.156*** （0.216）	0.529** （0.222）	−0.587*** （0.215）	0.470 （0.423）	−0.435* （0.247）	0.801* （0.475）
Lev	0.226 （0.574）	−0.183 （0.494）	0.730 （0.761）	−0.519 （0.572）	0.718 （0.684）	0.570 （0.759）	0.244 （0.848）	−0.367 （0.919）
Holder	−0.009 （0.007）	−0.006 （0.014）	−0.012* （0.007）	0.001 （0.021）	0.016 （0.013）	0.017 （0.019）	0.006 （0.017）	0.009 （0.019）
Fasset	0.012*** （0.004）	0.014** （0.007）	0.014** （0.006）	0.008 （0.008）	0.007 （0.007）	0.007 （0.009）	0.004 （0.009）	0.008 （0.015）
Market	−0.291	−0.258	−0.398	−0.190	0.380	0.250	0.275	−0.099

续表

| | 东部沿海地区 | | | | 非东部沿海地区 | | | |
| | 差分 GMM | | 系统 GMM | | 差分 GMM | | 系统 GMM | |
	R&D	Ipatent	R&D	Ipatent	R&D	Ipatent	R&D	Ipatent
	（0.597）	（1.034）	（0.628）	（1.280）	（0.506）	（0.537）	（0.571）	（0.792）
Dual	-0.184	0.107	-0.223	-0.008	-0.173	-0.075	-0.218	0.208
	（0.131）	（0.225）	（0.160）	（0.294）	（0.159）	（0.167）	（0.209）	（0.274）
Roe	0.497	-0.873	1.022	-0.999	-0.179	-1.175	-0.275	-1.220
	（0.725）	（0.952）	（0.795）	（0.974）	（1.194）	（1.202）	（1.160）	（1.542）
L.Roe	0.316		0.723					
	（0.638）		（1.033）					
Cons	25.054***	-9.046*	23.405***	-10.082*	9.877**	-12.485	8.198	-18.874*
	（3.297）	（4.642）	（4.338）	（5.635）	（4.377）	（9.678）	（5.461）	（10.523）
Instruments	GMM-dif	GMM-dif	GMM-sys	GMM-sys	GMM-dif	GMM-dif	GMM-sys	GMM-sys
Observations	360	360	480	480	180	180	240	240
Wald（ ）	109.35	56.91	135.47	55.37	19.18	50.15	19.42	54.60
AR（1）	-1.460	-3.172***	-2.351**	-3.384***	-1.387	-2.297**	-1.549	-2.424**
AR（2）	0.670	0.470	-0.022	0.537	0.788	-1.301	1.041	-0.955
Sargan	4.337	8.726	8.973	18.763	4.958	7.180	11.494	16.399
P	0.000	0.000	0.000	0.000	0.058	0.000	0.054	0.000

注：***、**、* 分别表示 1%、5%、10% 的显著性水平；括号内是标准误。

如前文分析，东部沿海地区具有较好的创新基础和条件[①]，同时企业的创新惯性作用较为显著，这使得该地区企业的创新表现优于非东部沿海地区的企业。非东部沿海地区获得较大力度的政府补贴，虽然所获政府补贴没能发挥理想作用，但企业的创新产出能维持在一定的水平上。结合前述分析，本研究认为该地区的企业增加创新产出可能是一种为获取其他利益的策略行为，而不是为了推动技术进步和技术创新[②]。新能源在中国创新战略中具有重要的作用，因此其一方面受到政府的大力扶持，另一方面也会有来自政府"望子成龙"的压力。而在经济欠发达地区，企业的创新条件不足，政府补贴对企业创新的作用可能只是杯水车薪。但同时企业需要政府支持以实现成长与发展，因而无论是否有效地利用了政府补贴资金，企业都需向政府和公众交出一份份"答卷"以获得长期的资金支持，这就促使企业必须增加能反映实质性创新的发明专利。因此，更多的政府补贴并非都能带来更好的创新绩效。虽然政府可以在短时间内改善区域创新基础设施，如交通、通信、技术平台、研究所、孵化器等设施；但政府需要更多的时间来提高企业自主创新的"软环境"，如知识共享、技术合作环境等能提高企业自主创新意识的要素。该研究结果也表明可能存在如下情况：即使欠发达地区获得了政府支持，但这些地区企业的创新意识仍然薄弱，政府的监管力度不足。因此，政府一方面应该吸引企业形成"追赶学习"[③]，从而增强企业的创新意识和创新能力；另一方面还应加强对企业研发资金使用和创

---

① Benhabib J, Spiegel M M. The role of human capital in economic development evidence from aggregate cross-country data [J]. Journal of Monetary Economics, 1994, 34 (2):143-173.

② Tong T W, He W, He Z-L, et al. Patent regime shift and firm innovation: Evidence from the second amendment to China's patent law [C]. Academy of Management Proceedings, 2014: Academy of Management Briarcliff Manor, NY 10510.

③ Todtling F, Trippl M. One size fits all?: Towards a differentiated regional innovation policy approach [J]. Research Policy, 2005, 34 (8):1203-1219.

新过程的监管，防止企业通过策略创新行为来谋取其他的利益。

（二）门槛模型回归结果

如表 1-5-9 和表 1-5-10 所示。线性检验结果表明，东部沿海地区和非东部沿海地区的模型均存在门槛效应，门槛值均显著。静态门槛模型结果表明，在东部沿海地区和非东部沿海地区，政府创新补贴和政府非创新补贴对企业创新的影响均存在显著的区间效应。在动态门槛模型中，两个地区的企业创新投入和创新产出的惯性作用并不明显，而政府创新补贴和政府非创新补贴均对企业创新表现出了复杂的非线性关系。同前文分析，这种关系的形成，与企业的异质性、道德风险、地区差异、专利的滞后机制等因素有关。

表1-5-9 东部沿海地区样本门槛回归结果

变量	静态门槛模型 R&D (Y)	静态门槛模型 lpatent (Y)	动态门槛模型 R&D (Y)	动态门槛模型 lpatent (Y)
L.R&D			0.169*** (0.064)	-0.004 (0.073)
L.lpatent			0.020 (0.102)	-0.064 (0.106)
Inno_sub	0.026 (0.018)	0.043* (0.024)	0.045* (0.025)	-0.029 (0.035)
Below	-0.121 (0.081)	-0.127** (0.054)	-0.093 (0.083)	-0.137 (0.159)
Above	0.249 (0.260)	0.556 (0.356)	0.356 (0.373)	0.012 (0.320)
Ninno_sub	0.088*** (0.024)	-0.028 (.033)	0.116*** (0.030)	-0.028 (0.040)
Below	0.048 (0.067)		0.139*** (0.044)	0.410 (0.284)
Above	0.099 (0.116)		-0.148 (0.215)	-0.208 (0.585)
控制变量	Y	Y	Y	Y
kink_slope	0.121 (0.296) ；0.051 (0.067)	0.369* (0.188) ；0.683** (0.338)	0.149 (0.176) ；-0.287 (0.205)	0.448 (0.306) ；-0.618** (0.312)
Threshold	Inno_sub 15.987*** (1.704) ；Ninno_sub 14.925*** (4.630)	Inno_sub 14.963*** (0.562) ；Ninno_sub 17.408*** (0.677)	Inno_sub 15.350*** (0.612) ；Ninno_sub 17.283*** (1.186)	Inno_sub 14.075*** (2.557) ；Ninno_sub 14.925*** (0.623)
P	0.000	0.000	0.000	0.000

注：***、**、*分别表示1%、5%、10%的显著性水平；括号内是标准误。

表1-5-10 非东部沿海地区样本门槛回归结果

变量	静态回归模型 R&D	静态回归模型 lpatent	动态回归模型 R&D	动态回归模型 lpatent
L.R&D			0.020 (0.058)	0.017 (0.055)
L.lpatent			0.137 (0.113)	0.214* (0.118)
Inno_sub	0.036*** (0.013)	0.062*** (0.018)	0.024 (0.022)	0.030 (0.023)
Below	-0.031 (0.026)	0.138** (0.060)	-0.025 (0.047)	-0.019 (0.054)
Above	0.817*** (0.254)	-0.118 (0.162)	0.288** (0.140)	0.255 (0.339)
Ninno_sub	0.046 (0.035)	0.023 (0.021)	0.067** (0.031)	0.015 (0.041)
Below	0.032 (0.057)	-0.363*** (0.132)	0.005 (0.052)	-0.113 (0.192)
Above	0.297 (0.291)	0.348 (0.329)	0.225 (0.350)	0.158 (0.446)
控制变量	Y	Y	Y	Y
Kink_slope Inno_sub	0.848*** (0.238)	-0.256** (0.113)	0.313*** (0.108)	0.272 (0.265)
Kink_slope Ninno_sub	0.265 (0.255)	0.711*** (0.204)	0.219 (0.318)	0.274 (0.298)
Threshold Inno_sub	16.132*** (0.234)	13.969*** (0.918)	14.528*** (0.687)	15.724*** (1.167)
Threshold Ninno_sub	17.577*** (0.731)	15.809*** (0.331)	17.492*** (1.204)	15.962*** (1.188)
P	0.000	0.000	0.000	0.000
P	0.000	0.000	0.000	0.000

注：***、**、* 分别表示1%、5%、10% 的显著性水平；括号内是标准误。

六、进一步分样本研究

（一）按企业性质分样本研究

参照现有学者的分析思路，本研究进一步分样本研究民营企业和国有企业，见表1-5-11。总体来看：静态模型表明，民营企业中政府创新补贴对企业创新投入的影响在统计学上是显著的，对创新产出也有正向影响，并且政府创新补贴对企业创新的影响程度大于国有企业中政府创新补贴对企业创新的影响；与之相反的是，国有企业中政府非创新补贴对企业创新发挥的作用比民营企业中非创新补贴发挥的作用更明显。动态模型中，政府创新补贴和非创新补贴对企业创新投入和创新产出的影响差异仍然成立。但是考虑到被解释变量的滞后一期时：民营企业中L.R&D和L.Ipatent对企业创新具有显著的正向影响，因此民营企业中创新惯性仍然发挥着重要的作用。而国有企业中L.R&D对企业创新投入的影响并不显著且方向为负，L.Ipatent对创新产出的作用显著为正，因此国有企业中企业创新产出存在惯性作用而创新投入行为并不具有持续性。

总结而言：政府创新补贴发挥的资源属性和信号传递机制在民营企业中更明显，政府非创新补贴能促进国有企业的创新；民营企业中创新投入和创新产出均存在惯性，国有企业中创新产出的惯性效应明显而滞后的创新投入并没有表现出正向作用。杨洋等[1]也认为，政府补贴对民营企业的创新表现产生的刺激效应大于国有企业，但李晓钟等[2]的研究结果表明当期的政府补贴在国有企业中的表现优于民企，而民营企业中政府补贴的作用存在滞后性。

---

[1] 杨洋，魏江，罗来军. 谁在利用政府补贴进行创新？——所有制和要素市场扭曲的联合调节效应 [J]. 管理世界，2015（01）:75-86，98，188.

[2] 李晓钟，徐怡. 政府补贴对企业创新绩效作用效应与门槛效应研究——基于电子信息产业沪深两市上市公司数据 [J]. 中国软科学，2019（05）:31-39.

表 1-5-11 按企业性质分样本回归结果

| | 民营企业 | | | | 国有企业 | | | |
| | FE | | 系统 GMM | | FE | | 系统 GMM | |
	R&D	Ipatent	R&D	Ipatent	R&D	Ipatent	R&D	Ipatent
L.R&D			0.866***				-0.074	
			(0.088)				(0.135)	
L.Ipatent				0.275***				0.736***
				(0.093)				(0.117)
Inno_sub	0.080***	0.042	0.065*	0.014	0.018	0.038	0.040	0.007
	(0.024)	(0.029)	(0.035)	(0.042)	(0.038)	(0.032)	(0.066)	(0.051)
Ninno_sub	0.031	-0.010	-0.010	-0.015	0.128	0.053	0.308**	0.092
	(0.033)	(0.036)	(0.047)	(0.047)	(0.081)	(0.048)	(0.140)	(0.087)
控制变量	Y	Y	Y	Y	Y	Y	Y	Y
Cons	13.223***	-15.994***	17.537***	-6.990	10.632***	-3.209	15.710	-3.598
	(3.658)	(3.232)	(4.653)	(4.418)	(3.532)	(3.244)	(10.715)	(2.310)
N	632	632	507	507	237	237	190	190
p	0.000	0.000	0.000	0.000	0.000	0.016	0.000	0.000
AR 检验			Y	Y			Y	Y
Sargan 检验			Y	Y			Y	Y

注：***、**、* 分别表示 1%、5%、10% 的显著性水平；括号内是标准误。

（二）按企业生命周期分样本研究

Dickinson[①] 指出企业生命周期包含初创期、成长期、成熟期、动荡期和衰退期。参照陈红等[②] 的做法，本研究将初创期和成长期归类为成长期，成熟期和动荡期归类为成熟期。如表 1-5-12，本研究通过对三种现金流活动类型的组合来划分企业生命周期。如：当企业经营活动净现金流量小于 0、投资活动净现金流量小于 0、筹资活动净现金流量大于或等于 0 时，划分为成长期。即成长期的企业经营活动和投资活动均表现为现金净流量流出，而筹资活动表现为现金净流量流入。按生命周期分样本研究结果见表 1-5-13。静态模型的结果表明：成长期的企业中只有政府创新补贴显著提高了企业的创新投入水平；成熟期的企业中只有非创新补贴对创新投入明显发挥了正向作用；衰退期的企业中政府创新补贴显著提升了企业的创新投入和创新产出水平，但政府非创新补贴明显抑制了企业创新投入和创新产出。动态模型显示：成长期和成熟期的企业中，企业创新投入和创新产出均有明显的惯性作用；对于衰退期的企业而言，企业已无法仅靠自身维持理想的创新水平。

总结而言：政府创新补贴对成长期和衰退期的企业创新活动有积极影响；政府非创新补贴通过传递信号以吸引社会投资进而刺激成熟期企业的创新投入，但抑制了衰退期企业的创新投入和产出；成长期和成熟期的企业在发展的同时能保持自主创新行为，衰退期企业的自主创新能力明显下降。陈红等也发现政府补贴对处于不同生命周期的企业发挥的作用存在差别：对成长期企业开发性创新的效应更大，对成熟期企业探索性创新的效应更大。熊和平等[③] 认为政府补贴与处于不同生命周期的

---

① Dickinson V. Cash flow patterns as a proxy for firm life cycle [J]. The Accounting Review, 2011, 86（6）:1969-1994.

② 陈红，张玉，刘东霞. 政府补贴、税收优惠与企业创新绩效——不同生命周期阶段的实证研究 [J]. 南开管理评论，2019，22（03）:187-200.

③ 熊和平，杨伊君，周靓. 政府补贴对不同生命周期企业 R&D 的影响 [J]. 科学学与科学技术管理，2016，37（09）:3-15.

企业之间存在复杂的关系：政府补贴显著提升初创期企业的研发投入，与成长期研发投入之间存在非线性关系，对成熟期企业的研发无作用，对衰退期企业的研发有激励效果。

表 1-5-12　企业生命周期的划分

现金流活动类型	生命周期				
	成长期		成熟期		衰退期
经营活动	−	+	+	−	+
投资活动	−	−	−	−	+
筹资活动	+	+	−	−	+

表 1-5-13 按企业生命周期分样本回归结果

	成长期				成熟期				衰退期			
	FE		系统 GMM		FE		系统 GMM		FE		系统 GMM	
	R&D	Ipatent	R&D	Ipatent	R&D	Ipatent	R&D	Ipatent	R&D	Ipatent	R&D	Ipatent
L.R&D			0.617***				0.602***				0.181	
			(0.221)				(0.219)				(0.292)	
L.Ipatent				0.359**				0.399*				0.303
				(0.166)				(0.223)				(0.350)
Inno_sub	0.066**	0.033	0.098***	-0.011	0.023	-0.028	0.027	0.040	0.134*	0.151**	0.010	-0.019
	(0.029)	(0.033)	(0.033)	(0.046)	(0.052)	(0.047)	(0.069)	(0.089)	(0.078)	(0.061)	(0.107)	(0.139)
Ninno_sub	0.062	-0.032	0.029	0.013	0.128**	0.027	0.137	-0.017	-0.250***	-0.133*	0.015	0.224
	(0.049)	(0.037)	(0.058)	(0.068)	(0.064)	(0.078)	(0.093)	(0.075)	(0.075)	(0.075)	(0.183)	(0.201)
控制变量	Y	Y	Y	Y	Y	Y	Y	Y	Y	Y	Y	Y
Cons	11.444***	-12.668**	16.110***	-6.445	8.099	-14.757**	12.817*	-10.020	19.293***	-12.164***	8.196	-12.810
	(3.498)	(5.481)	(5.247)	(6.539)	(5.692)	(5.682)	(6.879)	(6.798)	(6.416)	(3.734)	(19.814)	(18.289)
N	472	472	385	385	285	285	218	218	93	93	77	77
p	0.000	0.000	0.000	0.001	0.001	0.005	0.000	0.000	0.000	0.000	0.011	0.002
AR 检验			Y	Y			Y	Y			Y	Y
Sargan 检验			Y	Y			Y	Y			Y	Y

注：***、**、* 分别表示 1%、5%、10% 的显著性水平；括号内是标准误。

七、中介效应和信号传递机制的检验

本研究在第三章所指出的作用机制概括为如下五条路径：（1）政府创新补贴 $\xrightarrow{\text{资源属性 + 信号传递机制}}$ 企业创新投入；（2）政府创新补贴 $\xrightarrow{\text{信号传递机制（间接作用）}}$ 企业创新产出；（3）政府创新补贴 $\xrightarrow{\text{资源属性（直接作用）}}$ 创新投入 → 创新产出；（4）政府非创新补贴 $\xrightarrow{\text{信号传递机制（间接作用）}}$ 企业创新投入；（5）政府非创新补贴 $\xrightarrow{\text{信号传递机制（间接作用）}}$ 企业创新产出。其中（1）（2）（4）（5）四条路径在前文已得到实证分析，但政府创新补贴 → 企业创新投入 → 企业创新产出这条路径未在前文得到分析，政府创新 / 非创新补贴 $\xrightarrow{\text{信号传递机制（间接作用）}}$ 企业创新投入 / 创新产出需要验证信号传递机制的存在性。因此设立本部分来分析和检验创新投入在政府创新补贴对企业创新产出作用中发挥的中介效应，政府创新 / 非创新补贴对企业创新投入 / 创新产出的信号传递机制。

（一）中介效应的检验

已有研究表明，研发投入充当了政府补贴与企业创新产出之间的中介变量[1]。政府补贴的资源属性表明政府补贴能够直接充当创新投入资金，但是信号传递机制指出政府补贴可能对企业创新产出存在间接作用。因为政府补贴通过释放信号使得企业获得外部资源从而提高创新投入水平，进而作用于企业创新产出。前述结果表明政府非创新补贴并没有对企业创新产出发挥显著作用，因此建立如下模型来验证创新投入在政府创新补贴与创新产出之间的中介效应[2]。

$$Ipatent_{it} = \alpha_i + \beta Inno\_sub_{it} + \sigma Controls_{it} + \varepsilon_{it} \tag{1}$$

$$R\&D_{it} = \alpha_i + \beta Inno\_sub_{it} + \sigma Controls_{it} + \varepsilon_{it} \tag{2}$$

---

[1] 王维，李昊展，乔朋华，等.政府补贴方式对新能源汽车企业绩效影响研究——基于企业成长性的深入分析［J］.科技进步与对策，2017，34（23）:114-120.

[2] 温忠麟，张雷，侯杰泰，等.中介效应检验程序及其应用［J］.心理学报，2004，（05）:614-620.

$$Ipatent_{it} = \alpha_i + \beta Inno\_sub_{it} + \eta R\&D_{it} + \sigma Controls_{it} + \varepsilon_{it} \qquad （3）$$

其中，i 是企业，t 是年份。$R\&D_{it}$ 和 $Ipatent_{it}$ 是模型的被解释变量；$Inno\_sub_{it}$ 是解释变量；$Controls_{it}$ 是影响企业创新的控制变量，包括 $Ninno\_sub$、Age、$Size$、Lev、$Holder$、$Fasset$、$Market$、$Dual$ 和 Roe。a_i 是个体效应，ε_{it} 是模型的随机误差项。

表 1-5-14　中介效应的检验

	（1）	（2）	（3）
	Ipatent	R&D	Ipatent
Inno_sub	0.048**	0.055***	0.041*
	（−0.022）	（0.021）	（0.022）
R&D			0.120*
			（0.061）
控制变量	Y	Y	Y
Cons	−12.004***	11.762***	−13.412***
	（3.054）	（2.609）	（3.086）
N	900	900	900
p	0.000	0.000	0.000

注：***、**、* 分别表示 1%、5%、10% 的显著性水平；括号内是标准误。

回归结果如表 1-5-14 所示。（1）列中，$Inno\_sub$ 对 $Ipatent$ 的正向作用显著，且政府创新补贴增加 1% 能使企业创新产出增加 0.048 个单位；（3）列中，$Inno\_sub$ 对 $Ipatent$ 的正向作用仍然显著但政府创新补贴对企业创新产出的影响有所减小。因此创新投入在政府创新补贴与企业创新产出之间存在部分中介作用：

中介效应与总效应的比：$\propto_1 = \dfrac{0.055*0.120}{0\ 048} = 0.138$

中介效应与直接效应的比：$\propto_2 = \dfrac{0.055*0.120}{0.041} = 0.161$

（二）信号传递机制的检验

为了检验政府补贴的信号传递机制，参考现有研究[①] 的做法引入新的

---

① 郭玥. 政府创新补助的信号传递机制与企业创新[J]. 中国工业经济，2018（09）:98-116.

变量：VC、Attention1/Attention2、BL/LBL。VC 表示企业风险投资，是哑变量：根据企业十大股东名称中搜索"风险投资""创业投资""创新投资"，根据十大股东类型搜索"风险投资"；若企业获得风险投资取值 1，否则取值 0。Attention1 是企业被分析师关注度（单位：个），Attention2 是企业被研报关注度（单位：份），对其均采取自然对数处理。BL、LBL 分别表示从银行处获得的总借款和长期借款（单位：元），并对其均采取自然对数处理。政府补贴能够通过向社会传递信号，使企业获得风险投资机构的青睐，获得银行机构的信任并得到借款，同时还能引起分析师和研报的关注。特别地，以 VC 为被解释变量时使用 Probit 方法[①]，由此建立如下模型来验证政府补贴的信号传递机制：

$$VC_{it} = \alpha_i + \beta Inno\_sub_{it} + \eta Ninno\_sub_{it} + \sigma Controls_{it} + \varepsilon_{it} \qquad （4）$$

$$y_{it} = \alpha_i + \beta Inno\_sub_{it} + \eta Ninno\_sub_{it} + \sigma Controls_{it} + \varepsilon_{it} \qquad （5）$$

有学者指出，在企业特征中只有以企业资产等来衡量的企业规模是影响企业能否获得政府补贴的因素，而其他企业特征对企业是否能够获得政府补贴无影响[②]。政府非创新补贴直接作用于企业经营生产活动可影响企业规模的变化，而企业规模和实力的扩大能引起风险投资机构、银行机构等社会关注。因此，本研究在模型中考虑政府非创新补贴和企业规模的交乘项。回归结果如表 1-5-15 所示。虽然个别模型中政府创新补贴和非创新补贴对因变量的作用系数在统计学上不显著，但总体来看政府创新补贴和非创新补贴的信号传递机制均存在。这也验证了现有学者关于政府补贴信号传递机制的检验结果。

---

① 郭玥. 政府创新补助的信号传递机制与企业创新[J]. 中国工业经济，2018（09）:98-116.

② 吕久琴. 政府补贴影响因素的行业和企业特征[J]. 上海管理科学，2010, 32（04）:104-110.

表1-5-15　信号传递机制的检验

	VC		Inattention1		Inattention2		lnBL		lnLBL	
Inno_sub	0.005	0.006	0.074***	0.071***	0.085***	0.081**	0.017	0.014	-0.042	-0.055
	(0.034)	(0.034)	(0.026)	(0.026)	(0.032)	(0.032)	(0.027)	(0.027)	(0.049)	(0.048)
Ninno_sub	-0.063	0.341	-0.008	0.883*	-0.024	1.229*	0.007	0.484	0.031	3.201***
	(0.040)	(0.417)	(0.034)	(0.512)	(0.042)	(0.628)	(0.035)	(0.561)	(0.065)	(1.156)
Size	0.386***	0.710**	0.699***	1.409***	0.887***	1.886***	0.971***	1.335***	1.923***	4.267***
	(0.076)	(0.342)	(0.117)	(0.424)	(0.143)	(0.519)	(0.101)	(0.438)	(0.182)	(0.872)
Ninno_sub*Size		-0.018		-0.041*		-0.057**		-0.021		-0.140***
		(0.019)		(0.023)		(0.029)		(0.025)		(0.051)
控制变量	Y	Y	Y	Y	Y	Y	Y	Y	Y	Y
Cons	-7.551***	-14.649**	-15.642***	-31.128***	-19.973***	-41.759***	-4.164**	-12.179	-25.576***	-78.475***
	(1.270)	(7.403)	(2.306)	(9.176)	(2.828)	(11.248)	(2.020)	(9.617)	(3.607)	(19.586)
N	900	900	769	769	770	770	781	781	511	511
p	0.035	0.036	0.000	0.000	0.000	0.000	0.000	0.000	0.000	0.000

注：***、**、*分别表示1%、5%、10%的显著性水平；括号内是标准误。

第六章　研究结论与政策建议

一、结论阐述

尽管已有研究揭示了政府补贴对新能源产业的创新具有重大作用，但这些研究仍具有局限性。本研究以 2012—2016 年新能源上市公司的数据为研究样本，将政府补贴按补贴目的区分为创新补贴和非创新补贴，建立静态和动态的线性模型及门槛模型，系统考虑企业创新惯性对企业创新发挥的作用。得出如下结论：

第一，虽然从总体来看，政府补贴能通过资源配置属性和信号传递机制显著促进企业创新投入和创新产出，企业创新投入在政府创新补贴与企业创新产出之间存在部分中介作用。但实际上，政府创新补贴和政府非创新补贴与企业创新投入和创新产出之间存在复杂的非线性关系。只有当政府创新补贴和政府非创新补贴处于某一区间时，才能刺激企业创新投入和创新产出。

第二，企业的创新惯性是使企业保持创新活动的关键。即使政府补贴无法对企业形成显著的激励作用，创新惯性也能形成企业创新活动的驱动力。

第三，政府补贴对企业创新的效用在不同地区存在差别。具体说来，东部沿海地区受政府补贴力度较小，但政府补贴对该地区企业的创新发挥了显著的作用；非东部沿海地区受政府补贴力度较大，但政府补贴对企业创新的作用较弱，并且该地区的企业可能存在策略性创新行为。

第四，政府创新补贴和非创新补贴对企业创新投入和创新产出的作用在民营和国有企业及处于不同生命周期的企业中均不同。

二、政策建议

本研究认为政府补贴作为激励新能源产业创新的一项政策工具仍存在一些不足，并提供如下建议。

对于政府而言：第一，政府应利用补贴的资源配置属性继续加大对新能源产业的补贴以促进新能源产业健康发展；但同时政府应考虑政府补贴的区间性，以使有限的政府资金能发挥最大的效用。这是因为政府补贴的效果因政府补贴强度的不同而各异，因此政府应全面考虑政策效果而合理设计政府补贴的数量和强度[①]。第二，政府补贴并不是越多越好，政府应考虑企业的创新惯性作用并引导企业发挥其创新主观能动性，而不应过多、无效地干预企业的创新活动。研究结果表明，新能源企业具备一定的自主创新能力，政府在扶持新能源产业发展的同时应当着重培育和支持企业的自主创新。第三，政府应考虑结合不同的政策工具来激励企业创新。政府直接补贴和税收优惠是政府支持企业研发活动最主要的两种手段[②]，但政府补贴资金是用于政府选择的特定研发领域和项目，而税收优惠支持企业自由选择研发项目[③]。因此税收优惠政策

---

① Duch-Brown N，García-Quevedo J，Montolio D. The link between public support and private R&D effort: What is the optimal subsidy? Working Papers，2011:9.

② González X，Pazó C. Do public subsidies stimulate private R&D spending? [J]. Research Policy，2008，37（3）:371–389.

③ 程华. 直接资助与税收优惠促进企业 R&D 比较研究 [J]. 中国科技论坛，2006（03）:56–59.

能灵活地引导企业进行研发活动并增加自身研发支出。第四，政府部门在制定新能源产业政策时，需考虑政策工具对企业创新投入和创新产出的作用差异，根据客观情况以制定合理的激励政策。第五，政府应在不同地区间合理分配政府资金，并通过资源配置属性和信号传递机制来改善企业的创新环境。政府政策的成功取决于政府在地区之间提供和分配资源的能力①，政府应结合地区创新条件的差异以发挥政府资源的最大效用。如政府创新补贴资金无法发挥作用时，政府应考虑加大非创新补贴资金的分配力度以支持企业做大做强，并通过信号传递以招商引资等方式为企业营造良好的创新环境，从而减少企业的策略性创新行为。

对企业而言：第一，企业应增强自主创新的意识，充分发挥创新的主观能动性并提升持续创新的能力。第二，企业应积极利用内外部资源以提高自身创新条件，为政府政策发挥作用提供基础。第三，企业应加大私人信息的披露力度来缓解逆向选择问题，为社会投资做决策提供充分的信息并助于政府制定合理政策。第四，处于创新环境成熟地区的企业应提高对政府补贴的利用率，增加高质量的创新产出；处于创新环境薄弱地区的企业应当从根本上增强自主创新的意识，避免策略性创新行为。

三、研究不足与展望

尽管本研究参考不同学者关于政府补贴的分类标准，但关于政府补贴的分类方法并非最优，且仍无法避免遗漏变量的存在导致的结果误差。同时，关于政府创新补贴和非创新补贴对企业创新投入和创新产出的影响路径研究不足。但本研究仍是具有意义的，因为：第一，现有

---

① Herrera L，Nieto M. The national innovation policy effect according to firm location［J］. Technovation，2008，28（8）:540-550.

研究关于政府补贴的分类标准不一，本研究结合不同学者的思路和新能源企业的特性，对政府补贴分类做到了最大可能的尝试。第二，本研究使用的平衡面板数据能在一定程度上消除企业个体差异对结果造成的影响；运用静态和动态的线性模型和门槛模型，考虑被解释变量的滞后项、内生变量和工具变量及政府补贴的门槛作用，并对不同模型的结果进行对比分析，因此本研究结果具有稳健性。第三，现有研究关于政府补贴与企业创新的关系存在争议，本研究能够兼容关于政府补贴的线性作用和非线性作用的研究结论。在未来的研究中，可以通过构建一个更大的研究框架进一步考察政府补贴对企业创新的作用。例如可以从企业内外部资源的一个更广视角展开研究；或者可以考虑更一般的结构方程模型，将政府创新补贴、非创新补贴和企业创新投入和创新产出纳入有中介变量的调节效应模型中。

第二篇　政府补贴
对中国生物医药企业创新的影响

近年以来，生物医药有关的新材料、新技术与创新药研制等需求尤为凸显。政府部门持续加大对生物医药企业的政府补贴和政策优惠力度，以期推动我国生物医药企业发展、抢占新一轮创新优势地位。政府补贴作为协同企业创新发展与政府宏观调控的重要工具，其对企业创新的影响始终是学术界研究的热点。

本篇在现有研究的基础上，基于外部性、信息不对称和资源基础理论，采用2013—2021年中国生物医药上市企业为研究样本，实证探究了政府补贴对生物医药企业创新投入和创新产出的影响作用。研究发现，第一，政府补贴对生物医药企业的创新投入和创新产出发挥了积极的促进作用。第二，政府补贴与生物医药企业创新投入和创新产出的关系受到补贴规模的影响，存在门槛效应，且政府补贴规模对企业创新呈现"先降后升"的U型的关系。第三，生物医药企业创新同时受到内部创新行为的动态影响，企业创新存在明显的创新惯性。进一步分析发现，税收优惠、融资约束均对政府补贴与生物医药企业创新的关系存在多重门槛效应。同时，政府补贴对生物医药企业创新的作用存在所有制差异和区域异质性：非国有制企业、中西部地区企业存在创新资源劣势，但其创新行为更易受到政府补贴的激励。

　　本篇的贡献主要体现在以下几个方面：第一，聚焦当前最受关注的生物医药企业，研究政府补贴对企业创新的非线性影响，不仅可以充分了解政府补贴对该领域企业创新的作用规律，也有助于进一步丰富和完善政府补贴对企业创新影响的文献研究。第二，在构建政府补贴、创新投入和创新产出的分析框架和计量模型时，采用了动态与静态门槛模型对比的思路，从而更好地解释政府补贴的作用机理，丰富有关政府补贴政策效应的实证探究方法。第三，讨论了动态模型反映的新规律，结合实际证明了企业创新行为是一个连续而非间歇性的过程，更进一步厘清了政府补贴对生物医药企业创新的直接影响，同时也有助于补充有关企业创新连续效应的文献研究。

第一章　政府补贴与生物医药企业创新

一、研究背景与意义

（一）研究背景

生物医药企业属技术密集型产业类型，企业以研发创新为支柱[①]，具有很强的正外部性。在科技创新、技术进步、产业升级加速的进程中，生物医药企业的创新进步，既关乎人类生命健康，也是推动经济高质量发展、强化我国科技创新地位的关键领域。21世纪以来，随着我国人口结构长寿化和老龄化特征的突出[②]，人们的健康意识、医疗保健需求逐步增强，推动了我国生物医药企业的快速发展。在"健康中国2030"规划纲要实施的背景下[③]，针对生物医药事业产业发展的重点，国家发布了《"十四五"生物医药产业发展规划》等；针对公共卫生和大众医疗健康服务需求，党的二十大会议进一步作出部署强调，我国要加快实施具有战略性全局性前瞻性的国家重大科技项目，增强自主创新能力；全

---

① 徐心，林伟鹏，吴刚.工商管理学科领域"面向世界科学前沿问题"的凝炼机制探索［J］.管理评论，2021，33（11）:3-12.

② 宗庆庆，张熠，陈玉宇.老年健康与照料需求:理论和来自随机实验的证据［J］.经济研究，2020，55（02）:36-51.

③ 何文炯，杨一心.医疗保障治理与健康中国建设［J］.公共管理学报，2017，14（02）:132-138，159.

面推进健康中国建设，把保障人民健康放在优先发展的战略位置。对此，政府部门颁布了一系列优惠政策，推动生物医药发展面向世界科技前沿、面向国家重大需求、面向经济主战场、面向人民生命健康[1]，为生物医药企业发展提供有力政策支撑。与此同时，政府部门持续加大该领域科研人员和研发经费的补贴投入，加速推进新型药物和专利的生产[2]，为我国发展生物医药企业营造良好的技术研发环境。2013年以来我国医药制造业企业不断增加，企业创新环境不断优化，到2021年我国生物医药市场总体规模增加到4644亿元。二十大报告总结指出，我国在生物医药等领域取得重大成果，实现了一些关键核心技术的突破，发展壮大了战略性新兴产业。我国进入创新型国家行列，我国生物医药企业正顺势迈入新的历史发展阶段。

然而，与国外技术水平较高的生物医药企业相比，我国生物医药企业仍存在较大差距，如技术创新能力不足、研发产品同质化高、高端人才缺乏等等。由于生物医药企业本身具有新产品研发周期长、投入大、成功率低等高风险特点[3]，企业经常面临创新资源危机，若是新产品研发失败，企业就很难占据市场份额而提高盈利水平，进而导致部分企业面临现金断流、经营成本上升、支撑乏力等压力[4]，增大了企业的创新阻力；此外，尽管新产品成功上市，企业创新产生的正外部性收益未得到很好的补偿，导致出现市场失灵[5]，进一步加剧了企业内部与外界信息

---

① 曹慧莉，魏国旭.2022年我国生物医药产业发展形势展望［J］.科技中国，2022（01）:43-46.

② 李洁，葛燕飞，高丽娜.我国生物医药产业创新集群演化动力机制研究——基于复杂适应系统理论［J］.科技管理研究，2022，42（03）:176-183.

③ 王楠，王国强.新竞争格局下中美生物医药创新对比研究［J］.中国软科学，2023（01）:22-31.

④ 赵炎，栗铮.我国生物制药企业联盟的发展现状分析［J］.科研管理，2017，38（S1）:223-229.

⑤ 贺正楚，张蜜，吴艳.我国生物医药产业共性技术供给研究［J］.中国科技论坛，2014（02）:40-45.

不对称、融资约束的困境，降低了企业自主创新动力。故而，仅依靠市场机制来调节生物医药企业创新发展和亟须解决的产业现状问题，将很难达到预期效果。

鉴于这种情况，我国各级政府纷纷出台了政府补贴等优惠政策，对生物医药企业进行鼓励和扶持，力求促进生物医药企业研发技术的提升。政府补贴承载着优化资源配置结构、供给结构和需求结构的政策意图，同时也有助于发挥引导市场的作用，是实现政府宏观调控目标的一项重要的政策激励工具[①]。政府补贴的支持对企业通常具有补充企业创新资金、减轻赋税压力、降低企业研发成本、增加企业研发投入、加快创新产出等作用[②]；同时，也能够发挥政府背书的信号作用[③]，帮助企业吸引外来投入资金，从而拓宽企业可获得外部创新资源的渠道，进而缓解信息不对称和外部资金压力。最终有利于降低研发创新的风险与不确定性，激励企业的研发行为，有助于企业业绩的改善和宏观调控目标的实现。但同时，政府补贴是有限的，政府与企业之间普遍存在信息不对称，资源在配置的过程中有时也会引发消极影响。例如，政府补贴较低可能难以达到激励创新的预期效果；而政府补贴过高可能诱发企业自有研发投入的挤出或替代效应[④]；还有一些企业为了获得补贴而扭曲企业行为，可能诱发虚假创新[⑤]、企业"骗补"[⑥]等行为，增加资源的错配风险，

① 柳光强. 税收优惠、财政补贴政策的激励效应分析——基于信息不对称理论视角的实证研究［J］. 管理世界，2016（10）:62-71.

② 吴伟伟，张天一. 非研发补贴与研发补贴对新创企业创新产出的非对称影响研究［J］. 管理世界，2021，37（03）:137-160，110.

③ 郭玥. 政府创新补助的信号传递机制与企业创新［J］. 中国工业经济，2018（09）:98-116.

④ 白俊红，李瑞茜. 政府R&D资助企业技术创新研究述评［J］. 中国科技论坛，2013（09）:32-37.

⑤ 安同良，周绍东，皮建才. R&D补贴对中国企业自主创新的激励效应［J］. 经济研究，2009，44（10）:87-98，120.

⑥ 章新蓉，沈静琦，陈煦江. 企业研发投入具有"类保险"效应吗——基于新能源汽车骗补事件［J］. 科技进步与对策，2019，36（17）:98-105.

导致政府补贴无法满足预期政策引导作用。

政府补贴的作用究竟如何？关于政府补贴与企业创新的关系始终是学者研究的热点话题，基于不同对象主体、研究方法以及探究主题的因素影响，两者间的关系将是值得永恒讨论的话题。针对疫情发生的特殊背景以及生物医药企业技术进步的现状，政府优惠政策从多个维度联合发力，并对生物医药企业创新提出了更高的要求。因此，本篇聚焦生物医药企业，深入探究政府补贴对企业创新的影响。在现有研究的基础上，运用中国2013—2021年生物医药企业面板数据，通过建立动态与静态kink门槛模型，探究政府补贴规模对生物医药企业创新投入和创新产出的影响作用；并进一步分析了税收优惠、融资约束、企业所有权性质差异和地区差异对政府补贴与企业创新的影响效果。从而，有助于政府部门更好地了解政府补贴的利用率及政策的激励效果，为政策制定、引导企业发展提供借鉴。

（二）研究意义

1.理论意义

第一，完善了政府补贴与生物医药企业创新的理论研究。国内外学者关于政府补贴、生物医药领域的研究层出不穷，但关于两者间的影响关系仍未得出一致结论。近年来，政府补贴在缓解企业创新资源不足、提高企业创新动力等方面发挥的作用不可忽视，吸引了更多学者对其中复杂关系展开探究。本篇聚焦生物医药企业创新领域，结合最新的研究数据，探究政府补贴与生物医药企业创新的非线性关系，不仅提供了理论实践的依据，也丰富了有关政府补贴政策效应的文献研究。

第二，拓展了有关企业创新的研究视角。现有研究中，企业创新的研究多是基于静态环境的实证分析，较少结合企业创新所处的动态环境展开进一步分析。生物医药企业的独特性要求企业不断进行研发的投入，进而生产新产品保证市场优势。故实际上，企业创新动力不仅源于外部政策的激励，也会受到企业自身的创新意愿和持续性的创新行为的影响。因此，本篇基于动态和静态的 kink 门槛模型，不仅考虑了政府补贴规模对企业创新的影响作用，也进一步探究了企业创新的动态效应，加强了现有文献的理论研究。

2.现实意义

第一，通过理论实践，能够为生物医药企业迈入新发展阶段提供借鉴意义。在经济社会发展和健康中国的背景下，人们健康意识增强、需求增加，各国都在积极研发能够有效治疗的药物，生物医药已成为人们热点关注的领域。以生命科学、生物技术为主导的新科技逐步形成，生物新兴技术在生物医药领域的核心地位和引领作用越发重要，中国生物医药企业发展迎来新的机遇和挑战，本篇为此提供了理论借鉴。

第二，有助于优化政府政策，对企业的创新发挥更积极的引导作用。通过研究发现，政府补贴的规模对企业创新影响存在很大差异，有助于为政府制定差异化政策提供理论依据。同时，政府补贴的激励效果可以引起有关部门对国有企业与非国有企业、东西中部地区生物医药企业的发展现状和差距的更多关注，从而更好地实施资源配置，缩小不同所有制企业和不同地区企业间的差距。最后，本篇的研究结论也有助于决策者与其他高新技术企业的研究做对比，制定产业差异化政策。

二、国内外文献研究综述

（一）政府补贴与企业创新

多年来政府补贴与企业创新的关系，始终吸引着学者。政府补贴对企业创新的影响关系研究，主要可以总结为四类观点：第一，多数学者认为政府补贴对企业创新具有促进作用。政府补贴有助于激励企业增强创新积极性[①]，分担研发失败的风险，降低承担新技术开发项目的资金成本[②]，扩大研发投入规模，提高企业的创新绩效[③]。第二，一些学者认为政府补贴对企业创新具有抑制作用。企业获得政府补贴可能会挤占原有的资金投入[④]而没有实现预期效果[⑤]，引发挤出效应[⑥]，也可能扭曲创新投入要素的价格、产生依赖性[⑦]，还可能引发寻租、骗补等道德风险[⑧]。第三，还有一部分学者提出政府补贴对企业创新是非线性的影响关系。非线性关系可能体现为"U"型[⑨]、倒"U"型[⑩]、"N"型[⑪]或是门槛效应[⑫]。第四，

① 黄贤凤，武博，王建华.政府研发资助、合作研发与企业创新绩效关系研究［J］.软科学，2014，28（01）:15-19.

② Lee E Y，Cin B C. The effect of risk-sharing government subsidy on corporate R&D investment: Empirical evidence from Korea［J］. Technological Forecasting & Social Change，2010，77（6）:881-890.

③ Qu J，Cao J，Wang X，et al. Political Connections，Government Subsidies and Technical Innovation of Wind Energy Companies in China［J］. Sustainability，2017，9（10）:1812-1812.

④ 睢华蕾，王胜利.政府补贴对企业研发投入的效应再检验［J］.技术经济与管理研究，2021（08）:68-72.

⑤ 孙红霞，吕慧荣.新能源汽车后补贴时代政府与企业的演化博弈分析［J］.软科学，2018，32（02）:24-29，49.

⑥ Marino M，Lhuillery S，Parrotta P，et al. Additionality or crowding-out? An overall evaluation of public R&D subsidy on private R&D expenditure［J］. Research Policy，2016，45（9）:1715-1730.

⑦ 白旭云，王砚羽，苏欣.研发补贴还是税收激励——政府干预对企业创新绩效和创新质量的影响［J］.科研管理，2019，40（06）:9-18.

⑧ 周燕，潘遥.财政补贴与税收减免——交易费用视角下的新能源汽车产业政策分析［J］.管理世界，2019，35（10）:133-149.

⑨ 尚洪涛，黄晓硕.中国医药制造业企业政府创新补贴绩效研究［J］.科研管理，2019，40（08）:32-42.

⑩ Yi J，Michael M，Meng S，et al. The more the merrier? Chinese government R&D subsidies，dependence，and firm innovation performance［J］. Journal of Product Innovation Management，2021，38（2）:289-310.

⑪ 齐永智，李园园，闫瑶.政府补贴、技术创新与品牌价值的门槛效应研究［J］.宏观经济研究，2020（04）:60-70.

⑫ 魏巍，张建琪，张芳.新冠肺炎疫情背景下政府R&D补贴对中国医疗设备和仪表业创新产出的影响——基于门槛效应的研究［J］.工业技术经济，2021，40（07）:43-50.

少数学者认为政府补贴对企业创新影响作用不明显或没有效果[①]。

企业创新是包含投入和产出过程的，学者在分析政府补贴对企业创新的影响时，有从创新投入角度分析的，也有从创新产出角度分析的。

从创新投入的角度来看，通常，政府为企业提供补贴，不仅能直接帮助企业解决创新投入资金不足的问题，还能向外界发出引导性信号，带来信贷融资、税收优惠、土地资源等，帮助企业缓解市场失灵带来的困难。姚东旻等[②]认为我国财政补贴对企业研发投入有显著的带动和指引作用；Huergo 等[③]与 Wang 等[④]通过研究都得出了结论，政府补贴可以使企业研发投入资金更充足，激励企业扩大研发投入规模；同时，郭玥[⑤]研究发现，政府补贴能起到资格认定的作用，向外界发挥信号作用，吸引社会投资聚集；这间接改善了企业与外部投资者存在的信息不对称问题，企业由此获得外来资金援助或者达成技术合作，从而改善企业现有的创新投入资源。然而，在有些情况下政府补贴也未能促进企业创新投入。Asker 等[⑥]指出企业会对政府补贴产生过度依赖，使创新投入积极性减弱；Jourdan 等[⑦]发现企业获得大规模补贴可能会朝着增加其他利

① Klette T J, Møen J. R&D investment responses to R&D subsidies: a theoretical analysis and a microeconometric study [J]. World Review of Science, Technology and Sustainable Development, 2012, 9(2/3/4):169–203.

② 姚东旻，朱泳奕. 指引促进还是"锦上添花"?——我国财政补贴对企业创新投入的因果关系的再检验 [J]. 管理评论, 2019, 31（06）:77–90.

③ Huergo E, Moreno L. Subsidies or loans? Evaluating the impact of R&D support programmes [J]. Research Policy, 2017, 46（7）:1198–1214.

④ Wang S, Zhao S, Shao D, et al. Impact of Government Subsidies on Manufacturing Innovation in China: The Moderating Role of Political Connections and Investor Attention [J]. Sustainability, 2020, 12（18）:7740–7740.

⑤ 郭玥. 政府创新补助的信号传递机制与企业创新[J]. 中国工业经济, 2018（09）:98–116.

⑥ Asker J, Baccara M. Subsidies, entry and the distribution of R&D investment [J]. International Journal of Industrial Organization, 2010, 28（3）:254–270.

⑦ Julien J, Ilze K. Too Much of a Good Thing? The Dual Effect of Public Sponsorship on Organizational Performance[J]. Academy of Management Journal, 2017, 60（1）:55–77.

益的方向改变，产生挤出效应；从企业私人研发投入激励角度看，张杰等[①]发现政府补贴并未表现出显著效应。因此，不少学者进一步提出政府补贴与企业创新投入存在非线性关系。政府补贴对创新投入的影响作用可能受到补贴规模的影响，张杰[②]研究表明，政府补贴规模高于临界值时，政府补贴对企业创新投入产生挤入效应，否则将发生挤出效应；Li 等[③]研究也表明政府补贴对企业创新投入存在门槛效应，只有在合适区间时才会对创新发挥促进作用；熊凯军[④]还发现企业的金融化水平会突出政府研发补贴对企业研发投入影响的倒 U 型关系。

从创新产出的角度来看，政府补贴为企业提供创新资源而起到降低研发成本和减弱风险的作用，促使企业增加研发产出[⑤]；新产品的成功上市，有利于企业占据市场优势，进一步激发企业创新活动的积极性。企业专利或新产品研发周期通常为 2～3 年甚至更长[⑥]，研发过程需投入大量时间和资金成本，任何资金链断裂的情况都会给企业带来风险，因此创新型企业创新活动往往需要大量的资金来维持；杨亭亭等[⑦]从专利的数量和质量出发，发现政府补贴为企业提供了充足的资金，企业可以

① 张杰，陈志远，杨连星，等.中国创新补贴政策的绩效评估：理论与证据［J］.经济研究，2015，50（10）:4-17，33.

② 张杰.政府创新补贴对中国企业创新的激励效应——基于 U 型关系的一个解释［J］.经济学动态，2020（06）:91-108.

③ Li Q, Wang M, Xiangli L. Do government subsidies promote new-energy firms' innovation? Evidence from dynamic and threshold models［J］. Journal of Cleaner Production，2021，286（2）: 124992.

④ 熊凯军.研发补贴、非研发补贴如何影响企业创新投入［J］.科学学研究，2023，41（01）:181-192.

⑤ 胡江峰，黄庆华，潘欣欣.环境规制、政府补贴与创新质量——基于中国碳排放交易试点的准自然实验［J］.科学学与科学技术管理，2020，41（02）:50-65.

⑥ 邹良禹.促进生物医药企业创新的财税政策研究［D］.中南财经政法大学，2021.

⑦ 杨亭亭，罗连化，许伯桐.政府补贴的技术创新效应："量变"还是"质变"？［J］.中国软科学，2018（10）:52-61.

避免因资金问题中断创新活动，也会因此提高专利质量；Bronzini 等[①]研究了意大利的情况，发现研发补贴计划对企业创新专利产出仍具有显著影响。政府补贴的促进作用还会受到一些因素的影响：尚洪涛等[②]发现企业风险承担水平的提高，有利于政府补贴促进企业技术创新；高蒙蒙等[③]的研究发现，经济不确定性增加使获得政府补贴企业的实质性创新降低，但相比于未获得政府补贴的企业，政府补贴发挥了明显的促进作用。然而，政府补贴优势也将吸引大量同类企业的进入，短期内容易扭曲企业创新行为，引起创新产出过剩、资源浪费等[④]，不利于企业增加创新产出。还有学者发现，政府补贴对研发和专利没有显著影响[⑤]。Wu等[⑥]认为，政府补贴只是填补了企业创新资金不足的缺陷，对于企业创新产出并未起到很好的促进作用。另外一部分学者认为，政府补贴与企业创新存在不同关系的原因在于，两者间可能不是单纯的线性关系。吴伟伟等[⑦]研究发现，政府研发补贴对新创企业创新产出存在倒"U"型的影响；刘兰剑等[⑧]还发现政府补贴的激励效应也受到政策组合的影响，

① Bronzini R，Piselli P. The impact of R&D subsidies on firm innovation [J]. Research Policy，2016，45（2）:442-457.

② 尚洪涛，房丹.政府补贴、风险承担与企业技术创新——以民营科技企业为例 [J]. 管理学刊，2021，34（06）:45-62.

③ 高蒙蒙，汪冲.经济不确定性下研发补助与企业实质性创新 [J].北京社会科学，2021（07）:98-108.

④ 丁丽芸，许航敏.政府补贴促进企业创新的政策效应分析 [J].地方财政研究，2021（06）:77-83.

⑤ Czarnitzki D，Ebersberger B，Fier A. The relationship between R&D collaboration, subsidies and R&D performance: Empirical evidence from Finland and Germany [J]. Journal of Applied Econometrics，2007，22（7）:1347-1366.

⑥ Wu R，Liu Z，Ma C，et al. Effect of government R&D subsidies on firms' innovation in China [J]. Asian Journal of Technology Innovation，2020，28（1）:42-59.

⑦ 吴伟伟，张天一.非研发补贴与研发补贴对新创企业创新产出的非对称影响研究[J]. 管理世界，2021，37（03）:137-160，110.

⑧ 刘兰剑，张萌，黄天航.政府补贴、税收优惠对专利质量的影响及其门槛效应——基于新能源汽车产业上市公司的实证分析 [J].科研管理，2021，42（06）:9-16.

在阈值范围内政府补贴对企业专利产出的作用最佳;姜启波等[①]实证验证了融资约束在政府创新补贴与企业创新之间存在的单门槛影响效应;孙忠娟等[②]识别了企业自身资源的门槛效应,发现只有企业资源累计超过一定阈值,政府科技资助才能对创新产出起到显著促进作用。

(二)政府补贴与生物医药企业创新

当前,生物医药产业再度成为社会各界重点关注的产业[③]。学者关于生物医药领域的研究层出不穷,有关于生物医药企业战略绩效的研究[④],有关于生物医药技术创新发展的研究[⑤],关于疫情不确定性对生物医药企业发展的影响研究[⑥]等等,为生物医药相关领域研究奠定了扎实的理论基础。

政府补贴针对生物医药企业创新发展面临的资金、技术与环境不确定影响等多方面问题的挑战,发挥了资源基础和宏观引导的重要作用。因此,不少学者结合了政府补贴与生物医药企业创新的关系进行了探讨。一部分学者是基于线性关系的分析:张丹[⑦]认为对生物医药行

---

① 姜启波,谭清美.政府创新补贴影响企业创新的非动态门槛效应研究——基于创业板上市公司融资约束视角[J].经济经纬,2020,37(06):97-105.

② 孙忠娟,刘晨蕊,周江华,等.科技资助影响企业创新的资源门槛[J].科学学与科学技术管理,2020,41(01):16-32.

③ 董莉,郇志坚,刘遵乐.全球生物医药产业发展现状、趋势及经验借鉴——兼论金融支持中国生物医药发展[J].金融发展评论,2020(11):12-23.

④ 刘光东,丁洁,武博.基于全球价值链的我国高新技术产业集群升级研究——以生物医药产业集群为例[J].软科学,2011,25(03):36-41.

⑤ Fabiano G,Marcellusi A,Favato G. Public‐private contribution to biopharmaceutical discoveries: a bibliometric analysis of biomedical research in UK[J]. Scientometrics,2020,124:1-16.

⑥ 魏巍,张建琪,张芳.新冠肺炎疫情背景下政府R&D补贴对中国医疗设备和仪表业创新产出的影响——基于门槛效应的研究[J].工业技术经济,2021,40(07):43-50.

⑦ 张丹.政府补贴促进了研发还是只粉饰了报表——来自生物医药行业的证据[J].公共经济与政策研究,2018(01):129-145.

业而言，政府补贴有效刺激了研发活动；Shin 等[①] 的研究表明，受益于政府研发补贴的生物技术企业，在研发投入和技术创新方面均得到显著提升；Mei[②] 研究发现，政府补贴增加了企业获得的外部资源，极大地激励了医药企业研发投入的效果；张永安等[③] 也发现，政府补贴能够促进生物医药上市企业创新绩效的提升，并且具有资源倾向机制及信号传递机制；与促进观点不同，陈文俊等[④] 通过实证表明，生物医药企业创新绩效未受到补贴和税收机制的影响；Xu 等[⑤] 通过 142 家生物制造业验证了，政府非研发补贴对企业创新产出没有显著影响。还有一部分学者针对政府补贴对企业创新的非线性关系，展开了探究：安晨雨等[⑥] 采用门槛模型，探究了政府补贴与中国医药制造业企业研发投入之间的门槛效应；尚洪涛等[⑦] 发现，政府创新补贴显著促进医药制造业企业创新投入，并对未来一期的创新产出表现为正 U 型关系；魏巍等[⑧] 通过门槛

① Shin K, Choy M, Lee C, et al. Government R&D Subsidy and Additionality of Biotechnology Firms The Case of the South Korean Biotechnology Industry ［J］. Sustainability, 2019, 11（6）:1583.

② Mei Z. Government Subsidies, Additional Deductions for R&D Expenditure and R&D Investment in the Pharmaceutical Industry ［J］. World Scientific Research Journal, 2020, 6（5）:175−179.

③ 张永安，严嘉欣，胡佩. 政府补贴对企业创新绩效的双重作用机制研究——以生物医药上市企业为例 ［J］. 科技管理研究, 2020, 40（01）:32−39.

④ 陈文俊，彭有为，胡心怡. 战略性新兴产业政策是否提升了创新绩效[J]. 科研管理, 2020, 41（01）:22−34.

⑤ Xu J, Wang X, Liu F. Government subsidies, R&D investment and innovation performance: analysis from pharmaceutical sector in China ［J］. Technology Analysis & Strategic Management, 2021, 33（5）:535−553.

⑥ 安晨雨，王素，陈玉文. 政府科技资助对企业 R&D 投入的门槛效应研究——基于中国医药制造业省际面板数据的实证研究[J]. 科技管理研究, 2018, 38（16）:138−145.

⑦ 尚洪涛，黄晓硕. 中国医药制造业企业政府创新补贴绩效研究 ［J］. 科研管理, 2019, 40（08）:32−42.

⑧ 魏巍，张建琪，张芳. 新冠肺炎疫情背景下政府R&D补贴对中国医疗设备和仪表业创新产出的影响——基于门槛效应的研究[J]. 工业技术经济, 2021, 40（07）:43−50.

模型研究发现政府 R&D 补贴对医药企业创新产出的影响存在双重门槛效应，并得出只有当政府补贴位于合适区间时才会发挥积极的促进作用；Li 等 [1] 研究发现，政府补贴对生物医药企业创新存在显著的门槛效应，随着补贴规模的增加，政府补贴对企业创新呈现先抑制后促进的非线性作用。

（三）政府补贴与企业创新关系的影响因素分析

学者们研究发现，政府补贴对企业创新的影响关系不仅与企业自身异质性有关，还可能包括如下几个方面：

（1）税收优惠水平。税收优惠与政府补贴都是政府宏观经济调控中常用的激励工具 [2]，对企业的创新决策等方面都具有重要引导作用。与政府补贴相比，税收优惠是政府部门通过税费返还或减免的方式，来补贴纳税企业特定项目或成果的一种"事后激励"政策，能够缓解企业税负压力、抵消一部分研发成本，在一定程度上能起到未来预期收入的作用 [3]。税收优惠为企业提供了一部分更具自主支配性的外部资金，那么，多种优惠政策实施下，税收优惠是否影响政府补贴对生物医药企业创新的作用？既有对比研究：白旭云等 [4] 实证验证了税收优惠政策有利于企业创新的提升，而政府研发补贴发挥的是挤出作用；段姝等 [5] 与任跃文

[1] Li Q, Di J, Liu Q. Impact of government subsidies on innovation of Chinese biopharmaceutical firms: Based on kink threshold model [J]. Frontiers in Public Health, 2023, 11:1087830.

[2] 柳光强. 税收优惠、财政补贴政策的激励效应分析——基于信息不对称理论视角的实证研究 [J]. 管理世界, 2016 (10):62-71.

[3] 白旭云, 王砚羽, 苏欣. 研发补贴还是税收激励——政府干预对企业创新绩效和创新质量的影响 [J]. 科研管理, 2019, 40 (06):9-18.

[4] 柳光强, 杨芷晴, 曹普桥. 产业发展视角下税收优惠与财政补贴激励效果比较研究——基于信息技术、新能源产业上市公司经营业绩的面板数据分析 [J]. 财贸经济, 2015 (08):38-47.

[5] 段姝, 杨彬. 财政补贴与税收优惠的创新激励效应研究——来自民营科技型企业规模与生命周期的诠释 [J]. 科技进步与对策, 2020, 37 (16):120-127.

等[①]均得出只有税收优惠对企业创新激励效应显著，财政补贴对创新的影响不显著。也有对于税收优惠与政府补贴的组合效应的研究[②]：杨欢等[③]认为财税政策之间存在的是协同作用，有效搭配可以对企业创新效率发挥"1+1>2"的效果；梁宇等[④]研究表明，税收优惠能够与政府直接的补贴共同影响企业技术进步与自主创新。对此，本研究将以税收优惠作为门槛变量，探究税收优惠与政府补贴是如何影响生物医药企业创新的，以期分析不同财政政策的科学配比，实现政府资源的有效配置。

（2）企业融资约束。企业创新往往具有研发周期长、投入大、成功率低等高风险特点，这意味着企业的创新活动需要长期注入大量的研发资金，故容易使企业面临内部创新资源不充足的困境；以技术创新为主体的企业，其研发不确定性导致企业的盈利也具有很多的不稳定性，因而企业需要借助外部投资维持研发投入；但创新本身的商业机密特质使企业易与外界产生信息不对称[⑤]，导致企业很难获得外部投资的机会；企业就很难有充足资金开发新的创新项目，就不容易占领市场，更加剧企业的外部融资约束，最终形成了不利于企业发展创新的恶性循环[⑥]。融资约束不仅会影响企业的战略成长和发展效率，还对企业研发投入具有负

[①]　任跃文，张伟科.政府研发资助方式与企业创新效率——基于企业特征和创新动机双约束视角［J］.财会月刊，2023，44（06）:54-61.

[②]　刘兰剑，张萌，黄天航.政府补贴、税收优惠对专利质量的影响及其门槛效应——基于新能源汽车产业上市公司的实证分析［J］.科研管理，2021，42（06）:9-16.

[③]　杨欢，李香菊.政府创新补贴对企业创新效率的影响效应及机制识别研究［J］.管理学报，2022:1-10.

[④]　梁宇，邓颖翔，马文聪.政府补贴、税收优惠及其政策组合对科技企业孵化器绩效的影响——基于不同生命周期的实证研究［J］.科技管理研究，2023，43（02）:41-47.

[⑤]　高磊，赵雨笛.多个异质大股东的混合所有制与企业创新——基于风险承担与融资约束的中介作用［J］.管理评论，2023:1-16.

[⑥]　张璇，刘贝贝，汪婷，等.信贷寻租、融资约束与企业创新［J］.经济研究，2017，52（05）:161-174.

面效应，降低企业的创新意愿①。政府补贴政策的实施，及时帮助企业补充了一部分外来资金，通过同期的现金效应和未来的应收账款，增加了企业现金流的现值，进而降低企业的融资溢价，缓解其融资约束。同时，获得政府补贴可以向外部投资者传递企业创新项目质量和技术优势的积极信号②，进而撬动更多信贷、融资等外部资金流入。如是，政府补贴能够通过企业现金流的增加、"政府背书"的信号效应缓解企业的外部融资约束③，进而激活企业的创新意愿。

（3）企业所有制层面影响。根据企业所有权性质，可以将企业分为国有企业、民营企业、外资企业以及混合企业等，这些企业在内部治理模式上存在较大差异，在享受政府优惠政策和发展创新策略方面也各不相同④。与非国有企业相比，国有企业可能与政府部门联系更密切，内部资源相对充足、环境相对稳定，故政府补贴倾向于流向研发实力较雄厚的国有企业⑤；同时，国有企业也需要承担着更多的社会责任⑥，故政府补贴对国有生物医药企业的激励作用可能存在复杂影响。非国有企业相对来说自身资源有限、对外部资源依赖性大，企业需要借助特有优势来吸引外部资源，但生物医药企业投资回报周期长且风险性极高，一旦发生创新风险容易带来经营问题，导致获取外部资源的渠道比较少；政府补贴补充了外部资金，有利于促进非国有企业的研发投入、增加创新

① 钱雪松，丁滋芳，陈琳琳.缓解融资约束促进了企业创新吗？——基于中国《物权法》自然实验的经验证据［J］.经济科学，2021（01）:96-108.
② 赵宝芳，陈晓丹.政府创新补贴、风险投资与企业创新——基于信号传递的视角［J］.管理评论，2022，34（12）:109-120.
③ 王晓燕，师亚楠，史秀敏.政府补贴、融资结构与中小企业研发投入——基于动态面板系统GMM与门槛效应分析［J］.金融理论与实践，2021（03）:32-39.
④ 刘满芝，杜明伟，刘贤贤.政府补贴与新能源企业绩效：异质性与时滞性视角［J］.科研管理，2022，43（03）:17-26.
⑤ 赵玉林，谷军健.政府补贴分配倾向与创新激励的结构性偏差——基于中国制造业上市公司匹配样本分析［J］.财政研究，2018（04）:61-74.
⑥ 孙晓华，郭旭，王昀.政府补贴、所有权性质与企业研发决策［J］.管理科学学报，2017，20（06）:18-31.

产出。Bai 等[1]认为，政府补贴对企业创新的影响会因企业所有制而异，政府补贴对国有企业促进更显著；尚洪涛等[2]研究发现政府创新补贴会显著促进国有制药企业当期的研发投入，并促进非国有制药企业未来一期研发产出。与之相反：高宏伟[3]认为，过多的政府补贴降低了大型国有企业研发投入的总规模，导致政府补贴对技术创新的影响效率很低；李丹丹[4]发现政府研发补贴对非国有企业的激励效应要大于国有企业；Xu 等[5]的研究结论与之类似，发现政府研发补贴仅与非国有医药公司的研发投资之间存在正相关关系。

（4）区域差异层面影响。企业除了具有本身异质性外，所处的区域环境对企业创新影响也很大[6]。通常，东部地区经济相对发达，市场化程度更高，基础设施比较完善[7]，这些地区的企业可以更便利地利用区域资源优势，提高企业创新效率[8]，而不是单纯依靠政府补贴来刺激创新投入

① Bai Y, Song S, Jiao J, et al. The impacts of government R&D subsidies on green innovation: Evidence from Chinese energy-intensive firms [J]. Journal of Cleaner Production, 2019.

② 尚洪涛，黄晓硕.中国医药制造业企业政府创新补贴绩效研究 [J].科研管理，2019, 40（08）:32-42.

③ 高宏伟.政府补贴对大型国有企业研发的挤出效应研究 [J].中国科技论坛，2011（08）:15-20.

④ 李丹丹.政府研发补贴对企业创新绩效的影响研究——基于企业规模和产权异质性视角 [J].经济学报，2022, 9（01）: 141-161.

⑤ Xu J, Wang X, Liu F. Government subsidies, R&D investment and innovation performance: analysis from pharmaceutical sector in China [J]. Technology Analysis & Strategic Management, 2021, 33（5）:535-553.

⑥ Buesa M, Heijs J, Baumert T. The determinants of regional innovation in Europe: A combined factorial and regression knowledge production function approach [J]. Research Policy, 2010, 39（6）:722-735.

⑦ Liu M, Liu L, Xu S, et al. The Influences of Government Subsidies on Performance of New Energy Firms: A Firm Heterogeneity Perspective [J]. Sustainability, 2019, 11（17）:4518.

⑧ Wallsten S J. The Effects of Government-Industry R&D Programs on Private R&D: The Case of the Small Business Innovation Research Program [J]. The RAND Journal of Economics, 2000, 31（1）:82-100.

和产出。相比之下，经济较不发达的中西部地区市场建设不完善、信息流通慢、融资约束较大，企业受区域资源和创新人才匮乏以及企业自身规模和盈利能力的影响，创新条件较弱，创新投资风险较高，企业可能更需要政府补贴作为创新资源的补充[①]。政府为了优化资源配置，也会针对中西部地区实施优惠政策和资金支持，甚至会投入更多的资金，但往往很难达到预期效果[②]。廖晓东等[③]研究指出，当前，我国生物医药产业集群化分布进一步显现，区域不平衡发展进一步凸显，已初步形成东部地区快速发展的产业空间格局，经济较发达的东部地区与中西部差距持续拉大。

（四）文献述评

政府对企业实施补贴政策，旨在激发企业创新而达到助推经济社会科技创新，最终实现宏观经济高质量发展的目标。那么，政府补贴是否实现了协同企业创新与政府宏观调控的预期目标呢？现有文献进行了充分的理论与经验分析，为本篇聚焦生物医药企业，开展政府补贴对企业创新的研究提供了有力的理论基础。这同时，对于该领域的研究仍有可探索的空间：

首先，基于文献梳理，大量学者就政府补贴对企业创新的影响关系进行了探究，得出的研究结论虽主要集中在四个方面，但仍存在各自的差异性。不同学者针对行业不同或研究角度差异或设计的检验模型不同，都影响了政府补贴与企业创新关系的结论。故对于探究政府补贴与生物

---

① Min S，Kim J，Sawng Y. The effect of innovation network size and public R&D investment on regional innovation efficiency［J］. Technological Forecasting and Social Change，2020，155.

② Li Q，Wang M，Xiangli L. Do government subsidies promote new-energy firms' innovation? Evidence from dynamic and threshold models［J］. Journal of Cleaner Production，2021，286（2）：124992.

③ 廖晓东，袁永，胡海鹏，等.新冠肺炎疫情防控下广东生物医药产业创新发展对策研究［J］.科技创新发展战略研究，2020，4（04）：39-45.

医药企业创新这一课题不能简单地从理论上进行预测，应针对具体领域具体分析。基于对现有研究情况的梳理，本篇提出政府补贴对企业创新的影响可能不是简单的线性促进或抑制的关系，而是存在复杂的非线性关系的假设，并在此基础上展开实证检验。其次，梳理文献发现，学者对于企业创新的指标多集中于研发投入、创新专利产出单独来展开，少数学者从两者并列的角度展开研究，也有少数学者将研发投入作为中介来进行研究。本篇将基于创新投入和创新产出并列的角度考察政府补贴对生物医药企业创新的影响作用，以期得到更充分的结论。最后，现有文献多数仍是基于静态效应的研究，较少的文献中针对企业创新的动态环境展开分析，总结企业创新的动态机制。技术进步是保证微观主体经济持续增长的决定因素，创新型企业时刻都在抓住创新的有利机会。因此，我们进行有关企业创新的探索时，不仅要考虑静态的环境效应，也需要考虑企业创新所处的动态环境，不仅有助于做出对比分析，也将有助于发现生物医药企业创新的动态规律。

三、研究内容与研究方法

（一）研究内容

基于现有文献研究的基础，运用中国生物医药上市公司的样本数据，实证探究政府补贴对生物医药企业创新投入和创新产出的影响，本篇尝试探究了如下问题：（1）政府补贴是否能够促进生物医药企业的创新投入和创新产出？（2）政府补贴的激励效应是否受到补贴规模的影响？是否存在门槛效应？（3）政府补贴对企业创新的影响是否存在动态门槛效应？动态环境下企业创新有何特点？（4）政府补贴对生物医药企业创新的影响是否受到税收优惠政策、融资约束，以及企业所有制和区域差异的影响？基于此，本篇研究内容包含如下六章：

第一章，政府补贴与生物医药企业创新。针对人口老龄化对生物医药企业需求不断提升、企业创新存在市场失灵的现实背景，分析了政府补贴的必要性，引出了本篇的主要研究问题。

第二章，政府补贴与生物医药企业创新的相关理论分析。基于本篇的研究主题，介绍了政府补贴和生物医药的概念，梳理了外部性理论、信息不对称理论和资源基础理论；并对政府补贴的非线性作用做了理论分析；在前文理论分析的基础上，提出本篇的研究假设。

第三章，生物医药企业发展现状研究。从政策、经济、社会与技术层面总结了生物医药企业的发展驱动因素，并进行了产业链及行业发展前景的分析，拓展了生物医药行业的现状研究总结。

第四章，政府补贴与生物医药企业创新的研究设计。选取了2013—2021年生物医药企业为样本，设计了基准回归、含有二次项的非线性回归、动态与静态kink门槛模型以及多重门槛模型的回归估计，检验政府补贴对生物医药企业创新投入和创新产出的影响。

第五章，政府补贴对生物医药企业创新影响的实证分析。本章主要分析了政府补贴与生物医药企业创新投入和创新产出的关系，检验了政府补贴的门槛效应；并基于不同因素探究了政府补贴对生物医药企业创新的影响与异质性分析。

第六章，研究结论与政策建议。基于实证分析部分，总结了得到的主要研究结论；针对研究结论，分别从政府和生物医药企业的层面提出了政策建议；最后，总结了不足与展望。

（二）研究方法

1.文献研究法

充分阅读和收集有关政府补贴对企业创新影响的相关文献，仔细进行研读与记录；归纳并汇总政府补贴、企业创新投入、创新产出各方面的文献与调查报告等资料，综合评述其发展现状与不足，为本研究的开展提供理论基础；并在现有研究的基础上，结合最新前沿发展情况，构建本篇的研究思路和框架。

2.实证研究法

通过数据整理、数据清理预处理后，获得了 229 家沪深 A 股上市生物医药企业 2013—2021 年面板数据，综合设计了本篇的计量框架，采用多种计量模型实证探究政府补贴对生物医药企业创新投入和创新产出的激励效应及影响因素。具体来看，先通过固定效应模型与广义负二项回归模型进行基准回归估计；通过加入政府补贴的平方项检验政府补贴对企业创新是否存在非线性关系；进而建立动态与静态 kink 门槛模型，检验政府补贴对企业创新的门槛效应；进一步采用 Hansen 门槛模型，检验税收优惠、融资约束作为门槛对政府补贴与生物医药企业创新的多重门槛效应；最后，使用基于异方差的工具变量检验了内生性问题，采用核密度图可视化的方式进行了随机抽取子样本的稳健性检验。

（三）技术路线

研究技术路线图如图 2-1-1 所示。

政府补贴对中国生物医药企业创新的影响		

发现问题

政府补贴与生物医药企业创新

研究背景与意义	文献综述	研究内容与方法
背景分析 / 理论意义 / 实践意义	政府补贴与企业创新 / 政府补贴与生物医药企业 / 相关因素分析	研究内容 / 研究方法 / 研究创新点

理论分析

概念分析与理论分析

概念介绍	相关理论	理论假设
政府补贴 / 生物医药 / 门槛模型与门槛效应	外部性理论 / 信息不对称理论 / 资源基础理论	政府补贴与企业创新 / 影响因素假设分析

文献研究法

现状分析

生物医药企业发展现状研究

驱动因素分析	产业链现状总体分析	发展前景分析

实证分析

政府补贴对生物医药企业创新的实证研究

数据及样本来源	变量定义	基准模型设计	门槛模型设计

政府补贴与生物医药企业变量描述性统计及相关性分析
基准回归结果分析与动态、静态门槛模型结果分析
税收优惠、融资约束门槛影响结果分析
企业所有制与地区差异异质性分析
内生性等稳健性检验

实证分析法

得出结论

研究结论与政策建议

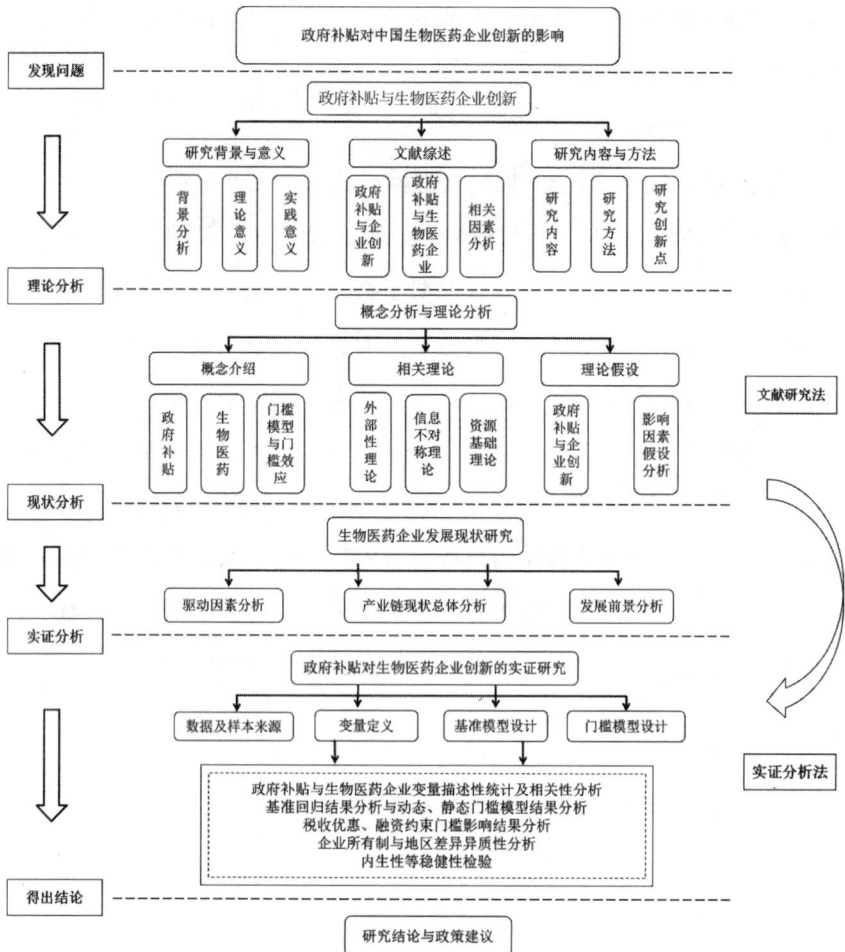

图 2-1-1　技术路线图

四、研究创新点

（1）聚焦生物医药企业，从动态和静态的视角探究政府补贴对企业创新的影响。学者对于政府补贴与企业创新的研究已经取得了丰硕的成果，涉及的研究领域主要包括发展较快的制造业、高新技术产业、新能源行业等新兴产业。然而，针对生物医药企业的创新，探究政府补贴

的激励效应的研究分析仍然相对较少；选取动态与静态对比分析的研究视角的文献更占少数。因此，本篇聚焦疫情背景下再度引发关注的生物医药企业，展开政府补贴对生物医药企业创新的非线性影响研究。与已有相关研究相比，本篇选用了 2013—2021 年的最新研究数据并拓宽了研究的时间跨度，进一步结合了动态与静态两种思路展开讨论，不仅有助于增强现有研究结论的稳健性，并且思考了动态模型反映的规律，结合实际对企业的创新惯性做出了解释，完善和丰富有关政府补贴与生物医药企业创新的研究。

（2）以动态和静态的非线性模型检验了政府补贴与生物医药企业创新的关系。政府补贴对企业创新可能存在着复杂关系；企业的创新活动不仅受到外部因素的刺激，也会受到企业内部资源情况，以及创新意愿和创新行为连续性的影响，因而本篇不仅考虑了静态的非线性关系，也进一步考虑了动态效应的影响。因此，本篇在构建政府补贴与生物医药企业创新的分析框架和计量模型时，具体建立了动态与静态 kink 门槛模型，进一步分析了政府补贴规模的作用机理，从而丰富了政府补贴与企业创新的现有研究方法。

第二章 政府补贴
与生物医药企业创新的相关理论分析

一、相关概念介绍

（一）政府补贴

《新帕尔格雷夫经济学大辞典》将政府补贴解释为：政府补贴指的是国家或财政部门根据宏观政策的需要，在一定时期内对特定的部门、产业、地区或特定的产品、事项给予的补贴和津贴，政府补贴的对象、规模以及获补要求等具体内容，都由政策的需要来确定[①]。政府实施补贴政策时，首先针对企业详细调研，审查获补资格，进而有选择、有差异性地向企业提供专项补贴。因此，政府补贴不是随机分配的，而是源于政府分配稀缺资源的标准和申请者的自我选择之间的相互作用。政府补贴的形式具有多样性。根据不同的政策目标，政府补贴的形式包括贷款贴息、税收返还、科研经费补贴、人才专项补贴、技术创新项目补贴、高新技术特色产业补贴、环境治理补贴等多个方面。同时，政府补贴的特征具有直接性和无偿性。从获得补贴的企业角度看，企业直接获得了政府补贴的资产，意味着实际收入的增加，经济状况得以改善，

---

① 关书. 政府补贴对企业出口技术复杂度的影响机理研究 [D]. 大连理工大学，2022.

对企业经营、投融资以及科技创新决策等也能发挥一定影响；国家或政府部门未因此获得企业所有权，也不要求企业进行偿还，故政府补贴不是政府的投资或采购，而是无偿的资金补贴。

近年来，针对国家重点实施的创新发展战略、"十四五"发展规划和2035年远景目标纲要等布局，尤其针对贸易冲突、疫情冲击等对企业造成不确定性影响，政府补贴被广泛用作帮助企业纾困解难、激励企业进一步创新发展的政策工具，众多学者对政府补贴影响企业创新的作用展开了深入探究。

（二）生物医药

生物医药主要由生物技术和医药研究两大领域组成，医药研究又主要分为制药与生物医学工程研究。从广义的层面来理解，生物医药通常是指与医药产业有关的全产业链企业，不仅包括新兴的基因、细胞与生物芯片等生物技术研发领域，还涉及医疗仪器设备、原材料生产等产业。生物医药企业的发展对改善人口的总体健康状况发挥了重要作用。它有助于满足中国人口众多、人口结构老龄化和长寿突出所带来的医疗服务的巨大需求；同时，生物医学技术进步与其他领域的整合，提高了传统医疗服务的效率，使社会的医疗健康服务需求不断得到满足，广泛受到社会各界的关注。从产业发展的层面来看，生物医药作为战略性新兴产业之一，自20世纪80年代起，大致经历了"产业萌芽阶段""产业发展阶段""产业快速发展阶段"，当前正处于"产业提升、高质量发展阶段"。在建设健康中国的背景下，我国政府着重强调要加大生物医药的技术攻关力度，发挥战略新兴产业优势，推动生物医药企业更高质量发展。生物医药企业将现代生物技术与传统医药相结合，其突出特点表现为：

第一，产品研发周期长，新药上市回报高。生物医药企业形成一项技术创新的过程十分复杂，通常需要经历药物的研究与发现、早期临床试验、临床测试、药品注册、产品商品化五个阶段。这同时，据经验表明，生物医药企业产品研发若能成功上市，通常 2 ~ 3 年便可能收回前期投入的巨额成本，故生物医药企业较其他企业来说盈利更快、回报率也更高。

第二，产品技术含量高，创新投入成本高。生物医药企业的核心竞争力是技术创新，突出表现为高技术与高知识密集度。为了开发一项新产品，企业往往需要采用先进的设备工具和手段、不断引进技术水平精湛的技术研发人员，而这背后往往需要企业投入高昂的资金作为开发成本。就药品研发而言，一款药物的研发制造起始于药物发现阶段，需要从 10000 多项化合物中筛选潜在先导化合物，整个阶段总体成功率仅 51%。根据有关统计，生物医药行业每成功开发出一项新产品，总支出费用高达 10 亿欧元，这为生物医药企业的现金流正常周转埋下隐患。

第三，产品研发风险高，外来资金帮助大。生物医药企业研发产品高回报的同时必然伴随着较高的风险不确定性，一旦产品研发失败或未能成功上市，生物医药企业在研发阶段投入的大量资金成本和时间成本将全部付诸东流，对企业接下来的经营造成严重阻碍。故生物医药企业仅依靠自身的内部资金很难维持发展，往往需要借助更多的外来资金进行长期的研发，政府补贴、外部投资、税收优惠等对企业创新具有较明显的帮助。

（三）门槛模型与门槛效应

"门槛回归"是计量经济学中一种基础的非线性模型估计方法。门槛效应，是指当一个变量（门槛变量）达到某一数值（门槛值）后，对存在因果关系的其他变量引发结构突变的现象。其中，门槛变量的门槛值是依据整体的样本数据进行估算得出的[①]。门槛模型反映的变量两者的关

---

① 周小刚，李响. 中国制造业上市公司绿色创新投入与产出关系研究——基于融资约束和战略激进的调节作用［J］. 企业经济，2023（03）:37-47.

系是非线性中的一种。相较于线性回归分析法，非线性关系能够更加精确反映变量边际效应的变化及趋势，且对于大样本、面板数据等寻找门槛值也更有效。

当前的门槛模型大多是基于 Hansen[1] 提出的方法拓展优化而来。首先提出的便是静态平衡面板数据门槛回归模型，该方法以残差平方和最小化为条件确定门限值，并检验门限值的显著性，帮助克服了主观设定结构突变点而可能造成的偏误问题。后在此基础上也不断做出一些模型优化，逐步提高了模型的检验效率和可靠性等。目前 Hansen 提出的这一门槛模型方法已被广泛用于实证研究。但在该模型方法中，始终是基于协变量必须为强外生变量的假设，否则会形成有偏估计。而在现实中较难实现这一假设，故无法针对一些较特殊的情况扩展研究。对此，Caner 与 Hansen 针对带有内生性的解释变量和一个外生门槛变量的面板门槛模型进行了研究。尽管这放松了对内生解释变量的要求，但对于门槛变量的要求仍是必须强外生变量。然而，强外生性的假设要求可能在许多实际应用中依旧受到限制。对此，Seo 等[2] 提出 kink 门槛模型，将模型扩展为具有潜在内生门槛变量的动态面板模型，放松了协变量的外生性假设，提高了阈值模型的可靠性，且更能强调动态与静态模型的对比。

对于门槛模型回归中引起的其他变量非线性的结构突变的现象，有多种存在的可能，以政府补贴对企业创新的影响为例。其一，政府补贴对生物医药企业创新的促进（抑制）作用若受到补贴规模的门槛效应影响，可能表现出非线性突变增强的效应，即政府补贴规模超过门槛值后促进（抑制）作用明显增强，斜率较之前显著增大或是表现更

①　Hansen B E. Threshold effects in non-dynamic panels: Estimation, testing, and inference [J]. Journal of Econometrics, 1999, 93（2）:345-368.

②　Seo M H, Shin Y. Dynamic panels with threshold effect and endogeneity [J]. Journal of Econometrics, 2016, 195（2）:169-186.

加陡峭，表现出门槛加剧效应[①]。其二，政府补贴对生物医药企业创新的促进（抑制）作用若受到补贴规模的门槛效应影响，也可能表现出非线性突变减弱的效应，即补贴规模超过门槛值后促进（抑制）作用明显减弱，斜率较之前显著变小或是表现更加坡缓，表现出门槛收敛效应。其三，政府补贴对生物医药企业创新的促进（抑制）作用若受到补贴规模的门槛效应影响，还可能表现出倒 U 型或 U 型的效应，即可能表现为先发生促进作用后发生抑制作用，或者是先发生抑制作用后发生促进作用，斜率与较突变前表现为符号相反。

基于前文的理论分析，政府补贴对企业创新的影响的关系始终未归结为某一种结论，较多学者猜测了非线性的假设，并通过多种方法得到了证实。因此，本篇采用 Seo 等人提出的 kink 门槛模型，对政府补贴与生物医药企业创新的关系进行了分析。与线性模型相比，门槛模型不仅能检验政府补贴的区间效应，能够较为全面地观测到政府补贴与企业创新投入和创新产出的更多复杂关系，也能进一步发现政府补贴规模对企业创新的效率问题。与此同时，我们还采用了 Hansen 提出的多重门槛模型，检验了以税收优惠和融资约束为门槛时，政府补贴对生物医药企业创新的多重门槛效应。

二、政府补贴影响企业创新的理论基础

（一）外部性理论

外部性分为正外部性和负外部性。正外部性是指，某一经济主体在进行经济活动时，对社会和其他主体产生了一部分收益，但未获得报酬或者补偿；负外部性是指，某一经济主体在进行经济活动时，对社会或

---

① 孙明明，王震勤.数字化水平、战略弹性与创新绩效——基于高新技术企业的门槛效应分析［J］.财会月刊，2023，44（05）:136-144.

者其他主体造成了利益损害，而未支付报酬或者受到相应惩罚。外部性的存在容易引起市场失灵，使资源配置未能达到帕累托最优，引起社会生产的低效问题。

生物医药企业属技术密集型产业类型，发展依靠新技术研发、创新药研制，表现出很强的正外部性。生物医药企业为了增强自身的竞争优势，需要不断开展企业创新活动，但企业新产品研发的过程是十分复杂的，存在着极大不确定性，创新产生正外部性的同时也需要克服巨大的阻力；企业的创新成果一旦公开上市，将助推行业的技术进步，就会吸引更多企业对产品技术的追随，他们在很大程度上享受到了原技术开发者带来的正外部效应，大幅缩短了研发时间，并且可以在已有上市产品的基础上做出改进，抢占市场份额。由于正外部性的存在，技术追随者似乎成了最大的受益者，而原技术开发者未能得到新产品研发带来的全部红利，也未能保持行业内的竞争优势，前期高风险的创新投入与后期收益未能达到平衡，严重打击了企业自主创新的积极性，长此以往将导致更多的企业选择"搭便车"创新，这不利于社会创新整体效率的提升。

可以发现，外部效应很难由市场机制自发解决，需要借助政府发挥宏观调节的作用。政府部门高度重视微观主体技术创新对经济高质量发展的拉动作用，因此，对于企业创新存在的正外部性效应，从多个角度采取了积极的政府补贴政策与扶持，补偿企业创新产生的社会效益，减轻企业创新的成本，缓解不确定性风险，激发企业的创新积极性；同时，加强专利的保护与监管，注重产品质量，激发企业自主创新的意愿。

（二）信息不对称理论

信息不对称理论是指，在某一市场经济活动中，参与主体双方对有关信息的掌握是有差异的，可能是信息掌握的内容不同，抑或是时间上存在差异。一般情况下是，参与主体根据信息掌握的多寡对交易行为作出选择，而对信息了解越充分的一方越容易占据有利的地位。信息不对称使参与主体间存在不均等的信息，容易造成逆向选择和道德风险问题，是引发市场失灵的原因之一。

由于不完全信息和不完备市场问题存在普遍性，企业在拓展融资渠道时遇到多重阻力。如前面所分析的，生物医药企业普遍存在技术研发成本高、研发过程周期长、技术开发风险高、内外部信息不对称性等，企业存在严重的资源劣势，仅靠内部很难维持创新，故对外部投资具有很强的依赖性。对于很多未形成市场影响力的企业，资金充足的投资方或是政府部门了解企业的渠道有限，无法合理地评估企业前景而不愿进行投资；企业急需证实自己又缺乏有效资金，如此的信息不对称导致企业与外界形成恶性循环，企业获得外来投资的约束增加，降低了企业创新投入意愿。同时，在一般情况下，企业内部的研发创新成果具有很强的排他性和保密性，企业对外透露的经营状况可能未能真正反映企业实力，加剧了企业与外部投资者之间的信息不对称。投资者仅靠有限信息对企业进行高风险的投资时会很慎重地选择减少投资，或是提高投资门槛甚至转而投资其他回报见效快的企业，这就会引发一部分占据信息优势的企业逆向选择或是道德风险问题。

针对以上分析，政府补贴的方式有效地减弱了信息不对称对企业造成的市场失灵困境。一方面，政府通过财政补贴等手段帮助企业缓解研发投入资金不足等难题，解决了企业面临的融资问题，有助于激发企业技术创新投入和产出。另一方面，政府补贴起到了对企业实力和科研水平的认证保障作用，以政府背书的方式向外界传递了对企业的肯定和支持信号。因此，政府补贴拓展了企业向外界传递信息的渠道，间接增强了企业的融资能力而提供充足的创新资源。

（三）资源基础理论

资源基础理论，是基于沃纳菲尔特（Wernerfelt）提出的"企业的资源基础论"发展而来的。该理论成立的前提需要满足两点假设：其一，任何企业都具有独特性，拥有不同的有形和无形的资源，资源在组织内得以转化成企业独特的能力，资源在企业间不可流动且难以复制；其二，企业能够可持续发展并发挥持久竞争优势得益于这些独特的资源与能力。资源基础理论的基本思想认为，企业是资源的集合体，资源为企业带来差异性与可持续的优势。

资源基础理论从资源利用的角度，很好地解释了政府补贴是如何影响企业创新的。生物医药企业技术创新与研发需要大量的资金、设备与技术人员等前期投入，资金链断裂出现问题会给企业带来严重的经营风险。企业只有依靠充足的内部与外部资源才能拥有持续技术进步和扩大再生产的能力，但多数企业缺乏自有研发投入资本，需要不断争取外部资源维持创新。政府补贴直接以资金的形式拨付给企业，成为企业获得外部资源的重要的渠道。政府补贴一方面盘活了企业在生产、管理、技术支出等方面的资源，降低了企业开发新产品的成本负担，企业凭借良好的资源基础提高技术研发边际收益，使企业进一步发展异质性，形成创新优势；另一方面，政府通过财政补贴等手段帮助企业缓解创新资源不足等难题，发挥了资源配置方面的重要作用，解决了企业面临的市场失灵问题；同时，政府补贴的实施，也向外界投资者释放了利好消息，吸引银行等更多外部机构投资者关注到这一行业，间接增加了企业技术创新活动的可支配资源；也向市场传递了利好信号，扩大了市场需求，带动相关企业提升资源的利用率而形成更具独特性的能力，获得持久的市场竞争力。

三、理论假设

　　政府补贴是否实现了协同生物医药企业创新发展与政府宏观调控的双赢目标？企业作为微观经济主体，其技术进步具有很强的正外部性，是推动经济高质量发展的重要组成部分。然而，技术研发成果的外溢效应的存在，预示着生物医药企业所获得的私人收益与社会收益的不协调；以及创新活动的高风险性、与外部投资者存在的信息不对称问题等，导致以技术创新为主的生物医药企业经常面临市场失灵的境况。因而，政府补贴作为"有形的手"对生物医药企业创新发挥了重要作用。从资源基础理论来看，政府补贴作为外部资源有效发挥了促进生物医药企业创新进步良性循环的作用。一方面，政府补贴以无偿性的财政拨付为企业带来了资源，降低企业研发面临的巨大成本和不确定性风险，补偿了企业技术研发的正外部性效应，有利于激励企业增加研发投入和专利产出；另外一方面来看，政府补贴还能起到政策导向作用，帮助企业向外界传递积极的信号，为企业提供隐性担保，帮助企业吸引社会投资，拓宽企业获得创新资源的渠道，从而缓解企业外部融资约束，纠正了市场失灵；同时，生物医药企业由此释放的创新竞争力，有助于吸引高端技术人才、促进产研学合作等。因此，基于上述分析，提出假设：

　　H1：政府补贴对生物医药企业的创新投入和创新产出均具有正向促进作用。

　　基于前文的理论分析，政府补贴对生物医药企业创新的影响可能不是简单的线性促进或抑制的关系，而是存在复杂的非线性关系。政府补贴通常具有公共品的溢出性、非排他性等特征，因而政府补贴政策的实施，一定程度上增加了社会对该类资源的期待。根据政策要求，获得补贴的生物医药企业通常需要完成一定的指标，这就可能会导致过低的政府补贴对企业创新的激励作用较小甚至未能产生影响；而企业得到的补贴过高也容易引起企业将资金挪作他用、转向其他的盈利项目，替代或者减少企业原有投资。另外，由于资源都具有稀缺性，政府补贴不能没有依据地实施，也不能没有边际地增加，故政府补贴具有一定的选择性。生物医药企业创新对资金的依赖性，可能导致一部分生物医药企业为了获得补贴而进行迎合政策的非实质性创新行为，引发寻租、"骗补"等道德风险，引发资源低效的问题。故分析政府补贴的效果应从多个角度进行考虑，如政府补贴规模的差异化影响等，因此本篇提出以下假设：

H2a：政府补贴对生物医药企业的创新投入和创新产出均存在门槛效应。

H2b：生物医药企业创新受到政府补贴规模的差异性影响，政府补贴对企业创新的影响可能表现为先下降后上升的 U 型关系。

从资源基础理论的发展来看，生物医药企业通过对有差异的资源进行整合，发展成稀缺性技术资源而形成竞争优势。然而，政府补贴与外部投资对企业而言往往只具有多寡的差异，资源本身不具有差异，因此，生物医药企业创新能力的提升可能并不全部来源于政府补贴等外部资源的支持与激励。从这个角度来看，生物医药企业创新有很大一部分需要依靠企业自身，如创新战略、创新意愿、管理者创新选择偏好等不可定量测度的因素影响，我们将这些对企业自身创新产生连续性的行为归结为内部创新惯性。因此，在进行有关政府补贴对生物医药企业创新的影响探索时，也需要基于动态环境考虑企业的创新惯性，从而更好地分析政府补贴对企业创新产生的影响。故提出研究假设：

H3：生物医药企业创新不仅受到政府补贴的激励作用，也受到企业创新的惯性影响。

第三章　生物医药企业发展现状研究

一、生物医药企业发展现状与驱动因素分析

生物医药被誉为是 21 世纪最具成长性和国际竞争力的新兴产业。2020 年 COVID-19 发生，对生物医药领域的发展起到了重要的助推作用，世界各地都在加速生物医药产业的技术进步，抢占新一轮先机。全球生物医药市场规模不断扩大，中国生物医药市场规模也呈稳定上升态势。

表 2-3-1　中国生物医药市场规模

年份	2018 年	2019 年	2020 年	2021 年
市场规模（亿元）	2622	3172	3870	4644

数据来源：中研普华产业研究院。

2018 年到 2021 年，我国生物医药市场总体规模从 2622 亿元增加到 4644 亿元，年均复合增长率达 20%。2013 年以来我国医药制造业企业不断增加，2021 年增加为 8337 家（图 2-3-1 上）；企业创新环境不断优化，2020 年医药市场药物研发总投入为 247 亿美元，占全球药物研发支出的 12.1%；生物医药产业总体发展指数上涨趋势陡峭（图 2-3-1 下）。我国生物医药产业的快速发展，得益于政策、经

济和技术进步的强大驱动力。

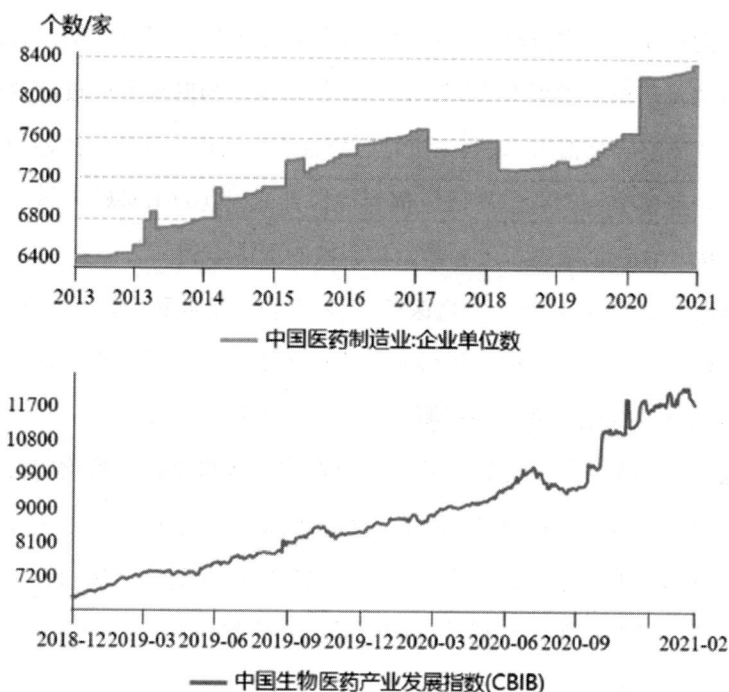

个数/家

中国医药制造业:企业单位数

中国生物医药产业发展指数(CBIB)

数据来源：Wind。

图 2-3-1　中国生物医药产业发展情况

政策驱动。我国政府高度重视生物医药企业的发展，持续出台鼓励生物医药企业创新的有利政策。大量研究表明，政府补贴在提高企业创新水平、提高企业可持续性方面发挥着重要作用。为了促进生物医药行业的发展，政府部门不断加大对生物医药企业的政府补贴和税收优惠力度，帮助企业顺利完成研发项目、促进企业成长，最终达到协同企业利益与政府宏观调控的双赢目标。具体来看，国家和政府部门在布局"健康中国 2030"战略规划、"十四五"发展规划、在二十大报告中，不断强调要加大生物医药产业技术创新攻关力度；将生物医学技术纳入了财政补贴政策所支持的关键高新技术领域；在开发新疫苗、生物治疗技术、快速生物检测、天然药物生物合成制备等领域加大研发资金投入；同时，还依托政策优势，持续打造形成多个生物医药产业集群，如河南省加快医疗中原总部基地、医药中间体和原料药"超级工厂"、康复辅助产业园等重点项目，拉动产业集群化发展。可以看出，我国政府为生物医药企业发展提供了良好的政策背景。与其他发展较成熟的高新技术产业的研究相比[①]，我国生物医药企业发展仍不成熟，机遇与挑战并存，企业实力与产业集聚效应都有待提升，因此政府补贴政策对于推动生物医药企业创新进步更容易发挥积极的促进作用。

健康服务需求驱动。生物医药产业以生物技术和生命科学研究为基础，涉及生物制药、医疗器械和生物健康等领域，近年来，在解决人类发展面临的健康、环境和资源等方面问题发挥了重要作用，越来越受到社会各界的关注。一方面，我国人口众多，人口结构老龄化、长寿化特点突出，对药品、医疗器械、医疗服务的需求不断增多并不断提出更高水平的医疗服务水平的需求；同时，慢性疾病和重症疾病增多，增加了医疗诊断领域、预防领域等方面的需求，这都是推动相关企业技术进步的重要驱动作用。另一方面，2020 年暴发并持续蔓延、反复的疫情，给社会稳定、经济发展以及人们的生命安全造成了严重冲击，科学家和医药工作者开展了大量医学和临床研究，不断推进病毒检测、疫苗研发等现代生物技术的研发与升级。生物医药技术的应用在本次疫情应对中作出了重要贡献，是拉动生物医药产业新一轮发展的关键动力[②]。

技术驱动。科技革命、大数据的快速发展，推动了信息技术与传统医疗的深度融合，助推了生物医药产业的转型升级[③]。主要的智能应用包括进行新药设计、药物分析、疾病诊断靶点、联合用药等方面的

---

① 柳光强，杨芷晴，曹普桥.产业发展视角下税收优惠与财政补贴激励效果比较研究——基于信息技术、新能源产业上市公司经营业绩的面板数据分析［J］.财贸经济，2015（08）:38-47.

② 董莉，邰志坚，刘遵乐.全球生物医药产业发展现状、趋势及经验借鉴——兼论金融支持中国生物医药发展［J］.金融发展评论，2020（11）:12-23.

③ 张晔.中国生物技术产业发展研究［D］.武汉大学，2014.

研究。此外，互联网与传统医疗服务的深度融合形成的互联网医疗，在疾病诊断、个性化医疗、医美、环境监测等领域广泛应用，有助于解决医疗资源不平衡与人们日益增长的医疗服务需求之间的矛盾。

二、生物医药产业链总体现状分析

生物医药以现代生命科学、工程科学等多学科理论及先进技术为基础，利用生物体、细胞等的组成部分开展研究，或对动植物、微生物等进行基因改造，抑或研制生产新药品、开发医疗器械和设备等。因此，该类企业的产业链非常广泛，可以分为上、中、下游三个环节。生物医药的上游主要是由生物原材料、生产设备以及生物技术企业组成，主要包括生物体细胞、基因和血浆、生物反应器、灭菌设备等发现与研发阶段；产业链中游由生物医药研发与生物制药企业组成，主要包括蛋白工程、酶工程、基因工程、细胞工程、血液制品、试剂、疫苗等临床试验阶段；产业链下游通常由医疗检测和医药流通企业组成，主要包括基因检测、CT、医疗保健机构、健康食品等生产与消费阶段。

从全球产业链份额来看，当前，欧美日企业占据了生物医药产业链的大部分市场份额，拥有绝大多数的产品专利，产生了极强的技术壁垒。全球生物医药行业趋势表现为集约化发展规模，美国、欧洲、日本等少数发达国家和地区占据全球生物医药产业链和市场的主导地位。与生物医药技术领先的国家相比，我国生物医药起步较晚，发展时间较短，但发展空间巨大。从我国生物医药产业链各个环节发展现状来看，目前，我国生物医药产业的发展已取得较大的进步，中上游企业市场份额在提升，消费端服务水平不断提高、服务需求得到增强，我国生物医药企业正顺势迈入新的历史发展阶段；正在不断提升新技术研究、设备研发和高端医疗设备制造，加速产业链上游和中游技术发展水平的追赶。但同时，我国生物医药专利等技术基础薄弱，原创药、创新药占比较低，市场仍以化学药、中药、传统型疫苗制品等为主；大部分药厂以仿制药生产为主，其主要特点就是研发周期短、见效快；同时，生物医药企业也易受到核心技术、创新资源不足、政策不确定性的影响，而在基因药物、疫苗研制、细胞治疗等前沿领域的研发和创新中止步不前。因此，归根结底我国要想占据生物医药产业链市场份额，就必须打破"卡脖子"的技术困境，不断发展生物技术创新。

科技创新、技术进步、产业升级正加速新一轮科技革命和产业变革，为生物医药企业成长营造了良好的技术环境。尽管生物医药发展不仅要面临原始创新能力不足、基础投资不足、产业基础薄弱、国际竞争优势不强等现状问题，也要面对贸易摩擦、俄乌冲突等诸多环境因素；但我国生物医药企业看得到自己的差距，又把握着技术进步带来的有利的技术环境优势。随着基因组学、生物信息学、转基因技术、干细胞和克隆技术、生物芯片技术、细胞治疗技术等一系列新兴技术的发展，我国生物医药研发势必能够找到许多新的途径和思路，推动产业的发展。可以说，全球生物医药产业格局正面临剧变，国际竞争日趋激烈，新形势下，中国生物医药产业发展既有挑战，也面临巨大机遇。

三、我国生物医药发展前景分析

国家和政府部门高度重视生物医药这一创新活跃的群体，不仅提供了良好的政策支持环境，还为该领域提供了优先的资源红利。在"健康中国"全面建设的进程中，我国逐步建立起全生命周期的科学监管体系，以临床需求为导向，鼓励生物医药企业加快技术研发；在"十四五"发展规划和2035年远景目标纲要等布局中，在二十大召开之后，继续深化了生物医药领域的关键核心地位，我国政府大力打造政策鼓励、资本助力、地区带动等多重利好的有利于企业创新的环境。政府从多个维度形成"组合拳"联合发力，采用包括减税降费、财政支持等在内的多种驱动机制，构建有利于资源配置和创新发展的激励政策；不仅包含普遍适用的财税政策，也有针对特殊行业的帮扶措施，激发企业创新活力。尤其针对疫情冲击，帮助生物医药企业纾困解难，进一步加大实施免征、退税、缓缴等政策支持的力度和适用范围；此外，加大专项财政资金投入力度，针对企业设置技术创新专项基金、研发补贴，实行贷款贴息政策、提供人才科技经费支持等，进一步激发市场主体的创新活力。由此加快我国生物医药产业由具有发展潜力的高技术产业，向高技术支柱产业发展。

需求拉动企业技术进步。得益于我国经济体量与人口基数优势，我国生物医药行业发展的底层需求仍在不断增加。随着我国经济社会迈入高质量发展阶段，居民收入水平显著提高，人口结构长寿化和老龄化特征突出，人民健康意识和医疗服务需求也相应增强，推动了我国生物医药产业的快速发展。同时，受医疗政策改革驱动，每年都有更多创新药纳入医保报销范围，提升了药品的可及性，创新药需求与供给均有提升；商业医疗保险的发展、医院基础设施的建设，以及我国医疗服务水平的提升，都在为中国生物医药市场未来发展创造更多有利机会。

除此之外，产业集群化发挥辐射带动作用。在汇聚技术、人才、资金的区域，将逐步形成比较完善的生物医药产业链和产业集群。产业集群将进一步形成带动辐射作用，提高全产业链生物医药企业的发展进步。从世界范围来看，全球生物医药产业集聚发展的大格局已经形成，产业集中分布在三大中心：美国、欧洲占据两大中心，亚洲作为另外一大生物医药产业中心也在不断发展强化。从我国地区产业发展的格局来看，政策改革、人才集聚、金融资本助力等多方加持，我国生物医药产业集群化分布不断显现，崛起了环渤海、长三角、大湾区和中西部地区四个有代表性的产业集群。同时，头部园区作为中心，聚集效应非常明显，向外围形成了辐射；良好的创业氛围和产业链优势广泛吸引初创型企业加入，又能够发展成有规模的二线园区，已成功的有萧山经开区、泰州生物医药产业园、天津滨海高新区等；园区再联同周边其他医疗产业，又构成了医疗产业生态，为我国生物医药的蓬勃发展发挥了强有力的良性产业效应。

生物医药作为我国战略新兴产业之一，上中下游产业的发展，将有利于带动传统行业转型升级，也有助于进一步满足我国不断增长的卫生健康服务需求。在政府补贴等政策红利、技术变革、需求拉动、产业化集聚等背景下，我国生物医药行业具备巨大的成长潜力，发展前景向好，在未来将进一步提高全球范围的市场份额。有关预测表明，到2025 年，生物制药行业市场规模将超过 6500 亿元，药物研发支出将达到 496 亿美元。

第四章
政府补贴与生物医药企业创新的研究设计

一、数据及样本来源

选取 2013—2021 年生物医药上市公司为研究对象，综合 Wind、同花顺财经、新浪财经、东方财富网、证券之星等金融数据库，选取了生物医药、新冠特效药、创新药、生物疫苗、医药电商、互联医疗、医疗器械概念、医废处理、医疗服务、智能医疗、医美概念等沪深 A 股概念板块。企业数据主要来自 CSMAR 数据库和上市公司年报；其中专利数据来自 CNKI 专利数据库，手工收集上市公司本身及其子公司当年的申请专利数。运用 STATA 15.1 对样本进行处理分析；同时，剔除了异常样本，删除了政府补贴、专利申请和研发投入等关键数据缺失 2 年以上的样本，其余补 0 处理。最终，选取了 229 家生物医药上市公司，得到共 2061 个有效观测值。

二、变量定义

（一）被解释变量

选取创新投入（RDI）和创新产出（Patent）作为被解释变量。创新投入通常是企业创新过程的体现，而创新产出反映企业的创新能力和水平。以往研究对创新的衡量主要是从研发投入的角度设计代理变量；也有部分学者从创新绩效产出视角设计代理变量；还有部分学者通过设计指标体系进行自行测算。因此，将创新投入和创新产出共同作为企业创新的衡量指标，更能具有全面性[①]。已有文献常采用研发投入的相对指标[②]或绝对指标[③]。据此，本研究首先选用相对指标，以研发投入总额占企业总资产的比值来表示企业创新投入（RDI），并选用绝对指标（研发补贴取对数，lnrd）作为稳健性检验。对于创新产出，已有研究常采用新增专利数作为衡量指标，新增专利数能很好地反映企业经营过程中的活跃度和创新能力，还具有认定标准统一、审核严格等优点。因此，采用专利申请总数衡量企业创新产出。

（二）解释变量

选取政府补贴总额（Sub_amount）作为解释变量。现有研究中，关于企业政府补贴指标选取方面，较多学者选取了企业年报财务报表附注中"政府补贴"，主要包括财政补贴、科研经费补贴、人才专项补贴、技术创新及新药研发补贴、高新技术特色产业基地资金等。本研究参考柳光强[④]的做法，选取政府补贴总额来研究其对生物医药企业创新的影响，对政府补贴总额取自然对数。

① 孙明明，王震勤.数字化水平、战略弹性与创新绩效——基于高新技术企业的门槛效应分析［J］.财会月刊，2023，44（05）:136-144.

② 柳光强.税收优惠、财政补贴政策的激励效应分析——基于信息不对称理论视角的实证研究［J］.管理世界，2016（10）:62-71.

③ 余明桂，范蕊，钟慧洁.中国产业政策与企业技术创新［J］.中国工业经济，2016（12）:5-22.

④ Kesselheim A S，Avorn J. Using Patent Data to Assess the Value of Pharmaceutical Innovation［J］. The Journal of Law，Medicine & Ethics，2009，37（2）:176-183.

（三）控制变量

选取企业规模（Size）、偿债能力（Lev）、盈利能力（Roe）、企业市场势力（Market）、股权集中度（Holder）、资本利用率（Fix）、企业所有制（State）等企业基本特征和财务指标为控制变量，变量情况如表 2-4-1 所示。

表 2-4-1　变量设计

变量类型	变量名称	变量符号	变量定义
被解释变量	创新投入	RDI	研发投入总额 / 总资产 *100%
	创新产出	Patent	企业专利申请数
解释变量	政府补贴	Sub_amount	政府补贴总额 +1 取自然对数
	政府补贴平方	Sub_amount^2	政府补贴的平方
控制变量	企业规模	Size	企业总资产取自然对数
	偿债能力	Lev	总负债 / 总资产
	盈利能力	Roe	净利润 / 股东平均权益
	市场势力	Market	企业营业收入 / 营业成本
	股权集中度	Holder	第一大股东的持股比例（%）
	资本利用率	Fix	固定资产占总资产比例（%）
	企业所有制	State	非国有企业 0，国有企业 1
	地区哑变量	Area	经济较发达的东部地区 0，经济欠发达的中西部地区 1

三、模型设计

（一）基准回归模型

根据前文的理论分析，分别采用模型（1）和（2）来检验政府补贴对创新投入和创新产出的影响。由于衡量企业创新产出的专利申请数是离散型变量，因此不再符合线性回归模型中正态分布的一般假设，而是更适合于广义线性模型中的泊松分布模型[①]；此外，由于样本中专利申请数的方差（87.636）远远大于其期望值（44.921），故本篇采用负二项回归模型进行政府补贴对企业创新产出的回归估计。此外，模型（3）和（4）中引入了政府补贴的平方项（Sub_amount^2），来进一步检验政府补贴对生物医药企业创新可能存在的非线性关系。具体回归模型设计如下：

$$RDI_{it} = \alpha_0 + \alpha_1 Sub\_amount_{it} + \alpha_2 \sum Con_{it} + \lambda_i + \eta_t + \varepsilon_1 \qquad (1)$$

$$Patent_{it} = \beta_0 + \beta_1 Sub\_amount_{it} + \beta_2 \sum Con_{it} + \lambda_i + \eta_t + \varepsilon_2 \qquad (2)$$

其中，i，t 分别表示企业和年份；RDI，$Patent$ 分别代表企业创新投入和创新产出；Sub_mount 为企业获得的政府补贴总额；Con 代表控制变量，包括 $Size$，Lev，Roe，$Market$，$Holder$，Fix，$State$；λ，η 表示个体和年份固定效应；ε 表示模型随机扰动项。

$$RDI_{it} = \alpha_0 + \alpha_1 Sub\_amount_{it} + \alpha_2 Sub\_amount_{it}^2 + \alpha_3 \sum Con_{it} + \lambda_i + \eta_t + \varepsilon_3$$
$$(3)$$

$$Patent_{it} = \beta_0 + \beta_1 Su\_amount_{it} + \beta_2 Sub\_amount_{it}^2 + \beta_3 \sum Con_{it} + \lambda_i + \eta_t + \varepsilon_4$$
$$(4)$$

（二）动态与静态门槛模型

为了进一步检验政府补贴对生物医药企业创新可能存在的非线性关系，本节建立了动态和静态的 kink 门槛模型。Seo 等[②]对 Hansen 门槛模型做了优化，提出了一种基于差分 GMM 估计的动态面板门槛模型，该模型不仅能够很好地解决阈值问题，也能解决一部分变量存在的内生性问题。门槛回归模型定义如下：

---

① 孙薇，叶初升.政府采购何以牵动企业创新——兼论需求侧政策"拉力"与供给侧政策"推力"的协同 [J].中国工业经济，2023（01）:1-19.

② Seo M H, Shin Y. Dynamic panels with threshold effect and endogeneity [J]. Journal of Econometrics, 2016, 195（2）:169-186.

$$y_{it} = (1, x'_{it})\phi_1 1\{q_{it} \leq \gamma\} + (1, x'_{it})\phi_2 1\{q_{it} > \gamma\} + \delta_{it}, \quad i = 1, \dots N, t = 1, \dots, T \tag{5}$$

$$\delta_{it} = \lambda_i + \varepsilon_{it} \tag{6}$$

其中，y_{it}是因变量；x'_{it}是可能包含滞后项y_{it-1}的$k_1 \times 1$时变自回归向量；$1\{\cdot\}$是指示性函数，根据门槛变量q_{it}与门槛值的关系确定取值，成立则取 1，否则取 0；ϕ_1与ϕ_2是不同条件下的相关斜率参数；δ_i是随机干扰项，由个体固定效应λ_i与零均值特殊随机扰动项ε_{it}组成。

为了处理模型中存在的个体效应，对公式（5）进行一阶差分处理：

$$\Delta y_{it} = \alpha' \Delta x_{it} + \beta' \Delta X'_{it} 1_{it}(\gamma) + \Delta \delta_{it}, \quad \Delta \delta_{it} = \Delta \varepsilon_{it} \tag{7}$$

其中，$\underset{k_1 \times 1}{\alpha} = (\phi_{1,2}, \dots, \phi_{1,k_1+1})'$，$\underset{(k_1 \times 1) \times 1}{\beta} = \phi_2 - \phi_1$，$\underset{2 \times (1+k_1)}{X_{it}} = \begin{pmatrix} (1, x'_{it}) \\ (1, x'_{it-1}) \end{pmatrix}$，$\underset{2 \times 1}{1_{it}(\gamma)} = \begin{pmatrix} 1\{q_{it} > \gamma\} \\ -1\{q_{it-1} > \gamma\} \end{pmatrix}$。

Seo 对门槛模型存在的非连续情况做出了改进。他指出，当存在一个值 k，使$(1, x'_{it})\phi_2 = k(q_{it} - \gamma)$成立时，可以使有间断的模型变得连续起来，即将 kink 模型的回归函数假设为连续函数。这要求q_{it}是x'_{it}中的元素。此时模型 5 可以整理为：

$$y_{it} = \sigma_1 + \sigma_2 x'_{it} + k(q_{it} - \gamma) 1\{q_{it} > \gamma\} + \lambda_i + \varepsilon_{it}, \quad i = 1, \dots N, t = 1, \dots, T \tag{8}$$

最终，建立本篇 kink 门槛模型为：

$$RDI_{it} = \sigma_1 + \sigma_2 x'_{it} + k(q_{it} - \gamma) 1\{q_{it} > \gamma\} + \lambda_i + \varepsilon_{it} \tag{9}$$

$$Patent_{it} = \sigma_1 + \sigma_2 x'_{it} + k(q_{it} - \gamma) 1\{q_{it} > \gamma\} + \lambda_i + \varepsilon_{it} \tag{10}$$

以 Sub_amount 作为门槛变量，x'_{it} 中包含解释变量和控制变量，迭代次数为 400。当模型中包含被解释变量的滞后项 $l.RDI$、$l.Patent$ 时，模型（9）和（10）成为具有动态效应的门槛回归模型。

（三）多重门槛模型

为了进一步检验不同税收优惠强度和不同融资约束水平对政府补贴

与生物医药企业创新关系的影响，我们采用 Hansen[①] 提出并优化的门槛模型[②] 检验方法进行多重门槛的估计。建立如下门槛模型：

$$RDI_{it} = \alpha_1 + \alpha_2 Sub_{it} \cdot I(tax_{it} \leq \gamma_1) + \alpha_3 Sub_{it} \cdot I(\gamma_1 < tax_{it} \leq \gamma_2) +$$

$$\alpha_4 Sub_{it} \cdot I(\gamma_2 < tax_{it} \leq \gamma_3) + \alpha_5 Sub_{it} \cdot I(tax_{it} > \gamma_3) + \sum \alpha_j Con_{i,t} + \mu_{it}$$

$$(11)$$

$$RDI_{it} = \alpha_1 + \alpha_2 Sub_{it} \cdot I(fc_{it} \leq \gamma_1) + \alpha_3 Sub_{it} \cdot I(\gamma_1 < fc_{it} \leq \gamma_2) +$$

$$\alpha_4 Sub_{it} \cdot I(\gamma_2 < fc_{it} \leq \gamma_3) + \alpha_5 Sub_{it} \cdot I(fc_{it} > \gamma_3) + \sum \alpha_j Con_{i,t} + \mu_{it}$$

$$(12)$$

其中，tax，fc分别作为门槛变量；$I(x)$是指示性函数，根据门槛变量与门槛值γ的关系确定取值，若成立则取 1，否则取 0；迭代次数为 300。

---

① Hansen B E. Threshold effects in non−dynamic panels: Estimation, testing, and inference [J]. Journal of Econometrics, 1999, 93（2）:345−368.

② Hansen B E. Threshold autoregression in economics [J]. Statistics and Its Interface, 2011, 4（2）:123−127.

第五章 政府补贴
对生物医药企业创新影响的实证分析

一、描述性统计及相关性分析

　　表 2-5-1 展示了变量的描述性统计结果。其中，创新投入的最大值为 16.279，最小值为 0.006，说明企业间的创新投入水平差距较大；对比来看，非国有企业均值（2.669）略大于国有企业（2.202）。企业的专利申请介于 0-1599 之间，可以看出生物医药企业间的创新产出水平差距较大；对比发现，国有企业的均值（53.385）大于非国有企业的均值（42.33），说明国有企业的创新产出水平较大。政府补贴的均值为 16.698，国有企业获得的政府补贴水平（16.913）略高。企业偿债能力（Lev）和盈利能力（Roe）的标准差均小于 1，而第一大股东持股比例（Holder）和固定资产利用率（Fix）的标准差分别为 13.072、11.596，说明变量间的波动程度差异较大，但均符合正态分布的规律。

表 2-5-1　变量描述性统计

变量名称	全部企业				非国有企业		国有企业	
	Mean	S. D.	Min	Max	Mean	S. D.	Mean	S. D.
RDI	2.559	2.055	0.006	16.279	2.669	1.986	2.202	2.233
Patent	44.921	87.636	0	1599	42.330	89.196	53.385	81.850
Sub_amount	16.698	1.338	9.752	20.66	16.632	1.238	16.913	1.604
Size	22.23	1.003	20.285	25.007	22.090	0.973	22.685	0.967
Lev	0.357	0.179	0.046	0.806	0.337	0.174	0.420	0.179
Roe	0.08	0.106	−0.418	0.342	0.078	0.108	0.088	0.098
Market	2.102	1.117	1.08	6.775	2.196	1.166	1.795	0.875
Holder	30.748	13.072	7.49	65	29.864	12.487	33.636	14.465
Fix	19.164	11.596	1.078	52.067	19.055	11.453	19.519	12.060
State	0.234	0.424	0	1	0	0	1	0
Area	0.328	0.469	0	1	0.356	0.479	0.234	0.424
样本量	2061				1578		483	

　　表 2-5-2 为各变量相关性检验及方差膨胀因子检验结果。从变量间相关系数来看，政府补贴分别与创新投入、专利申请数量之间存在显著的相关关系。此外，各变量的膨胀因子（VIF）均值为 1.4，且均小于 5，因此，可以排除变量间可能存在的多重共线性问题。

表2-5-2　相关性分析

变量名称	(1)	(2)	(3)	(4)	(5)	(6)	(7)	(8)	(9)	(10)
(1) RDI	1.000									
(2) Patent	0.285***	1.000								
(3) Sub~t	0.222***	0.294***	1.000							
(4) Size	-0.094***	0.242***	0.652***	1.000						
(5) Lev	-0.154***	0.093***	0.229***	0.384***	1.000					
(6) Roe	0.089***	0.071***	0.137***	0.141***	-0.208***	1.000				
(7) Market	0.240***	-0.077***	0.077***	-0.052**	-0.364***	0.222***	1.000			
(8) Holder	-0.095***	-0.014	-0.023	0.069***	-0.045**	0.243***	0.031	1.000		
(9) Fix	-0.023	-0.121***	-0.097***	-0.194***	0.067***	-0.075***	-0.058***	-0.011	1.000	
(10) State	-0.096***	0.053**	0.089***	0.251***	0.197***	0.038***	-0.152***	0.122*	0.017	1.000

	Sub~t	Size	Lev	Market	Roe	State	Holder	Fix	Mean VIF
VIF	1.82	2.19	1.47	1.23	1.20	1.12	1.09	1.07	1.40
1/VIF	0.55	0.46	0.68	0.82	0.83	0.89	0.92	0.93	

注：*** p<0.01, ** p<0.05, * p<0.1。

二、实证结果与分析

（一）基准回归结果分析

本篇首先关注讨论的问题是政府补贴对企业创新投入和创新产出的影响效果，分别以模型（1）和（2）进行回归估计。实证过程中先对主要的解释变量（Sub_amount）进行回归，进而在模型中引入控制变量，最后加入政府补贴的平方项（Sub_amount^2），来检验政府补贴对企业创新的是否存在非线性关系。表 2-5-3 报告了政府补贴对企业创新投入和创新产出的回归结果。其中，列 1 与 2、4 与 5 结果表明，无论是否引入控制变量，政府补贴的系数均显著为正，表明政府补贴能有效地提高企业的研发投入和专利申请数。由此，假设 H1 得到验证。具体来看，当被解释变量分别为创新投入（RDI）和创新产出（Patent）时，政府补贴系数分别为 0.117 和 0.252，说明政府补贴每增加 1%，创新投入增加 0.117%，创新产出增加 0.252%。

表 2-5-3　基准回归结果

变量名称	创新投入（RDI）			创新产出（Patent）		
	(1)	(2)	(3)	(4)	(5)	(6)
Sub_amount	0.062**	0.117***	−1.142***	0.276***	0.252***	−1.685***
	（0.031）	（0.030）	（0.398）	（0.015）	（0.019）	（0.252）
Sub_amount2			0.041***			0.061***
			（0.013）			（0.008）
Size		−0.534***	−0.587***		0.180***	0.057
		（0.115）	（0.114）		（0.034）	（0.036）
Lev		−0.073	−0.045		−0.059	0.019
		（0.292）	（0.287）		（0.173）	（0.167）
Roe		−0.369	−0.364		0.882***	0.817***
		（0.371）	（0.370）		（0.242）	（0.236）

变量名称	创新投入（RDI）			创新产出（Patent）		
	(1)	(2)	(3)	(4)	(5)	(6)
Market		0.262***	0.268***		−0.186***	−0.173***
		（0.074）	（0.071）		（0.023）	（0.022）
Holder		0.011**	0.010*		0.006***	0.007***
		（0.006）	（0.005）		（0.002）	（0.002）
Fix		0.007	0.007		−0.015***	−0.014***
		（0.005）	（0.005）		（0.002）	（0.002）
State		−0.166	−0.169		0.033	−0.019
		（0.251）	（0.262）		（0.059）	（0.058）
常数项	1.382***	11.048***	21.909***	−1.193***	−4.392***	13.555***
	（0.511）	（2.514）	（3.949）	（0.244）	（0.625）	（2.349）
样本量	2061	2061	2061	2061	2061	2061

注：*** p<0.01，** p<0.05，* p<0.1，括号里为稳健标准误。

第 3 和第 6 列结果表明，政府补贴的平方项（Sub_amount^2）与创新投入、创新产出的相关系数均在 1% 水平下显著为正，一次项（Sub_amount）系数均显著为负，对应的二次曲线均位于第一象限、开口方向朝上、对称轴大约分别位于 x_{RDI}=13.93 和 x_{Patent}=13.81 的位置。此结果表明，随着政府补贴规模增加，政府补贴与生物医药企业创新呈现"先降后升"的 U 型关系。对此，可能存在的逻辑关系是，当政府补贴资金规模低于某一个值时，政府补贴对生物医药企业创新产生挤出效应或者是发生了替代效应；否则，政府补贴对生物医药企业创新发挥促进作用。对此，我们接下来通过门槛模型做进一步探索。

（二）动态和静态门槛回归结果分析

为了深入分析政府补贴规模对生物医药企业创新水平的影响差异问题，本节采用静态和动态门槛模型进行对比估计（见表 2-5-4）。检验结果表明，政府补贴在 1% 的显著性水平下通过了门槛效应检验，说明政府补贴的促进效应受到补贴规模的影响。因此，假设 H2a 得到验证。这与魏巍等[①]通过门槛模型具体研究政府 R&D 补贴对医疗设备和仪表业创新产出关系所得出的结论一致。具体来看，在静态结果中，当 Sub_amount<15.702 时，政府补贴与创新投入在 5% 的水平上显著负相关，说明政府补贴每增加 1%，创新投入将减少 0.168%。当 Sub_amount>15.702 时，政府补贴与创新投入在 10% 的水平上显著正相关，相关系数为 0.293，说明政府补贴每增加 1%，创新投入就增加 0.293%。政府补贴对创新产出的门槛值为 17.766，当 Sub_amount<17.766 时，政府补贴与创新产出在 1% 水平上显著负相关，说明政府补贴每增加 1%，创新产出将减少 2.847%。当 Sub_amount>17.766 时，政府补贴与创新产出在 1% 水平上显著正相关，相关系数为 36.462，说明政府补贴每增加 1%，创新产出将增加 36.462%。动态估计结果表明，政府补贴对创新投入的门槛值由 15.702 增加为 15.869，对创新产出的门槛值未发生变化。当 Sub_amount<15.869 时，政府补贴与创新投入显著负相关；当 Sub_amount>15.869 时，政府补贴与创新投入显著正相关。当 Sub_amount<17.766 时，政府补贴与创新产出显著负相关；当 Sub_amount>17.766 时，政府补贴与创新产出显著正相关，值得注意的是其相关系数由 22.31 下降为 13.152，反映出生物医药企业的创新产出更受到过去一期创新行为的影响。

研究发现，无论是静态还是动态门槛模型中，当政府补贴低于门槛值时，政府补贴对生物医药企业的创新投入和创新产出均表现为显著负相关；当政府补贴高于门槛值时，其对创新投入和创新产出的影响均表现为显著正相关。故政府补贴与生物医药企业创新总体上呈现先下降后上升的 U 型关系。故假设 H2b 得到验证。上述结论与本篇理论分析一致，也与表 2-5-3 中政府补贴平方项系数为正相互印证，即政府补贴

① 魏巍，张建琪，张芳. 新冠肺炎疫情背景下政府 R&D 补贴对中国医疗设备和仪表业创新产出的影响——基于门槛效应的研究[J]. 工业技术经济，2021，40（07）:43-50.

的激励效应会随着补贴规模的增加先减弱后上升。本篇与张杰[1]、尚洪涛等[2] 得出了类似的结论。同时，从表 2-5-3 第 2 与第 5 列政府补贴的系数可以发现，当政府补贴规模增加到门槛值后，政府补贴对生物医药企业创新投入和产出的相关性系数均变大，说明政府补贴规模对企业创新起到了显著的门槛效应。结合实际分析其原因，当政府补贴处于较大规模时，有利于增加创新资金，减轻企业技术研发的成本、降低风险不确定性，企业可能通过内部多种结构的互补，促使政府补贴有效转换为创新资金投入、减少内部研发投入的替代效应，继而增加企业创新产出。而当政府补贴规模较小时，补贴可能不足以覆盖研发支出，导致部分补贴挪作他用或挤出自身研发投入，而未能显著提升企业的创新投入和创新产出。

表 2-5-4　静态门槛和动态门槛模型回归结果

变量名称	静态门槛		动态门槛	
	RDI	Patent	RDI	Patent
L.RDI			0.458***	
			（0.034）	
L.Patent				0.664***
				（0.011）
Sub_amount 低于门槛	−0.168**	−2.847***	−0.143**	−2.221**
	（0.070）	（1.000）	（0.057）	（1.048）
Sub_amount 高于门槛	0.293*	36.462***	0.247*	13.152**
	（0.159）	（8.315）	（0.138）	（5.423）
Size	−0.206***	11.592***	−0.062	3.658***
	（0.064）	（1.936）	（0.058）	（1.393）
Lev	−0.133	12.163***	−0.360**	3.107
	（0.151）	（4.425）	（0.172）	（4.936）
Roe	−0.238*	0.050	−0.388***	7.603

① 张杰.政府创新补贴对中国企业创新的激励效应——基于 U 型关系的一个解释 [J]. 经济学动态, 2020（06）:91–108.

② 尚洪涛, 黄晓硕. 中国医药制造业企业政府创新补贴绩效研究 [J]. 科研管理, 2019, 40（08）:32–42.

变量名称	静态门槛		动态门槛	
	RDI	Patent	RDI	Patent
	（0.127）	（4.542）	（0.141）	（5.640）
Market	0.141***	2.394***	0.165***	1.914**
	（0.035）	（0.819）	（0.039）	（0.907）
Holder	−0.008***	−0.068	−0.013***	−0.060
	（0.003）	（0.095）	（0.004）	（0.088）
Fix	0.015***	0.004	0.016***	−0.063
	（0.003）	（0.090）	（0.003）	（0.098）
State	−0.145**	0.300	−0.009	6.326**
	（0.066）	（1.696）	（0.075）	（3.013）
门槛值 γ	15.702***	17.766***	15.869***	17.766***
	（0.413）	（0.155）	（0.470）	（0.399）
样本量	2061	2061	2061	2061

注：*** $p<0.01$，** $p<0.05$，* $p<0.1$，括号里为稳健标准误。

与此同时，在动态估计结果中，企业创新不仅受到政府补贴规模的门槛效应，且被解释变量的滞后期（L. RDI、L.Patent）分别在1%的显著性水平上对创新投入和创新产出发挥正向作用。这说明企业过去一期的创新行为对本年度的创新存在影响。Li等[1]认为这是一种创新惯性。验证了假设H3。这意味着，企业内部研发资源和自主创新能力也有助于推动企业创新增长，企业创新发展受到动态环境的影响。

三、进一步分析税收优惠、融资约束的多重门槛效应

前文的实证分析发现，政府补贴对生物医药企业创新投入和创新产出均有正向影响，且受到政府补贴规模的门槛效应影响。本节将税收优惠和融资约束强度引入作为门槛变量，分别通过模型（11）和（12）进

---

[1] Li Q, Wang M, Xiangli L. Do government subsidies promote new-energy firms' innovation? Evidence from dynamic and threshold models [J]. Journal of Cleaner Production，2021，286（2）：124992.

行政府补贴对生物医药企业创新的影响效应回归检验。

（一）税收优惠对政府补贴作用的门槛效应分析

政府或相关部门根据企业前期缴纳过的所得税、消费税、增值税等多项税费设置返还、减免标准，为企业提供税收优惠。本篇借鉴柳光强[①]的做法，选用"返还的税费总额 /（返还的税费总额 + 支付的税费总额）"衡量税收优惠（tax）。以税收优惠作为门槛变量进行回归分析，表 2-5-5 展示了门槛效应检验与回归结果；图 2-5-1 为税收优惠的门槛参数图，其中（1）为创新投入的，（2）、（3）为创新产出的门槛参数图。门槛模型均通过 300 次 Bootstrap 自抽样，获得 F 统计量和相应的 p 值。根据计量模型设定，首先对假设存在单一门槛、双重门槛和三重门槛进行检验。表 2-5-5 结果表明，以税收优惠作为门槛变量，对于创新投入，在 5% 显著性水平下通过了单重门槛检验；对于创新产出，在 1% 显著性水平上通过了双重门槛检验。

表 2-5-5　tax 门槛效应检验

tax 为门槛变量	RDI		Patent		迭代次数
	F 值	P 值	F 值	P 值	
单一门槛	29.94	0.017	39.26	0.000	
双重门槛	10.04	0.317	55.13	0.003	300
三重门槛	5.06	0.833	4.24	0.930	

---

① 柳光强.税收优惠、财政补贴政策的激励效应分析——基于信息不对称理论视角的实证研究［J］.管理世界，2016（10）:62-71.

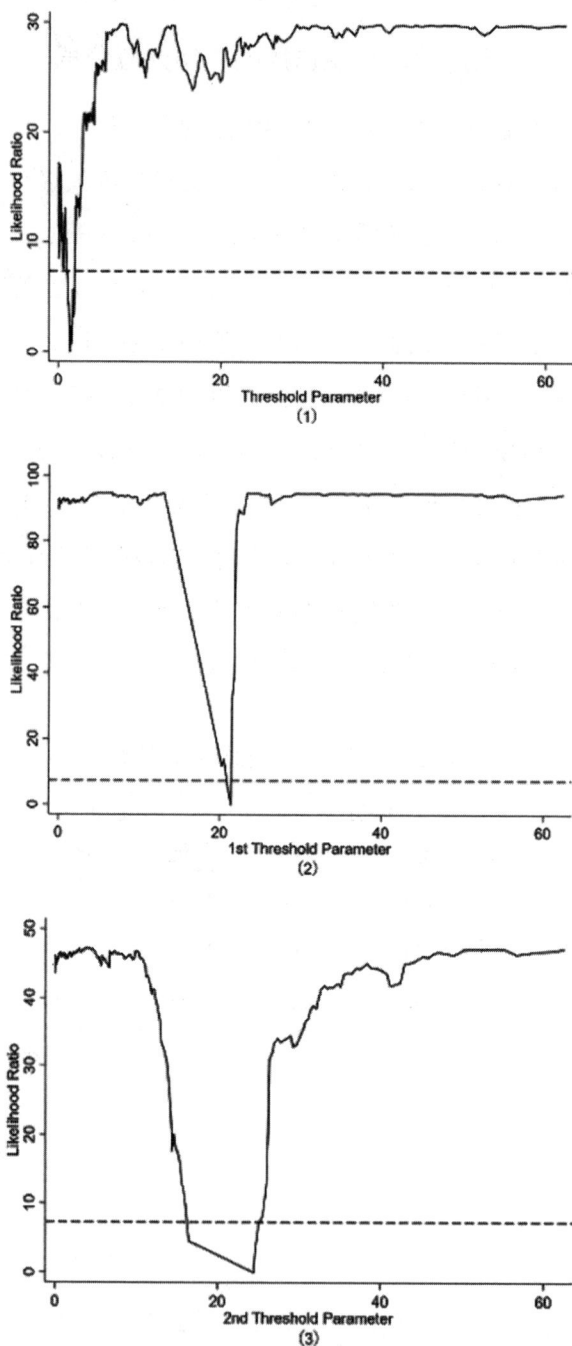

图 2-5-1　税收优惠门槛参数图

表2-5-6门槛估计结果表明，税收优惠水平低于门槛值1.467时，政府补贴对创新投入的系数为0.16，在1%的水平上显著，促进作用显著；税收优惠水平高于1.467后，政府补贴对创新投入的促进作用增强，系数由0.16增加为0.182。表明税收优惠在政府补贴与创新投入之间起到了门槛加剧的效应，税收优惠水平较高时，更有利于政府补贴对生物医药企业创新投入产生积极作用。结合实际来分析，生物医药企业长期通过研发新药、发明新技术维持企业的生存和发展，对外部资金具有很强的依赖性，政府补贴与税收优惠共同缓解了生物医药企业的资金缺口[①]；企业可支配资金增加、抗风险能力有所提升，管理者很清晰地意识到增加创新投入有利于企业未来形成竞争优势。

表2-5-6　进一步门槛检验结果

变量名称	以 tax 为门槛变量		以 fc 为门槛变量	
	RDI	Patent	RDI	Patent
Sub_amount（区间Ⅰ）	0.160***	4.243***	0.131***	2.858*
	（0.028）	（1.607）	（0.029）	（1.630）
Sub_amount（区间Ⅱ）	0.182***	0.186	0.168***	3.653**
	（0.028）	（1.638）	（0.028）	（1.627）
Sub_amount（区间Ⅲ）		3.569**	0.183***	
		（1.605）	（0.028）	
是否控制变量	是	是	是	是
单重门槛值 γ	1.467	21.443	−3.566	0.825
双重门槛值 γ		24.515	−0.70	
样本量	2061	2061	2061	2061

注：*** $p<0.01$，** $p<0.05$，* $p<0.1$，括号里为稳健标准误。

关于政府补贴对创新产出的影响，根据门槛值可以将税收优惠水平分为低税收优惠水平（tax ≤ 21.443）、中等税收优惠水平（21.443<tax ≤ 24.515）和高税收优惠水平（tax>24.515）。税

---

① Wang R，Kesan J P. Do tax policies drive innovation by SMEs in China? [J]. Journal of Small Business Management，2020，60（2）:1–38.

收优惠处于较低水平时，政府补贴的系数为 4.243，在 1% 的水平上显著；税收优惠处于中等水平时，政府补贴的系数为 0.186；税收优惠水平超过第二重门槛处于较高水平时，政府补贴的系数由 0.186 增加到 3.569，在 5% 的水平上显著。结果表明，税收优惠是影响政府补贴与创新产出关系的重要因素，存在显著的非线性关系；税收优惠处于较低水平时，政府补贴对创新产出的促进作用最为显著。通过实证也发现，相比于对创新投入的影响，税收优惠水平在引起政府补贴对创新产出效应突变的门槛值上，由 1.476 增加到 21.443，而税收优惠水平的均值仅为 12.038。这说明，税收优惠水平对政府补贴与企业创新产出影响发生效应突变的门槛较高，在大多数税收优惠政策水平下，政府补贴能帮助企业缓解创新资源不足等问题而促进创新产出。

（二）融资约束对政府补贴作用的门槛效应分析

本研究使用 KZ 指数作为融资约束（fc）的衡量指标。通过文献梳理发现，目前，对于融资约束的指标衡量方法有 KZ 指数，以及在 KZ 基础上发展的 SA 指数和 WW 指数[1]。除此之外，也有学者采用公司内部单一变量进行衡量，如张璇等[2]使用银行授信作为代理变量，姜启波等[3]使用外部融资总额进行衡量等。指数指标从多维度计算公司的融资约束情况，比单一指标更全面地反映的公司的融资约束情况[4]。其中，KZ 指数提出时间最早，比较全面地考虑了公司融资约束的情况，在文献中得到广泛的使用。

---

① Kaplan S N, Zingales L. Do Investment−Cash Flow Sensitivities Provide Useful Measures of Financing Constraints?[J]. Quarterly Journal of Economics，1997，112（1）:169−215.

② 张璇，刘贝贝，汪婷，等. 信贷寻租、融资约束与企业创新［J］. 经济研究，2017，52（05）:161−174.

③ 姜启波，谭清美. 政府创新补贴影响企业创新的非动态门槛效应研究——基于创业板上市公司融资约束视角［J］. 经济经纬，2020，37（06）:97−105.

④ 杨玲，沈中华. 融资约束、银行贷款与公司金融化[J]. 财会通讯，2020（23）:60−64.

表2-5-7　fc门槛效应检验

fc 为门槛变量	RDI		Patent		迭代次数
	F 值	P 值	F 值	P 值	
单一门槛	42.83	0.003	18.25	0.063	
双重门槛	16.06	0.090	8.57	0.297	300
三重门槛	10.29	0.613	7.96	0.670	

以融资约束作为门槛变量进行回归分析，表 2-5-7 展示了 fc 门槛效应检验结果；图 2-5-2 为融资约束的门槛参数图，其中（1）、（2）为创新投入的，（3）为创新产出的门槛参数图。融资约束在 10% 显著性水平下分别通过了对创新投入的双重门槛检验和对创新产出的单重门槛检验。进一步通过单重门槛和双重门槛模型进行回归分析。

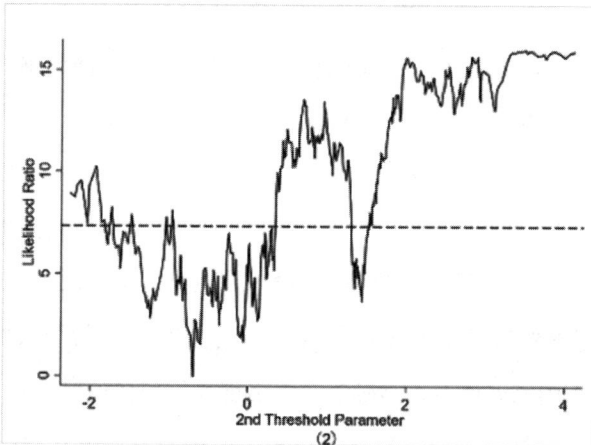

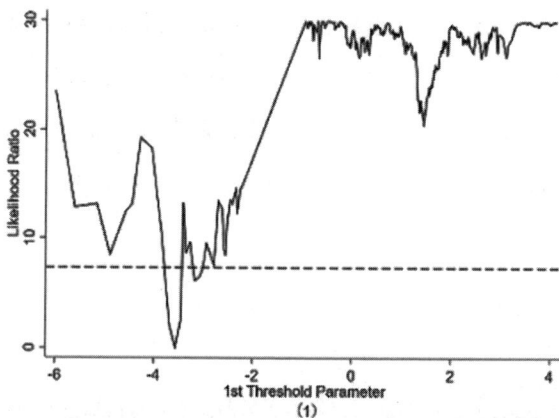

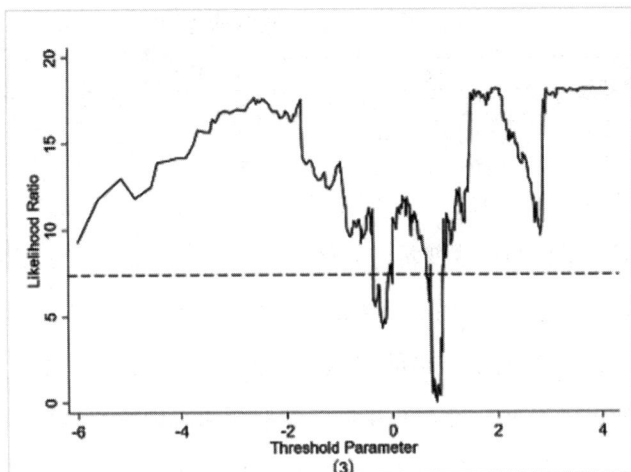

图 2-5-2　融资约束门槛参数图

　　表 2-5-6 结果表明，融资约束对创新投入的门槛估计值分别为 -3.566 和 -0.7，对创新产出的门槛估计为 0.825。关于政府补贴对创新投入的影响，可以根据 fc 门槛值将融资约束水平分为低约束（ tax ≤ -3.566）、中等约束（ -3.566<tax ≤ -0.7）和高融资约束（ tax>-0.7）。当企业的融资压力较低时，政府创新补贴与企业创新正相关，相关系数为 0.131；随着融资约束水平的提高，政府补贴对创新投入的创新产出的正向促进作用显著递增；当融资约束强度高于门槛值时，在 1% 的显著水平下，政府补贴与企业创新投入正相关，相关系数为 0.183。对于创新产出也是同样的趋势，当融资约束超过 0.285 时，政府补贴对创新产出的促进作用变得更加显著，相关系数由 2.858 增加为 3.653。这表明融资约束强度越大时，政府补贴越能起到缓解企业创新资金压力作用，从而促进企业创新。这与姜启波等[①] 所得出的研究结论是一致的。

①　姜启波，谭清美. 政府创新补贴影响企业创新的非动态门槛效应研究——基于创业板上市公司融资约束视角［J］. 经济经纬，2020，37（06）:97-105.

四、异质性分析

（一）企业所有制层面分析

将生物医药企业分为国有与非国有生物医药企业，检验企业所有权性质对政府补贴与企业创新的异质性影响（见表2-5-8）。需要说明的是，由于企业在发展过程中难以避免出现所有权变动的情况，15家所有权性质模糊的样本在门槛模型检验时被忽略。表2-5-8中，政府补贴与非国有生物医药企业创新投入和创新产出均在1%的水平上显著正相关，相关系数分别为0.179、0.416；政府补贴与国有生物医药企业创新投入呈负相关，与创新产出在1%的水平上显著正相关，相关系数为0.167。

表2-5-8　企业所有制分样本回归结果

变量名称	非国有企业		国有企业	
	RDI	Patent	RDI	Patent
Sub_amount	0.179***	0.416***	−0.015	0.167***
	（0.042）	（0.028）	（0.023）	（0.032）
常数项	12.611***	−4.922***	8.016**	0.035
	（2.913）	（0.703）	（3.729）	（1.365）
是否控制变量	是	是	是	是
样本量	1578	1578	483	483

注：*** $p<0.01$，** $p<0.05$，* $p<0.1$，括号里为稳健标准误。

本篇的研究结论与尚洪涛等[1]、Xu等[2]分析结论有相似之处，但做出了更进一步的分析。对比发现，政府补贴对国有和非国有生物医药企业创新的影响存在显著差异。根据企业所有制理论，国有企业作为政府实

---

[1] 尚洪涛，黄晓硕．中国医药制造业企业政府创新补贴绩效研究［J］．科研管理，2019，40（08）:32-42.

[2] Xu J, Wang X, Liu F. Government subsidies, R&D investment and innovation performance: analysis from pharmaceutical sector in China［J］. Technology Analysis & Strategic Management, 2021, 33（5）:535-553.

现经济目标或政策目标的重要部分，其资金约束较小，政府补贴对其创新投入可能会产生挤出效应，但其创新产出方面受到显著激励。非国有企业通常具备较强的活跃性和创新力，在市场竞争压力下能更好地配置政府创新补贴以提高企业创新；获得政府补贴有利于帮助企业降低研发成本，从而会极大地促进企业的创新投入和产出。

表 2-5-9　非国有企业门槛回归结果

变量名称	静态门槛		动态门槛	
	RDI	Patent	RDI	Patent
L.RDI			0.426***	
			（0.031）	
L.Patent				0.762***
				（0.014）
Sub_amount 低于门槛	−0.268**	−0.430	−0.008	−3.655***
	（0.107）	（0.877）	（0.042）	（1.113）
Sub_amount 高于门槛	0.353	11.624	0.554***	16.824***
	（0.230）	（9.056）	（0.207）	（3.304）
是否控制变量	是	是	是	是
门槛值 γ	15.641***	17.623***	17.282***	17.623***
	（0.290）	（0.563）	（0.264）	（0.191）
样本量	1503	1503	1503	1503

注：*** $p<0.01$，** $p<0.05$，* $p<0.1$，括号里为稳健标准误。

表 2-5-9 和表 2-5-10 结果表明，政府补贴对国有与非国有生物医药企业创新投入和产出均存在显著的门槛效应。政府补贴对非国有生物医药企业创新投入和创新产出均表现出先抑制后促进的激励效应；同时，L.RDI 和 L.Patent 均对当期存在显著的正向作用，说明非国有生物医药企业的创新投入与创新产出具有显著的连续性影响；进一步分析发现，政府补贴对创新投入的门槛值由 15.641 增加到 17.282，说明生物医药企业的创新投入受到一定程度的创新惯性影响，这同时使政

府补贴发挥激励作用的阈值变得更高了；对创新产出的门槛值未见显著变化，说明创新产出受到政府补贴的影响更加稳定。

表 2-5-10　国有企业门槛回归结果

变量名称	静态门槛		动态门槛	
	RDI	Patent	RDI	Patent
L.RDI			−0.013	
			（0.028）	
L.Patent				0.372***
				（0.004）
Sub_amount 低于门槛	−0.111***	10.206***	−0.197***	5.933***
	（0.013）	（0.954）	（0.042）	（0.631）
Sub_amount 高于门槛	0. 450***	−19.207***	0.309***	−20.168***
	（0.101）	（5.268）	（0.096）	（1.707）
是否控制变量	是	是	是	是
门槛值 γ	17.146***	16.607***	15.786***	16.677***
	（0.190）	（0.152）	（0.251）	（0.115）
样本量	423	423	423	423

注：*** $p<0.01$，** $p<0.05$，* $p<0.1$，括号里为稳健标准误。

对于国有生物医药企业，动态和静态估计中，政府补贴对企业创新投入均表现为先抑制后促进的门槛效应；L.RDI 与创新投入负相关，相关系数为 −0.013，说明政府补贴对企业的创新投入影响占主要，而创新投入的连续性对其影响较弱。政府补贴对国有生物医药企业创新产出表现为先促进后抑制的显著激励效应，L.Patent 在 1% 的显著性水平上显著促进创新产出。可能是因为国有企业易受到政策导向，尽管政府补贴巨大，需要完成的政策目标和项目众多而容易引发挤出效应。

（二）区域差异层面分析

将全部样本分为经济较发达的东部地区和经济欠发达的中西部地

区。依据我国高新技术产业统计年鉴对地区的划分形式，分为东部、中部、西部，其中，经济较发达的东部地区包括北京、天津、河北、辽宁、上海、江苏、浙江、福建、山东、广东、海南，其他地区分类到经济较不发达的中西部地区。表 2-5-11 为东部地区与中西部地区企业样本情况。

表 2-5-11　东部地区与中西部地区企业的变量描述性统计

	RDI	Patent	Sub_a~t	Size	Lev	Roe	Market	Holder	Fix	State
经济较发达的东部地区企业（1386）										
Mean	2.77	45.00	16.64	22.20	0.35	0.08	1.98	31.23	18.86	0.27
S.D.	2.14	66.19	1.34	0.97	0.17	0.10	1.01	12.87	11.63	0.44
经济欠发达的中西部地区企业（675）										
Mean	2.12	44.76	16.81	22.30	0.38	0.09	2.35	29.76	19.78	0.17
S.D.	1.80	120.29	1.34	1.07	0.19	0.11	1.28	13.44	11.51	0.37

表 2-5-12 的结果可以看出，对于经济较发达的东部地区生物医药企业，政府补贴与企业的创新投入和产出正相关，在 1% 的水平上显著，相关系数分别为 0.119 和 0.19；政府补贴每增加 1%，创新投资增加 0.119%，创新产出增长 0.19%。在经济较不发达的中西部地区，政府补贴分别以 5% 和 1% 的显著性水平促进了生物医药企业的创新投入和产出，相关系数分别为 0.117 和 0.441；政府补贴每增加 1%，创新投资增加 0.117%，创新产出增加 0.441%。可以发现，政府补贴在不同程度上促进了不同地区生物医药企业的创新投入和产出。根据区域经济理论来看，东部地区属经济发达地区，所处地区资源雄厚，广泛汇聚人力和物力等资本而形成企业集群，其内外部创新资源优势明显，政府补贴对其创新投入具有直接的促进作用。相比经济较发达的东部地区企业，中西部地区的企业可能缺乏创新资源，技术水平较落后，缺乏重大的产

业集聚和优势带动效应，企业创新面临较多障碍。故政府补贴更能从资源配置等方面，激发中西部地区企业创新投入和产出。

表2-5-12　分地区基准回归结果

变量名称	东部地区企业		中西部地区企业	
	RDI	Patent	RDI	Patent
Sub_amount	0.119***	0.190***	0.117**	0.441***
	（0.038）	（0.024）	（0.050）	（0.036）
常数项	12.547***	−4.13***	10.632***	−2.695***
	（3.526）	（0.786）	（3.100）	（1.014）
是否控制变量	是	是	是	是
样本量	1386	1386	675	675

注：*** $p<0.01$，** $p<0.05$，* $p<0.1$，括号里为稳健标准误。

表2-5-13　东部地区企业门槛回归结果

变量名称	静态门槛		动态门槛	
	RD	Patent	RDI	Patent
L.RDI			0.493***	
			（0.030）	
L.Patent				0.567***
				（0.006）
Sub_amount 低于门槛	−0.016	−1.677*	0.031	2.101*
	（0.035）	（0.899）	（0.025）	（1.096）
Sub_amount 高于门槛	0.433***	25.849***	0.230	4.321
	（0.162）	（6.551）	（0.143）	（3.014）
是否控制变量	是	是	是	是
门槛值 γ	16.681***	17.668***	17.225***	16.197***
	（0.343）	（0.228）	（0.605）	（1.466）
样本量	1386	1386	1386	1386

注：*** $p<0.01$，** $p<0.05$，* $p<0.1$，括号里为稳健标准误。

表2-5-13和表2-5-14展示了地区差异性回归结果。从东部地区企业来看，静态门槛效应显著，政府补贴对企业创新投入和产出均表

现出先抑制后促进的关系；动态门槛效应依旧显著，当 Sub_amount 高于门槛值 17.225 时，政府补贴每增加 1%，其对创新投入的促进作用由 0.031% 增加为 0.23%；当 Sub_amount 高于 16.197 时，政府补贴每增加 1%，其对创新产出的促进作用由 2.101% 增加为 4.321%。但 L. RDI 和 L.Patent 分别在 1% 的水平上与生物医药企业的创新投入和创新产出正相关，这表明企业创新行为惯性的影响不容忽视，且更加明显。

表 2-5-14　中西部地区企业门槛回归结果

变量名称	静态门槛		动态门槛	
	RDI	Patent	RDI	Patent
L.RDI			0.440***	
			（0.009）	
L.Patent				0.731***
				（0.003）
Sub_amount 低于门槛	0.146***	−3.744***	−0.636***	−13.184***
	（0.027）	（0.661）	（0.050）	（0.960）
Sub_amount 高于门槛	−0.084	45.934***	0.323***	2.774
	（0.068）	（7.595）	（0.110）	（2.185）
是否控制变量	是	是	是	是
门槛值 γ	16.164***	18.042***	15.774***	15.774***
	（0.303）	（0.055）	（0.077）	（0.124）
样本量	675	675	675	675

注：*** $p<0.01$，** $p<0.05$，* $p<0.1$，括号里为稳健标准误。

从中西部地区企业来看，L. RDI 和 L.Patent 分别在 1% 水平上与生物医药企业的创新投入和创新产出显著正相关，表明企业创新行为惯性发挥了较明显的促进作用。此时，政府补贴对创新投入和创新产出的门槛值均为 15.774，随着 Sub_amount 增加至超过门槛，政府补贴对创新投入的促进作用由 −0.636% 增加为 0.323%，其对创新产出的促进作用由 −13.184% 增加为 2.774%。可以发现，政府补贴增加，对经济欠发达的中西部地区企业的激励效果更显著；而且，当政府补贴低于门槛值时，对中西部地区企业创新的抑制性显著，这一发现将为我们制定资源配置方案提供有力的参考。从区域经济的理论分析来看，东部地区是经济发达的地区，资源雄厚，可以广泛地聚集人力和物质资源等资本，形成企业集群。企业可以依靠区域优势来提高竞争力，而不仅仅依靠政府补贴来刺激创新投入和产出。经济落后的中西部地区受到区域资源和创新人才的缺乏，以及企业自身的规模和盈利能力的影响，导致创新条件薄弱，创新投资风险较高。因此，当政府补贴足以弥补区域内企业资源的不足时，企业才更有动力增加创新投资和产出。

五、稳健性检验

（一）内生性检验

实证研究结果的准确性可能会受到反向因果、遗漏变量偏差等所引起的内生性问题的干扰[①]。

1. 工具变量法。实际中，政府分配稀缺资源的标准与企业的创新水平之间是相互影响的。我们希望发现的是政府补贴对企业创新影响的净效应，但企业的创新水平往往也是政府补贴的重要依据，例如创新能力强的企业可能更容易获得政府补贴的支持。因此，政府补贴与企业创新投入和产出之间可能存在着互为因果问题。对此，采用构造异方差的工具变量法进行了检验。在实证研究中，除了使用动态门槛模型来降低内生性造成的估计偏差外，我们还参考了 Lewbel[②] 提出的基于异

---

① 孙薇，叶初升. 政府采购何以牵动企业创新——兼论需求侧政策"拉力"与供给侧政策"推力"的协同［J］. 中国工业经济，2023（01）:1-19.

② Lewbel A. Using Heteroscedasticity to Identify and Estimate Mismeasured and Endogenous Regressor Models［J］. Journal of Business & Economic Statistics，2012，30（1）:67-80

方差的工具变量检验。Nie 等[1]应用了该方法,并通过探索没有外部工具变量的数据中的异方差来进行 IV 检验。考虑$Y = \beta_0 + \beta_1 X + \beta_2 D + \mu$和$X = \gamma_0 + \gamma_1 D + \varepsilon$,其中 Y 为结果变量,X 为核心解释变量,D 为控制变量。只要 X 和 Z 满足$E(X\mu) = 0, E(X\varepsilon) = 0, cov(Z, \mu, \varepsilon) = 0$,我们就可以用一组外生变量 Z 来构造一个工具变量$[Z - E(Z)]\varepsilon$。其中,如 Lewbel(2012)提到的,Z 可以是 D 的子集或全集。参考 Nie(2021)等人的做法,选取所有的控制变量来构造出工具变量。由表 2-5-15 结果可知,工具变量的估计结果与上文的研究结果一致,表明上文的实证结果是稳健可靠的。

2. 控制省级层面变量并引入交叉固定效应。内生性问题的另一个重要来源是变量遗漏导致的偏差。虽然本研究在基准回归中纳入了有关企业异质性的控制变量,并对企业和年份固定效应进行了控制,但可能仍有其他遗漏(未观察到的)变量同时影响政府补贴与企业创新的关系。故本篇参考孙薇等[2]等人的做法,控制省级层面变量(lnpgdp,以各省人均 GDP 衡量),并进一步控制省份 - 年份交叉固定效应,结果参见表 2-5-15 第 3、4 列。在控制省级层面变量并引入交叉固定效应后,政府补贴的系数依旧显著为正,表明政府补贴对促进企业创新具有显著效应,前文所得结论进一步得到支持。

表 2-5-15　稳健性检验结果(一)

变量名称	工具变量		控制省级层面	
	RDI	Patent	RDI	Patent
Sub_amount	0.709***	1.067***	0.123***	0.229***
	(0.116)	(0.096)	(0.033)	(0.022)

① Nie P, Li Q, Cohen A A, et al. In search of China's income-health gradient: a biomarker-based analysis [J]. Applied Economics, 2021, 53(48):5599-5618.

② 孙薇,叶初升. 政府采购何以牵动企业创新——兼论需求侧政策"拉力"与供给侧政策"推力"的协同 [J]. 中国工业经济, 2023(01):1-19.

续表

变量名称	工具变量		控制省级层面	
	RDI	Patent	RDI	Patent
lnpgdp			3.689***	0.161
			（0.949）	（0.445）
常数项	7.532***	−3.425***	−29.218**	−6.951
	（1.073）	（0.704）	（11.471）	（5.111）
是否控制变量	是	是	是	是
年份固定效应	控制	控制	控制	控制
年份省份固定效应			控制	控制
样本量	2,061	2,061	2,061	2,061

注：*** p<0.01，** p<0.05，* p<0.1，括号里为稳健标准误。

（二）被解释变量的其他度量方法

为了保证实证结果的可靠性调整了创新投入和创新产出的指标度量。采用创新投入的绝对指标，其对数形式（lnrd）取代 RDI；参考 Li 等[①]、税小琴[②] 等人的做法，采用更具有创新价值的发明专利申请数量（P1）取代 Patent。表 2-5-16 中的结果表明，基本结果没有显著变化，再次表明估计结果是稳健的。

表 2-5-16 稳健性检验结果（二）

变量名称	替换 RDI		替换 Patent	
	lnrd	lnrd	P1	P1
Sub_amount	0.102***	0.043***	0.333***	0.311***
	（0.019）	（0.014）	（0.015）	（0.021）
常数项	0.084	−9.877***	−2.745***	−6.212***

---

① Li Q, Wang M, Xiangli L. Do government subsidies promote new-energy firms' innovation? Evidence from dynamic and threshold models [J]. Journal of Cleaner Production, 2021, 286（2）: 124992.

② 税小琴. 政府引导基金与企业创新：影响与潜在机制 [D]. 浙江大学, 2022.

续表

变量名称	替换 RDI		替换 Patent	
	lnrd	lnrd	P1	P1
	（0.315）	（1.404）	（0.248）	（0.644）
是否控制变量	否	是	否	是
样本量	2061	2061	2061	2061

注：*** p<0.01，** p<0.05，* p<0.1，括号里为稳健标准误。

（三）随机抽取子样本

虽然本研究尽可能地控制了异质性特征，仍可能存在不可观察的因素影响实证结果。对此，本篇构造了以下随机子样本检验。随机共抽取 500 次子样本，每次取全部样本的 80% 作为子样本；分别进行固定效应回归和负二项模型回归，将回归得到的关键变量的系数以核密度表示。从图 2-5-3 中可以看出，我们估计得到的政府补贴系数均符合正态分布，总体样本的相关系数 0.117（RDI）和 0.252（Patent）处于峰值位置，证明了基本结论的通用性和稳健性。

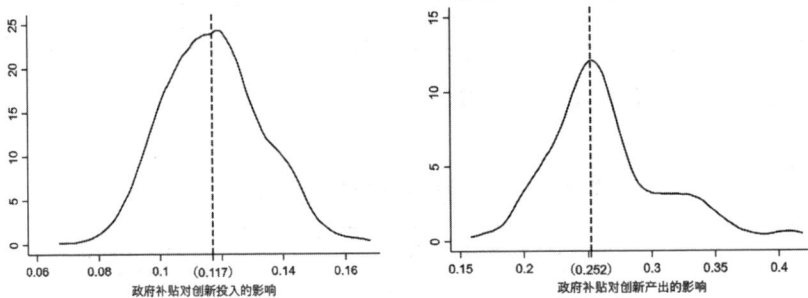

图 2-5-3　随机抽取子样本的核密度图

第六章　研究结论与政策建议

一、研究结论

本研究基于 2013—2021 年生物医药企业面板数据，建立动态与静态 kink 门槛模型，探讨了政府补贴对生物医药企业创新发展的影响；进一步探究了税收优惠、融资约束在政府补贴与企业创新关系中起到的多重门槛效应，并分析了企业所有权差异和地区差异对政府补贴效率的异质性影响。得出的主要结论有：

第一，政府补贴显著促进了生物医药企业创新投入和创新产出。政府补贴作为生物医药企业重要的外部资金来源，不仅有效增加了企业创新资源，也发挥了补偿外部性、弥补信息不对称、缓解融资约束的作用，实现了协调企业创新发展和宏观调控的目标。

第二，政府补贴的规模对生物医药企业创新存在显著的门槛效应。政府补贴与生物医药企业创新的关系不是简单的线性关系，而是随着政府补贴规模的增加，呈现"先降后升"的 U 型关系。当政府补贴规模较高时，补贴带来的资金与内部优势互补，更有利于激励生物医药企业的创新投入和产出。

第三，政府补贴对生物医药企业创新的促进作用不仅受到补贴规模的影响，也受到企业创新的动态环境的显著影响。生物医药企业的成长环境要求企业必须不断进行技术创新，故企业创新惯性也是企业创新水平提升的重要因素，动态效应下更有利于分析政府补贴对企业创新影响的净效应。

第四，税收优惠对政府补贴与生物医药企业创新的影响存在多重门槛效应。税收优惠增加了企业可自由支配的资金，税收优惠处于较高水平时，有利于促进政府补贴对创新投入的激励作用；税收优惠处于较低或者较高水平时，政府补贴对创新产出的激励作用更显著。

第五，融资约束对政府补贴与生物医药企业创新的影响存在多重门槛效应。融资约束强度越大时，政府补贴越能起到缓解投入风险、降低资金压力的作用，同时也有利于起到信号传递的作用，从而增强对企业创新的激励效应。

第六，政府补贴对生物医药企业创新的激励效应因企业所有制特征而异。对于国有生物医药企业来说，当政府补贴规模较大时，政府补贴能显著增加企业的研发投入，但对创新产出存在挤出效应。对于非国有企业，当政府补贴规模超过门槛值时，能充分结合内外部优势而对创新投入和创新产出均发挥积极的促进作用。

第七，政府补贴对生物医药企业创新的激励效应存在地区异质性。尽管中西部地区的企业创新不占区域资源优势，但似乎更能受到政府补贴的激励动力；且当政府补贴超过阈值时，更能发挥对中西部地区企业创新的激励效应。而东部地区生物医药企业创新不仅受到多方面区域资源优势支持，更受到企业创新行为的持续性影响，使政府补贴对其促进作用不占明显优势。

二、政策建议

基于研究结论，将从政府部门角度和生物医药企业自身发展角度提出可供参考的建议。

从政府的角度来看：第一，政府部门应为生物医药企业创新提供良好的政策和财政补贴支持。当前，生物医药企业正发展为最具活力的新兴产业，国际国内竞争激烈，新形势下，中国生物医药企业的发展离不开政府部门的资源和政策支持。第二，政府应当考虑政府补贴规模对企业创新的差异性影响。找出政府补贴过低不易于激发企业创新的根本原因，制定生物医药行业的专项特征补贴；同时考虑针对不同特征的企业设置合理的补贴强度；通过减少过度补贴降低企业对政府补贴的依赖，以使有限的政府补贴发挥最大限度的影响力。第三，基于税收优惠的影响作用，政府在运用政策工具时，要注意发挥多种政策的协同功能；针对生物医药企业常面临的信息不对称、融资约束等市场失灵的困境，政府部门也应该积极发挥政策导向，带动银行、机构投资等对生物医药企业的关注投资，从而为企业创新积累充足的资金，激发企业的创新积极性。第四，政府应当考虑企业所有权差异，优化创新资源分配结构，设置非国有医药企业专项补贴资金；加强政府对国有生物医药企业创新投资的指导，针对国有生物医药企业设置清晰的创新方略。第五，政府还应考虑生物医药企业区域创新的差异，使政府补贴尽可能与区域资源相结合，使其效果最大化；关注中西部地区企业的创新发展，积极发挥资源配置作用，适当对中西部地区企业设置政策倾斜，建设中西部地区企业的基础创新设施，发展形成良好的产业集聚效应。

从企业的角度看：第一，根据生物医药企业对创新的独特性要求，企业应积极增加新产品和研发技术投入，减弱仿制药生产份额、注重原创性研发，增加产业链市场份额，形成新兴产业优势；同时，生物医药企业应充分利用政府补贴，减少挤出和替代效应的发生；积极将政府补贴资源转化为自身的能力，形成企业差异性和持续性市场优势。第二，生物医药企业应当主动冲破信息不对称和融资约束的阻碍，为企业赢得更多的创新资金；加强自身宣传，通过多种方式向外界传达更多企业盈利水平、创新产出水平等内部发展的真实状况，从而有助于增加外界对企业的了解，拓宽企业获得政府补贴或者外部融资的渠道。第三，生物医药企业要积极利用内外部资源优势来提升自身创新条件，国有企业应当更高效地利用政府补贴及各项优惠政策，非国有企业应当积极寻求政府补贴和外部融资，增加企业的创新资源；东部地区企业应当充分利用良好的区位资源优势，加大企业创新力度；中西部地区应当把握发展机遇，积极利用政府补贴政策增加创新投入、扩大产出，通过创新赢得市场地位和发展未来。

三、不足与展望

一方面，在数据收集过程中，采用企业收到的所有补贴来衡量政府补贴，但由于可获得的公开数据有限，导致企业可能存在的政府隐性补贴信息无法获取。在未来的研究中可以针对某一具体的财税政策，探究对生物医药企业创新的影响。另一方面，由于生物医药企业所属行业的特点，一般情况下企业研发成果从投入生产到被检索需要较长时间，因此可能有一部分政府补贴投入了但还未见成果收益；且企业对于内部的研发成果信息往往具有很强的保密性，这影响了有些企业信息的可获得性。对此，本篇通过采用不同的估计模型、考虑变量的更多度量方法、使用工具变量法及样本抽样的办法来加强结论的稳健性。未来，还将进一步探究降低偏差的方法，增强研究结论的可靠性。

第三篇
研发补贴和非研发补贴

　　生物医药行业作为我国战略性新兴产业之一,既是生物技术最重要的应用方向,又是现代医药行业转型升级的关键所在。同时随着人口老龄化加剧,我国生物医药企业创新发展变得更加迫切。生物医药企业创新发展的关键在于自主研发和掌握核心技术,在此过程中仅仅依靠企业自身资金的投入是远远不够的,需要政府给予补贴缓解创新过程中的资金困难。而政府补贴根据补贴目的的不同,可以划分为研发补贴和非研发补贴,两种补贴是否能够有效促进企业创新产出,以及通过何种机制影响企业创新,是本篇探究生物医药企业创新的关键。

　　本篇选取了2013—2021年生物医药企业上市公司作为研究样本。首先,将政府补贴划分为研发补贴和非研发补贴,探讨两种类型的补贴对企业创新产出的影响。其次,将研发投入作为中介变量,探讨研发投入所起到的作用,考虑到创新具有可持续影响,因此运用静态面板中介效应模型和动态面板中介效应模型进行对比分析,同时研究了外部资源的机构投资者和银行信贷在企业自身研发投入和创新产出之间所起到的作用。最后,按照企业规模与企业所处周期不同探讨分样本中研发补贴和非研发补贴对企业创新产出的影响,研究发现:第一,研发补贴对生物医药企业创新产出具有显著的促进作用,非研发补贴未能有效促进生物医药企业创新。第二，中介效应表明，研发补贴在静态中介模型中可以通过生物医药企业研发投入显著促进企业创新产出，而在动态模型中由于创新的可持续影响研发投入的中介效应未通过检验。第三，机构投资者和银行信贷均能负向调节生物医药企业自身研发投入与创新产出。第四，对于大规模和成熟型企业政府研发补贴能够显著促进企业创新产出，对于小规模和成长型企业不能有效促进生物医药企业创新产出，同时非研发补贴在规模不同和生命周期不同的企业中均不能促进企业创新。

本篇提出了生物医药企业创新可持续影响的重要性，为政府补贴政策制定和生物医药企业创新水平提出了如下建议：对政府相关部门而言，第一，政府要合理分配研发补贴和非研发补贴。第二，建议政府建立生物医药企业监督管理机制。对生物医药企业而言，第一，建议生物医药企业获得政府研发补贴时，合理加大研发投入力度。第二，针对企业创新存在的惯性，建议生物医药企业不能忽视创新的可持续影响。第三，建议生物医药企业在获得机构投资者和银行信贷之后，要合理分配企业自身研发投入。

第一章　研发补贴、非研发补贴与生物医药

一、研究背景与意义

（一）研究背景

党的二十大报告提到，推进健康中国建设，把保障人民生命健康放在优先发展的战略位置。生物医药行业的发展与人们的健康密切相关，面临全球疫情的影响、人口老龄化的加深，使得各界愈加重视生物医药行业创新发展，生物医药业逐渐成为全球医药产业发展的重点方向[①]。数据显示，全球研制中的生物技术药物超过 2000 种，其中 1700 多种药物进入临床试验。此外全球新冠肺炎疫情的爆发和蔓延，以及各种新型病毒的涌现，又进一步刺激了企业对疫苗、血制品以及相关试剂等药物的开发与研制投入[②]，疫情影响下生物医药行业逐渐成为各国竞争的焦点。在国务院发布的《关于加快培育和发展战略性新兴产业的决定中》，生物医药行业被列为重点发展行业。2021 年国家发改委发布的《"十四五"

---

① Majidpour M，Saber A，Elahi S，et al. Technological catch-up in the biopharmaceutical sector: evidence from Iran［J］. Technology in Society，2021，67:101695.

② Chakravarty S. Resource constrained innovation in a technology intensive sector: Frugal medical devices from manufacturing firms in South Africa -ScienceDirect［J］. Technovation，2021，112:102397.

规划和 2035 年远景目标纲要》中更是明确提出"生物医药、生物材料等产业"的要求，人们生活环境的不断发展以及健康意识的转变，进一步加大了生物医药产业发展的步伐①。

我国近几年逐渐开始积极促进生物医药产业升级，企业发展水平得到了进一步提升。首先，从国家政策发展历程来讲。2015 年由国务院发布的《国务院关于改革药品医疗器械审评审批制度的意见》，明确提出了要加快药物创新审批，标志我国生物医药行业创新发展进入快车道。在 2018 年中美贸易战之后，我国医药技术受到了欧美国家的封锁，为了突破技术垄断，国务院发布了《国家组织药品集中采购试点方案》，通过集中采购、以量换量的方式扩大创新药，压缩仿制药，进一步推动了生物医药创新的发展。2020 年疫情的突发给生物医药企业带来了新的发展机遇。国家扩大了疫苗生产企业的市场规模，提出了要"聚焦生物医药创新领域组建一批国家实验室"，增加了科技研发投入，推进医药企业的创新发展。其次，从行业发展趋势来看，第一，生物医药行业市场规模逐渐扩大。2021 年我国医药市场规模与 2017 年相比增长了约 11.24%，2021 年的投融资资金额约是 2016 年的 9.61 倍。在国家政策的支持下，生物医药行业市场规模可能将持续扩大。第二，仿制药逐渐走向创新药。中国是仿制药大国，长期以来专注于仿制药的发展②，但仿制药药效与原研药差距较大，因此提高药物技术创新水平，是中国生物医药产业升级的必要发展方向③。近几年，中国开始积极促进生物医药产业转型升级，并且在全球疫情背景下，中国生物医药行业开始进入由仿制药生产为主转向"仿制药 + 创新药物"结合的新时期，并且初步建立起生

---

① 李钰婷，高山行.生物医药企业非市场战略对突破性创新的影响路径研究［J］.中国科技论坛，2021，307（11）:88-95.

② He J H, Shang D W, Wang Z Z, et al. Physicians' Perceptions of Generic Drugs in China［J］. Health Policy Open, 2022, 3:100067.

③ Ye X, Wang Q, Wang H. New era of drug innovation in China［J］. Acta Pharmaceutica Sinica B, 2022, 9（5）:1084-1085.

物医药产业创新研发体系①。第三，国内替代进口进程加快。自主创新和研发是生物医药企业发展的灵魂②。企业在发展过程中，需要不断提高创新能力，掌握核心技术。近几年我国生物医药行业创新力度持续加大，但目前我国关键核心技术占比较低，关键技术核心权利掌握在国外供应链手上。2020年我国医疗器械出口额较上年增长约40.52%，而进口额仅增长了1.66%，我国致力于加快国产生物医药企业的发展和国产替代进口的进程。现阶段，各项政策的落实和资金的流入大力支持生物医药业创新，但我国创新发展与欧美国家还存在一定差距，因此对中国生物医药业创新研究具有重要意义。

与传统行业不同，生物医药企业需要临床研究与基础实验，具有创新成本高、投资风险大、研发周期长等特点，这些特点导致生物医药企业在研发过程中存在创新投资不足的问题。在中国，生物医药产业作为高新技术产业，国家重视其发展并出台相应的发展规划，把生物医药作为医药行业中的重要发展内容③。但是与海外相比，中国生物医药的创新性研究是远远落后的，药物市场份额与医药企业数量远低于其他国家，数据表明，在世界药品市场中，美国、欧洲、日本三大药品市场的份额超过了80%，并且欧美国家的生物技术占据了全球总数的76%。而自主创新是生物医药企业发展的灵魂，企业在发展过程中，为了占据市场份额，增强自身核心竞争力，需要增加研发人员等多方面的投入，以便企业掌握核心技术与能力。然而，企业自身研发资金的缺乏以及市场具有严重的外部性，使企业缺乏自主创新的动力。如果通过市场自发行为

---

① 王璐玮，汪涛，张晗.全球生产网络与本土创新网络的战略耦合动态——以中国生物医药产业为例［J］.地理研究，2021，40（12）:3314-3332.

② Kim E, Lee I, Kim H, et al. Factors affecting outbound open innovation performance in bio-pharmaceutical industry-focus on out-licensing deals［J］. Sustainability, 2021, 13（8）:4122.

③ 李洁，葛燕飞，高丽娜.我国生物医药产业创新集群演化动力机制研究——基于复杂适应系统理论［J］.科技管理研究，2022，42（03）:176-183.

来调节企业的研发活动，往往很难达到预期。因此，政府需要给予企业补贴支持来降低企业的研发成本和风险，缓解企业的融资约束，加大企业的研发投入，增强自主创新的动力，提高企业的创新能力。

政府补贴对企业创新行为的影响，受到学者广泛关注。政府补贴涵盖研发补贴和非研发补贴。研发补贴是政府对企业的研发活动提供的资金支持[1]；非研发补贴对企业的研发活动以及引进外部相关技术没有直接影响。政府通过给予补贴缓解企业融资困难情况，但企业对政府补贴的具体使用情况，无法进行时刻的监督[2]，因此部分企业并没有把政府补贴资金全部投放到相关研发活动，补贴政策的实施会使部分企业存在着研发操纵、寻租等行为。从政府角度看，政府掌握补贴发放的支配权，拥有大量战略性新兴产业的专项资金。通过相关补贴准则，为企业发放相应的补贴金额，促进激励企业创新生产。但政府与企业之间存在着一定程度的信息不对称[3]，政府在分配补贴的过程中，难以区分是否真正符合政府补贴的相关标准以及急需政府补贴的企业[4]。因此部分企业会选择寻租行为来获取政府转移支付补贴，获取更多补贴资金。从企业角度看，通过寻租与政府部分建立关联的企业，向政府部分传达了自身符合补贴的相关条件，并且能够有效地利用补贴[5]。因此一些企业一方面会通过寻租活动贿赂那些拥有发放政府补贴权利的官员，另一方面会通过研发操

① 胡善成，靳来群.政府研发补贴促进了策略创新还是实质创新？——理论模型与实证检验［J］.研究与发展管理，2021，33（03）:109-120.

② 龚红，朱翎希.政府研究与非研究补贴"光环效应"对企业外部融资的影响——来自新能源企业的实证［J］.科技进步与对策，2021，38（04）:70-77.

③ Aney M S, Banerji S. Political connections, informational asymmetry, and the efficient resolution of financial distress［J］. Economic Modelling, 2022, 114:105901.

④ Zhao J, Zeng D, Che L, et al. Research on the profit change of new energy vehicle closed-loop supply chain members based on government subsidies［J］. Environmental Technology & Innovation, 2020, 19:100937.

⑤ Du J, Mickiewicz T. Subsidies, rent seeking and performance: Being young, small or private in China［J］. Journal of Business Venturing, 2016, 31（1）:22-38.

纵行为，向外界传达自身达到相关补贴的标准，从而获得相关补贴①。从理论上来说，政府研发补贴会给企业注入更多研发新动力，进而带动企业的创新。但由于不同类型的补贴初始目的与企业存在信息不对称，补贴是否能够给企业注入更多研发动力，进而为企业带来创新还有待进一步验证。

鉴于此，本研究通过梳理国内外生物医药领域相关研究，将视角聚焦于中国生物医药业，将补贴划分为研发补贴和非研发补贴，进一步探讨对企业创新产出的影响，同时将企业自身资源研发投入纳入其中，探讨所起到的中介效应。并通过资源与信号传递机制探讨内外部的影响，从而为生物医药企业创新水平的提高提供理论性建议和参考。

（二）研究意义

1. 理论意义

第一，有助于厘清政府补贴与企业创新之间的关系。纵观国内外文献，发现现有研究主要从政府补贴总额的角度分析对企业创新产出的影响。但在企业生产时，政府补贴包括研究、专利、企业自主创新、技术创新、技术改造补贴等直接作用于企业研发活动的研发补贴和污染治理、招商引资、扶持补贴、贷款贴息补贴等间接对企业研发活动起到支撑作用的非研发补贴。如果仅从政府补贴总额角度分析，难以深入全面地认识政府补贴与企业创新活动之间的关系。本篇按照一定的标准将政府补贴区分为研发补贴和非研发补贴，重新衡量不同类型补贴对创新产出的影响，对正确认识政府补贴的作用机制，厘清政府研发补贴和非研发补贴对企业创新之间不确定关系具有重要的启示意义。

第二，本研究考虑了生物医药企业创新的可持续性影响。生物医药

---

① Yang G，Zhang L. Targeting more effective industrial policies: Evidence from massive media data on R&D manipulation［J］. China Economic Quarterly International，2022，2（2）:138-150.

企业临床研发周期长，创新具有一定的可持续影响。创新的可持续影响可以为企业释放良好的信号，有助于企业进行自主研发进而维持创新活动。本研究主要考察企业自身的资源研发投入是否能够起到中介作用，纵观学者在生物医药企业研究补贴、研发投入、创新产出关系时多采用静态模型，而动态模型则适用于分析企业创新的可持续和动态影响，反映的是创新的一个可持续行为。因此本研究通过静态的中介效应模型和动态的中介效应模型进行对比分析，考察生物医药企业内在的创新能力与政府补贴所带来的研发投入是何种关系。

2. 现实意义

一方面对企业而言，在全球疫情背景之下，生物医药业作为优先发展的战略性新兴产业，各国愈加重视其创新发展。本研究从生物医药上市公司这一微观角度考察不同类型政府补贴的实施效果，有助于企业认识如何充分利用政府补贴资源提高创新水平。同时本研究考察了生物医药企业创新的可持续影响，有助于企业清晰规划自身研发投入的标准。并且通过机构投资者和银行信贷方面调节研发投入在补贴和创新产出之间的关系，有助于企业充分利用内外部资源优势，从而更好地促进企业发展。

另一方面对政府而言，近年来，在运用政府补贴刺激企业创新的过程中出现了大量骗取政府补贴行为，在新能源行业中尤其猖獗。另外，骗补事件在光伏、LED 和家电等行业也时有发生。现行补贴政策能否能够有效提高企业创新产出进而推动社会整体创新能力的发展？在培养企业创新能力的过程中应该采取怎样的补贴组合？本研究探究不同类型补贴对生物医药企业创新的影响，能够给政策制定者提供参考，给出最优的政策补贴组合，对发挥政府补贴引导扶持生物医药企业创新具有重要的实践和政策意义。

二、文献综述

（一）政府补贴与企业创新

在研究政府补贴对企业创新结果的影响时，不同的学者存在争议。Dimos 和 Pugh[1] 通过 meta 回归分析，发现政府补贴对企业创新可能存在以下几种影响：第一，刺激效应。Bronzini 和 Piselli[2] 通过研究发现政府研发补贴政策实施能够有效促进企业创新产出。同样宁宇新和胡志军[3] 通过对新能源企业研究发现，政府补贴能提高企业创新绩效。第二，抑制效应。Shu 等[4] 认为政府补贴对企业创新有显著的抑制作用。陈凤华和汪琦[5] 基于应用随机前沿方法研究中国高新技术企业创新效率，发现政府研发补贴与高新技术企业创新效率之间呈现负向关系。第三，不显著效应。Klette 和 Møen[6] 认为政府补贴与企业创新不存在相关关系。吕晓军[7] 基于战略性新兴产业，发现补贴并不能促进企业创新。第四，非

---

[1]　Dimos C，Pugh G. The effectiveness of R&D subsidies: A meta-regression analysis of the evaluation literature［J］. Research Policy，2016，45（4）:797-815.

[2]　Bronzini R，Piselli P. The impact of R&D subsidies on firm innovation［J］. Research Policy，2016，45（2）:442-457.

[3]　宁宇新，胡志军. 政府补贴、研发策略和创新绩效研究——来自新能源概念类上市公司的经验证据［J］. 会计之友，2017，564（12）:74-80.

[4]　Shu C，Wang Q，Gao S，et al. Firm Patenting，Innovations，and Government Institutional Support as a Double - Edged Sword［J］. Journal of Product Innovation Management，2015，32（2）:290-305.

[5]　陈凤华，汪琦. 研发补贴和税收优惠对高技术产业创新效率的影响研究［J］. 科技与经济，2017，30（03）:40-44.

[6]　吕晓军. 政府补贴与企业技术创新产出——来自 2009—2013 年战略性新兴产业上市公司的证据［J］. 中国科技论坛，2016，248（12）:60-66.

[7]　Dai X，Cheng L. The effect of public subsidies on corporate R&D investment: An application of the generalized propensity score［J］. Technological Forecasting and Social Change，2015，90:410-419.

线性效应。Dai 和 Cheng[①] 发现政府补贴与企业创新之间存在非线性关系。邹甘娜等[②] 基于中国 A 股上市公司，发现财政补贴与企业创新之间存在先促进后抑制的"倒 U 型"关系。Santos[③] 认为政府补贴对企业创新的影响与补贴的具体目的密切相关，补贴目的的不同会对创新产生不同的影响。但实际中，补贴的具体使用情况是由拥有企业控制权的主体决定[④]。因此，不少研究者区分了研发补贴和非研发补贴，来探究其对企业创新的影响。例如，Sung[⑤] 分析韩国政府补贴政策对企业创新的影响，发现研发补贴对企业技术创新具有显著的促进作用，非研发补贴对企业创新没有显著的影响。Shin 等[⑥] 从投入、产出等多角度考察研发补贴对企业创新的影响，发现得到政府研发补贴的韩国生物技术企业，技术创新绩效要明显高于未得到研发补贴的企业。颜晓畅[⑦] 以省级工业数据为样本通过构建固定面板效应模型，通过实证分析发现政府研发补贴有助于提升企业创新绩效。夏清华和何丹[⑧] 从非金融类企业微观视角进行探

---

① 邹甘娜，袁一杰，许启凡．环境成本、财政补贴与企业绿色创新 [J]．中国软科学，2023，386（02）:169-180.

② 范斌．财政补贴是否有利于引导光伏企业扩大研发投入？——基于上市公司数据的动态博弈分析 [J]．南京航空航天大学学报，2017，19（02）:18-22，45.

③ 颜晓畅．政府研发补贴对创新绩效的影响：创新能力视角 [J]．现代财经（天津财经大学学报），2019，39（01）:59-71

④ Santos A M. Do selected firms show higher performance? The case of Portugal's innovation subsidy [J]. Structural Change and Economic Dynamics, 2019, 50:39-50.

⑤ Sung B. Do government subsidies promote firm-level innovation? Evidence from the Korean renewable energy technology industry [J]. Energy Policy, 2019, 132:1333-1344.

⑥ Shin K, Choy M, Lee C, et al. Government R&D Subsidy and Additionality of Biotechnology Firms The Case of the South Korean Biotechnology Industry [J]. Sustainability, 2019, 11（6）:1583.

⑦ Klette T J, Møen J. R&D investment responses to R&D subsidies: a theoretical analysis and a microeconometric study [J]. World Review of Science, Technology and Sustainable Development, 2012, 9（2/3/4）:169-203.

⑧ 夏清华，何丹．政府研发补贴促进企业创新了吗——信号理论视角的解释 [J]．科技进步与对策，2020，37（01）:92-101.

究研发补贴与企业创新活动之间的关系，发现政府研发补贴能够帮助企业获得创新资源，有效促进企业创新水平的提升。政府研发补贴能够直接作用于生物技术企业研发活动，降低研发成本，促进创新产出[1]。非研发补贴无法直接作用于企业的研发活动，对企业创新绩效的提高没有显著影响[2]。Li 等[3]基于时间序列和动态面板数据实证分析，发现政府补贴与研发投入对企业创新产出具有滞后效应。因此，研发补贴可以降低企业的研发成本，促进企业创新生产。

（二）研发投入的中介作用

1. 补贴与研发投入

研发补贴是政府给予企业从事研发活动的一种无偿性补贴，企业无须消耗代价与成本便可获得[4]。研发投入是创新过程的一个衡量指标，对于缺乏资金和核心技术人员的企业来说，也是一种重要的外部资源。

有关政府研发补贴对企业研发投入的影响，学者们尚未达成共识[5]。目前关于政府研发补贴对企业研发投入的影响研究主要有以下 3 种观点。第一，政府研发补贴与企业研发投入呈负相关。Görg 和 Strobl[6]

① 宋鹏. 我国政府研发补贴与企业创新绩效及研发能力关联性研究［J］. 软科学，2019，33（05）:65-70.

② Le T, Jaffe A B. The impact of R&D subsidy on innovation: evidence from New Zealand firms［J］. Economics of Innovation and New Technology, 2016, 26（5）:429-452.

③ Li H, Ru S, Shi V, et al. The Effect of Government Subsidy Policy for Foreign Capital R&D from the Perspective of Global Supply Chains: An Empirical Analysis with Time Lag and Propensity Score Matching［J］. Sustainability, 2021, 13（15）:8188.

④ Chen X, Li Q. Environmental regulation, subsidy, and underperforming firms' R&D expenditure: evidence from Chinese listed companies［J］. International Journal of Technology Management, 2021, 85（2/3/4）:190-211.

⑤ Gao Y, Hu Y, Liu X, et al. Can public R&D subsidy facilitate firms' exploratory innovation? the heterogeneous effects between central and local subsidy programs［J］. Research Policy, 2021, 50（4）:104221.

⑥ Görg H, Strobl E. The Effect of R&D Subsidies on Private R&D［J］. Economica, 2007, 74（294）:215-234.

认为政府研发补贴是对企业研发投入的一个补充，适度的补贴会增加企业私人研发投入，过度补贴会替代私人研发投入，这也被称作挤出效应。Gelabert 等[1]通过研究发现研发补贴的增加会抑制企业的研发投入行为。熊勇清等[2]基于制造商决策领域的视角，探究新能源补贴与研发投入之间的关系，发现补贴能够挤出研发投入。第二，政府研发补贴与研发投入存在"倒 U 型"关系。张向达和齐默达[3]检验财政补贴对研发投入的影响，得出补贴强度与研发投入呈"U"型变化，而补贴增速对研发投入的影响呈倒"U"型分布。Wei 和 Mahnoor[4]通过研究发现政府研发补贴与企业研发投入存在激励作用，并且当政府研发补贴升高到一个临界值时，将对企业研发投入产生抑制作用，即总体呈现倒"U"型。毛佳欣和齐捧虎[5]对化学制造业进行分析，发现随着企业负债的增加政府补贴与研发投入存在非线性关系。第三，政府研发补贴与企业研发投入呈正相关。近几年关于政府研发补贴与企业研发投入的研究结论主要是政府研发补贴会促进企业研发投入，两者之间存在"挤入效应"[6]。政

[1] Gelabert L, Fosfuri A, Tribo J A. Does the Effect of Public Support for R&D Depend on the Degree of Appropriability？[J]. Journal of Industrial Economics，2009，57（4）:736–767.

[2] 熊勇清，范世伟，刘晓燕.新能源汽车财政补贴与制造商研发投入强度差异——制造商战略决策层面异质性视角[J].科学学与科学技术管理，2018，39（06）:72–83.

[3] 张向达，齐默达.财政补贴对企业研发投入是激励还是枷锁？——基于创业板上市公司经验数据分析[J].辽宁大学学报（哲学社会科学版），2018，46（06）:36–45.

[4] Wei H，Mahnoor S. Corporate finance policies，subsidies，and R&D: Evidence from China[J]. International Journal of Finance & Economics 2020，26（3）:3875–3891.

[5] 毛佳欣，齐捧虎.政府补贴和融资结构对化学制药业研发投入的影响研究[J].财政监督，2018，432（18）:103–106.

[6] Becker B. Public R&D policies and private R&D investment: A survey of the empirical evidence[J]. Journal of Economic Surveys，2015，29（5）:917–942.

府补贴能够给企业带来直接的资源，刺激企业的研发投入[①]。Wu等[②]通过研究发现政府拨款为高新技术企业带来了更多的研发投入，并且获得研发补贴的企业会增加企业的研发投入。Carboni[③]对七个欧洲国家的制造业进行分析，分析结果表明政府研发补贴正向促进企业研发投入。韩菁等[④]以新能源企业为例，通过实证分析发现在技术研发与推广初期政府补贴对企业的研发投入存在正向激励效应。毛毅翀和吴福象[⑤]通过对高新技术企业的实证研究发现创新补贴能够增进企业的研发投入突破核心技术上的创新，从而促进企业创新生产。肖秀琴[⑥]实证分析政府补贴对新能源企业研发投入的影响，认为政府补贴能够有效促进新能源企业加大研发投入。路春城等[⑦]研究政府补贴对制造业企业全要素生产率的影响，并探讨创新投入在其中所起到的作用，发现政府补贴能够促进制造业企业的创新投入。Yu等[⑧]通过研究发现政府补贴与企业研发投入之间存在着持续的促进作用，滞后1~2期补贴会正向促进企业间的研发

① Hong J, Feng B, Wu Y, et al. Do government grants promote innovation efficiency in China's high-tech industries? [J]. Technovation, 2016, 57-58:4-13.

② Wu W, Zhao K, Li L. Can government subsidy strategies and strategy combinations effectively stimulate firm innovation? theory and evidence [J]. Economia Politica, 2021, 38（2）:423-446.

③ Carboni O A. The effect of public support on investment and R&D: An empirical evaluation on European manufacturing firms [J]. Technological Forecasting and Social Change, 2017, 117:282-295.

④ 韩菁，蔡寻，鲜路. 政策过渡如何影响研发生产决策——以新能源汽车产业的创新生态为例 [J]. 管理评论，2022, 34（11）:75-87.

⑤ 毛毅翀，吴福象. 创新补贴、研发投入与技术突破：机制与路径 [J]. 经济与管理研究，2022, 43（04）:26-45.

⑥ 肖秀琴. 政府补贴、财务绩效对新能源汽车企业研发投入的影响研究[J]. 中国物价，2022, 404（12）:95-98.

⑦ 路春城，王翠翠，姜常梅. 政府补贴、创新投入与制造业企业全要素生产率 [J]. 经济与管理评论，2023, 39（01）:50-61.

⑧ Yu F, Guo Y, Le-Nguyen K, et al. The impact of government subsidies and firms' R&D investment: A panel data study from renewable energy in China [J]. Energy Policy, 2016, 89:106-113.

投入。

2.补贴、研发投入与企业创新

研究政府研发补贴对企业创新产出产生的效果时，研发投入作为企业自身资源投入，现有文献主要从以下角度进行研究：从资源倾向机制理论出发，生物医药企业面临大量的基础研究与临床实验，因此在进行创新生产需要消耗大量的人力和物力，不少企业将面临融资约束、资金短缺等困难。Meuleman 和 Maeseneire[1]认为补贴缓解了投资机构面临的信息不对称，提高了外部融资能力。柴源[2]基于创新投入的中介效应研究政府补贴与企业绩效之间的关系，得出政府补贴能够加大企业创新投入，促进企业绩效提升。同样庄婉婷等[3]通过研究发现 R&D 投入在补贴与企业绩效之间存在着部分中介效应。林新华[4]通过对高新技术影响创新能力的分析，发现政府补贴可以加大企业研发投入同时能促进专利产出的增加。陈倩和罗守贵[5]探究补贴对科技型企业创新行为的影响，发现政府补贴能够显著促进企业研发人员及资源的投入，并使得企业的创新水平有了一定的提升。巴曙松等[6]得出要发挥政府补贴的最大优势，提高创新投入水平，进而推动企业创新绩效的提升。Yi 等[7]通过研究认

① Meuleman M, Maesenerie W D. Do R&D subsidies affect SMEs' access to external financing?[J]. Research Policy, 2012, 41（3）:580-591.

② 柴源.政府补贴、企业创新投入与企业绩效——基于创新投入的中介效应研究[J].中国市场, 2018, 983（28）:7-11.

③ 庄婉婷, 李芳凤, 李安兰.政府补贴对企业绩效的影响研究——基于企业 R&D 投入的中介效应[J].财会通讯, 2018, 794（30）:53-57.

④ 林新华.政府补贴对高新技术产业研发创新能力影响分析[J].现代商业, 2022, 645（20）:48-50.

⑤ 陈倩, 罗守贵.政府补贴对企业创新行为的影响研究——来自上海市科技型企业的证据[J].上海管理科学, 2022, 44（02）:54-59.

⑥ 巴曙松, 吴丽利, 熊培瀚.政府补贴、研发投入与企业创新绩效[J].统计与决策, 2022, 38（05）:166-169.

⑦ Yi J, Michael M, Meng S, et al. The more the merrier? Chinese government R&D subsidies, dependence, and firm innovation performance[J]. Journal of Product Innovation Management, 2021, 38（2）:289-310.

为政府研发补贴可以降低企业的研发成本、分散企业研发风险、增加企业研发投入进而提高企业创新水平。方雨欣和方思思[①]发现补贴为企业带来了更多的信息与技术，促进了企业研发投入，提高了创新水平。政府研发补贴可以满足企业研发资金需求，影响研发人员及经费的投入，决定企业是否可以更好地开发新产品、研发新技术、开辟新市场，以提高企业创新产出[②]。

（三）机构持股与企业创新

从信号传递机制理论出发，得到政府补贴的企业经过了财务指标、内部经营情况等一系列综合评估，一般被认为是优质企业。优质企业一般是国家重点支持的行业，具有良好的发展前景与资格认证[③]。因此，这些企业向外部投资者释放了积极信号，有利于缓解企业面临的融资约束困难，从而为企业研发筹到更多的资金。纵观国内外学者对机构投资者与企业创新之间的研究，主要分为以下两个观点：一是机构投资者不能有效促进企业创新。Shleifer[④]认为机构投资者资金数量大，部分投资者注重投机行为，喜欢从一些短期行为中获利，在短期内会通过抛售股票获取股价差异。Porter[⑤]认为此类机构投资者主要追求短期效益，对企业的信息掌握不全，使得企业经营者无法有效实施技术创新战略，对创新

---

① 方雨欣，方思思. 政府补贴对汽车制造业上市公司创新绩效影响的实证研究——以研发投入为中介变量［J］. 老字号品牌营销，2023，（05）:113-115.

② Qu J, Cao J, Wang X, et al. Political Connections, Government Subsidies and Technical Innovation of Wind Energy Companies in China［J］. Sustainability, 2017, 9（10）:1812-1812.

③ Okamuro H, Nishimura J, Kitagawa F. Multilevel policy governance and territorial adaptability: evidence from Japanese SME innovation programs［J］. Regional Studies, 2019, 53（6）:803-814.

④ Shleifer A, Vishny R W. Equilibrium Short Horizons of Investors and Firm［J］. American Economic Review, 1990,（80）:148-153.

⑤ Porter M E. Capital Disadvantage: America's Failing Capital Investment System［J］. Harvard Business Review, 1992, 65-82.

具有一定的抑制作用。Bushee[①]通过研究发现公司选择长期经营效益活动会使得机构投资者出现"用脚投票"，从投机中获利，降低企业研发投入，对企业长期发展产生不利影响。Kim 等[②]通过美国市场数据研究发现，短期机构投资者注重追求短期效益将资金用于低风险项目，不利于企业创新决策制定，阻碍企业创新。温军和冯根福[③]通过研究发现，机构投资者追求短期利益的行为不利于企业自主创新，抑制创新风险高的项目。张圣利和职慧[④]基于异质性机构投资者视角探讨异质机构投资者与企业创新之间的关系，发现机构投资者为获取短期股票差异，未能积极促进企业管理决策的制定，不能促进企业长期自主创新。许长新和杨李华[⑤]研究发现财务型机构投资者会降低董事会的决策效率，遏制企业创新。二是机构投资者对企业创新具有一定的促进作用。机构投资者规模大，在公司中具有重要的地位，能将内外部信息有效传达，可以解决市场信息不对称问题，促进企业长远发展。Aghion 等[⑥]通过建立机构投资者与公司创新的理论模型，发现机构投资者注重长远利益有效参与企业治理，促进创新效率的提升。Luong 等[⑦]通过实证研究得出，机构投资者注重企业长远利益会加强公司内部监督，不定期参与企业决策，

① Bushee B J. DO Institutional Investors Prefer Near-Term Earnings over Long-Run Value?［J］.Contemporary Accounting Research，2001，（2）:207-246.

② Kim H D，Park K，Song K R. Do Long-term Institutional Investors Foster Corporate Innovation?［J］.Accounting and Finance，2017，1（7）:1-33.

③ 温军，冯根福. 异质机构、企业性质与自主创新［J］. 经济研究，2012，47（3）:53-64.

④ 张圣利，职慧.异质机构投资者与企业自主创新——来自沪深两市 A 股上市公司的经验证据［J］.财会通讯，2016，712（20）:40-43.

⑤ 许长新，杨李华.异质性视角下机构投资者影响企业创新的路径［J］.金融经济学研究，2018，33（06）:67-78.

⑥ Aghion P，Reenen J V，Zingales L. Innovation and Institutional Ownership［J］. The American Economic Review，2013，102（1）:277 - 304.

⑦ Luong H，Moshirian F，Nguyen L，et al. How Do Foreign Institutional Investors Enhance Firm Innovation?［J］.Journal of Financial and Quantitative Analysis，2017，52（4）:1449 - 1490.

加强创新项目监管积极促进企业创新生产。李雅婧和刘玮晔[1]基于创业板的实证研究发现，机构投资者着眼于企业长期价值，积极参与企业的决策与监督，对企业创新具有显著的促进作用。张阳子[2]认为机构投资者能够掌握有效的信息，从长远价值考虑能够合理认识企业自身的创新投入，显著促进企业创新。同样刘宁悦和杨洋[3]通过研究发现，机构投资者注重长期利益，将资金用于预期回报高的创新项目，能够积极促进企业创新活动。万赫等[4]基于中国上市公司数据从异质性机构投资者视角出发，发现稳定性机构投资者有利于企业从事风险高、预期回报高的项目，能够促进企业突破式创新。

（四）银行信贷与企业创新

从金融机构角度出发，银行是初创型企业和高新技术企业资金来源的主要渠道[5]。关于银行贷款与企业创新之间的关系，学界并未形成统一的结论。一些学者认为银行贷款能够有效促进企业创新。Ayyageriv[6]认为银行信贷可以全面掌握企业内部信息，具有控股的主动权，缓解企业融资约束，促进企业创新活动的产生。Bartoloni[7]通过研究发现，银行信贷可以增加公司经营者的决策能力，调节企业自身的研发投入，有利

① 李雅婧，刘玮晔.机构投资者持股对企业创新的影响——基于深圳市创业板的实证研究 [J].中外企业家，2016，524（06）:237，239.

② 张阳子.机构投资者与企业创新关系的实证研究 [J].中国管理信息化，2017，20（06）:7-8.

③ 刘宁悦，杨洋.机构投资者异质性与企业自主创新[J].科学决策，2017，244（11）:54-77.

④ 万赫，彭秋萍，钟熙.机构投资者异质性、CEO任期与企业突破式创新 [J].科技进步与对策，2021，38（03）:88-95.

⑤ Hughes A. Finance for SMEs: A U.K. perspective [J]. Small Business Economics，1997，（9）:151-166.

⑥ Ayyageriv M, DEMIRGÜÇ A, MAKSIMOVIC V. Firm Innovation in Emerging Markets: The Role of Finance, Governance, and Competition [J]. Journal of Financial and Quantitative Analysis, 2011, 46（6）:1545-1580.

⑦ Bartoloni E. Capital Structure and Innovation: Causality and Determinants [J]. Empirica, 2013, 40（1）:111-151.

于企业顺利实施创新行为。马光荣等[1]认为银行授信可以向外部投资者释放有利信号，减少信息不对称行为，正向推动研发投入与企业创新之间的关系。张璇等[2]基于融资视角探讨银行信贷和企业创新之间的关系，发现银行贷款规模大，可以满足企业创新资金需求，有效促进创新。郑妍妍等[3]基于非国有工业企业数据发现银行贷款和企业自主创新存在正相关关系。袁礼和许涛[4]通过世界银行中国企业调查的数据，探讨融资模式与企业技术创新之间的关系，研究表明银行信贷稳定了企业研发投入，对企业技术创新有着正向激励作用。另外一些学者认为银行贷款能够抑制企业创新。Mueller 和 Zimmermann[5]认为部分银行为了降低贷款风险，会将贷款资金发放给一些低风险项目的贷款对象，不利于企业从事高风险的技术创新活动。林志帆和龙晓旋[6]通过实证分析发现银行为了规避风险通常不愿将资金贷款给创新型企业，如果企业创新失败将会导致资金难以回收。张瑾华等[7]基于中国企业家调查系统数据的实证分析，表明企业对银行贷款的依赖性越强，企业融资约束越弱，企业技术创新能力越低。徐飞[8]通过研究发现银行与企业之间存在着信息不对称行为，信息不对称会抑制银行支持企业创新行为，不利于企业创新

① 马光荣，刘明，杨恩艳.银行授信、信贷紧缩与企业研发［J］.金融研究，2014，（7）：6-93.

② 张璇，刘贝贝，汪婷，等.信贷寻租、融资约束与企业创新［J］.经济研究，2017，52（05）：161-174.

③ 郑妍妍，戴晓慧，魏倩.融资约束与企业研发投资——来自中国工业企业的微观证据［J］.中央财经大学学报，2017，（05）：58-66.

④ 袁礼，许涛.融资模式会影响企业技术创新吗？——来自世界银行中国企业调查数据的经验证据［J］.宏观质量研究，2019，7（3）：111-128.

⑤ Mueller E, Zimmermann V. The Importance of Equity Finance for R&D Activity［J］. Small Business Economics，2009，33（3）：303- 318.

⑥ 林志帆，龙晓旋.金融结构与发展中国家的技术进步——基于新结构经济学视角的实证研究［J］.经济学动态，2015，（12）：57-68.

⑦ 张瑾华，何轩，李新春.银行融资依赖与民营企业创新能力——基于中国企业家调查系统数据的实证研究［J］.管理评论，2016，28（04）：98-108.

⑧ 徐飞.银行信贷与企业创新困境［J］.中国工业经济，2019，（1）：119-136.

生产。

（五）文献评述

从现有国内外研究文献来看，关于补贴与企业创新之间的关系并未形成统一的结论。首先，从样本选择层面，企业与行业层面政府补贴与创新的研究取得了显著成果，尤其是在新能源、高新技术产业等领域。并且部分学者将企业自身研发投入当作创新投入的一个过程，探究政府补贴对创新投入的影响。也有不少学者研究研发投入在政府补贴和创新产出之间起到的作用，认为政府补贴可以通过企业研发投入促进创新生产。但关于补贴与企业创新之间的研究选取中国生物医药企业作为样本进行研究的还相对较少。其次，关于企业层面政府补贴的研究，由于政府划分补贴标准不统一，大多数学者通常只探究政府补贴总额的影响。少部分学者划分了政府研发补贴和政府非研发补贴，并探究研发补贴对创新的作用，极少部分学者将研发补贴和非研发补贴同时考虑。宏观层面的数据容易获得，部分学者会详细探究不同类型的补贴对创新的影响。最后，现有研究构建政府补贴、企业研发投入、创新产出的分析框架和计量模型时，大多数研究只构建静态固定中介效应模型。但创新产出是一个动态的过程，具有可持续影响。有少部分学者考虑了创新的持续性影响，运用了系统 GMM 和动态门槛模型。少量文献使用了动态中介效应模型，但没有对生物医药企业的动态机制研究。

三、研究内容与研究方法

（一）研究内容

基于政府补贴对创新活动的影响，本篇着重探究了政府研发补贴和非研发补贴对生物医药企业创新产出的影响。经过实证研究得出结果，以此为依据评估当前各类政府补贴政策的有效性，为政策制定者和相关学者提供参考。本篇共分为五个章节，每章的具体内容如下：

第一章，研发补贴、非研发补贴与生物医药。首先，介绍我国生物医药产业发展现状，由产业引出生物医药企业发展的重要性，说明补贴与企业创新之间可能存在的内在关系，引出本篇的研究对象政府研发补贴和非研发补贴对生物医药企业创新的影响。其次，总结国内外相关文献，从补贴与创新的研究、企业自身研发投入与补贴创新之间存在的关系，以及银行信贷和机构投资者与企业创新可能存在的关系进行分析，简明扼要地介绍了研究意义、研究内容、研究方法、创新点以及技术路线。

第二章，研发补贴、非研发补贴与企业创新的相关理论基础。从政府研发补贴和非研发补贴、生物医药企业、企业创新这三个方面梳理相关概念。厘清主要研究对象之间存在的内在关系。并阐述了补贴与企业创新之间存在的资源传递机制与信号传递机制以及企业之间存在的市场失灵现象，为后续实证研究提供思路。

第三章，研发补贴、非研发补贴与企业创新的研究设计。结合国内外文献综述研究现状与资源传递机制、信号传递机制与市场失灵理论基础，设想本研究主要变量之间可能存在的关系，并提出研究假设。根据研究假设选择适当的研究样本和代理变量，介绍了数据来源及处理方式，并对所选择的变量进行详细解释，最后对本篇所选择的中介效应模型进行理论介绍，并且构建计量模型。

第四章，研发补贴、非研发补贴与企业创新的实证分析。通过描述性统计分析、相关性分析、回归结果、异质性分析和稳健性检验来验证提出的假设，在依次陈述相关检验结果后进行总结归纳，讨论结果中的新发现并给出相应解释。

第五章，研究结论与政策建议。整理归纳了本研究的研究结论，回答了政府研发补贴和非研发补贴对创新产出的效果及补贴是否能够通过资源传递路径和信号传递路径进而促进生物医药企业的创新产出问题，并且提供了相应的政策建议。同时阐明了本研究可能存在的不足，为后来学者的研究改进提供了适当的方向和建议。

（二）研究方法

1.理论分析法

以资源传递机制和信号传递机制为基础，首先通过对大量的中外文献阅读和整理，回顾了如下问题：政府补贴与企业创新产出的四种关系、政府补贴与企业研发投入的关系、研发投入的中介作用、机构持股与企业创新及银行信贷与企业创新之间的关系。其次，在厘清上述问题后，了解生物医药企业领域内的研究现状和争议焦点，寻找生物医药领域内相对忽视的关键变量与核心问题，分析该领域研究的价值，从而确定了探究不同类型政府补贴即研发补贴和非研发补贴对创新产出影响的研究方向。最后归纳整理相关文献，依据已有研究成果和逻辑分析确定了本篇的研究内容、研究方法与研究框架，并根据文献研究成果与相关理论基础提出了本篇的研究假设。

2.实证分析法

本篇选取沪深 A 股生物医药企业上市公司作为研究样本，生物医药上市公司搜集主要来源于东方财富网、新浪财经、巨潮网，将不同板块来源的生物医药企业进行汇总。通过 CSMAR 和中国专利检索与分析系统数据库收集相关数据，并且参考相关学者做法使用关键词搜索方式将政府补贴总额划分为研发补贴和非研发补贴。基于前文研究假设并且考虑生物医药企业创新的可持续影响，构建静态固定效应的中介效应模型和系统 GMM 的动态中介效应模型进行对比分析，检验不同类型补贴是否能够通过资源传递机制影响生物医药企业的创新产出。并且探讨信号传递机制调节企业自身研发投入与创新产出、信号传递机制调节企业自身资源在补贴与创新产出之间存在的关系。此外还将样本划分不同规模、生命周期不同的企业分样本进行分析补贴对创新的影响。最后对基准模型及中介效应模型结果进行稳健性检验，对本研究的实验结果加以验证。

（三）研究框架图

研究技术路线如图 3-1-1 所示：

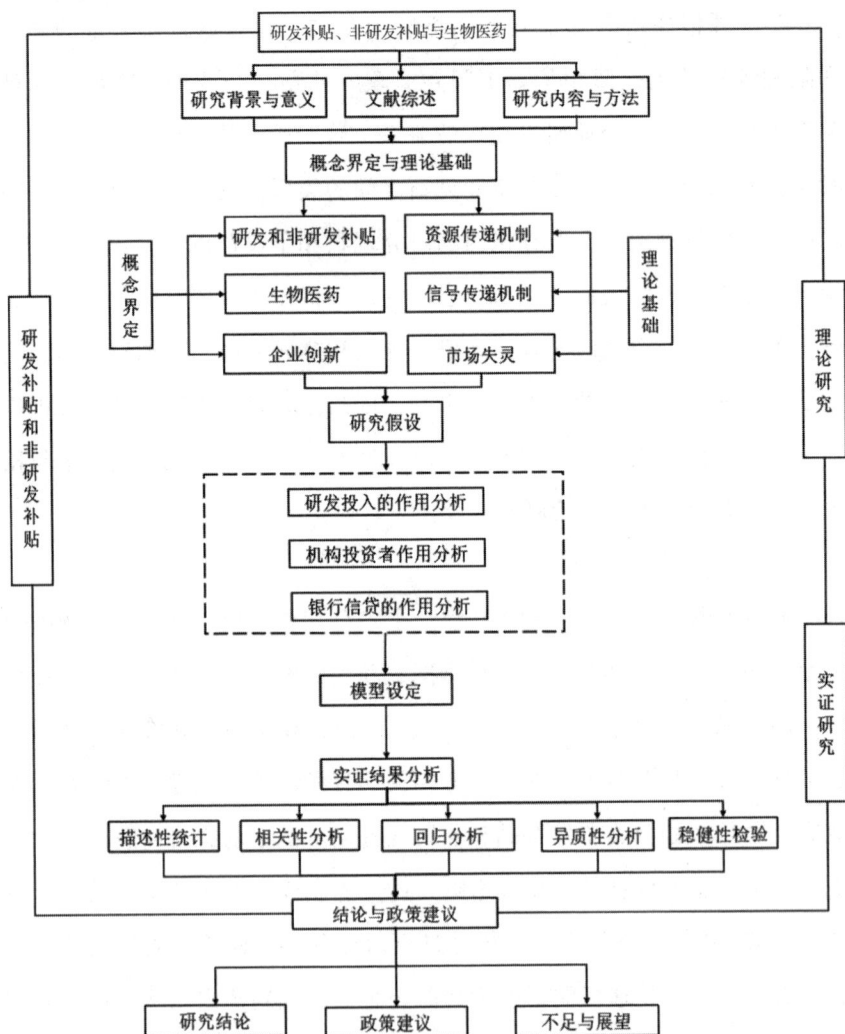

```
研发补贴、非研发补贴与生物医药
├── 研究背景与意义  文献综述  研究内容与方法
├── 概念界定与理论基础
│   ├── 研发和非研发补贴    资源传递机制
│   │   概念界定            理论基础
│   ├── 生物医药          信号传递机制
│   ├── 企业创新          市场失灵
├── 研究假设
│   ├── 研发投入的作用分析
│   ├── 机构投资者作用分析
│   ├── 银行信贷的作用分析
├── 模型设定
├── 实证结果分析
│   ├── 描述性统计  相关性分析  回归分析  异质性分析  稳健性检验
├── 结论与政策建议
    ├── 研究结论  政策建议  不足与展望
```

研发补贴和非研发补贴 ｜ 理论研究 ｜ 实证研究

图 3-1-1　技术路线

四、研究创新点

创新点主要有以下三个方面：第一，从选题方面来看，本研究将样本聚焦于中国生物医药企业领域。目前有关政府补贴与创新产出企业层面进行的研究在新能源、高新技术、高技术制造企业等领域取得了显著成果，但将补贴与企业创新结合起来选取中国生物医药企业作为样本进行研究的还相对较少。

第二，从补贴类型来看，本研究通过对政府补贴明细内容进行检索分类以细分研发补贴和非研发补贴。由于对补贴划分标准检索难度大及划分标准不统一，在补贴与企业创新之间的研究通常将政府补贴作为一个整体进行分析，忽视了不同类型的补贴带来的不同影响。少部分学者只考虑研发补贴部分，忽视或否定了非研发补贴的作用，而本研究详细划分研发和非研发补贴进行研究。

第三，从研究方法方面来看，本篇运用固定效应的中介效应模型和系统 GMM 的动态中介效应模型比较分析资源传递机制（研发投入）在补贴与生物医药企业创新产出之间所起到的作用。开展企业创新因素的影响研究时，部分学者运用系统 GMM 模型和动态门槛模型，少部分学者运用动态中介效应模型，但没有对生物医药企业创新机制的研究。因此，本篇在现有研究基础上，考虑生物医药企业创新的可持续影响及创新惯性在企业自身创新过程中所起到的作用，在探究不同类型的补贴、企业研发投入与创新产出三者的关系时，运用静态和动态中介效应模型对比分析。

第二章 研发补贴、
非研发补贴与企业创新的相关理论基础

一、概念界定

（一）研发和非研发补贴

政府补贴是国家调控市场资源重新分配的财政手段，通过发放补贴形式对满足要求的企业给予支持。政府补贴具有无偿性和直接获得资产的特征，可以促进企业积极开展绿色创新、节能减排、环境治理、技术改造、产业转型升级等。政府补贴还可以缓解企业与外部投资者的信息不对称，减少市场失灵问题[①]，因此补贴政策已成为各国调节市场资源的有力手段。根据政府补贴目的的不同，政府补贴可以划分为研发补贴和非研发补贴。研发补贴是政府通过一系列综合评估对企业创新行为进行的直接资金补贴。政府研发补贴主要发生在企业开展创新活动之前，弥补企业的研发资金不足，减缓企业融资约束困难，保障企业能够顺利开展创新项目。研发补贴有广义的研发补贴和狭义的研发补贴之分。广义的研发补贴补贴范围比较广，包括政府对所有企业开展创新活动进行

[①] 郑飞，申香华，卢任.政府补贴对企业绩效的异质性影响——基于产业生命周期视角［J］.经济经纬，2021，38（01）:96-104.

补贴。狭义的研发补贴是政府对特定企业开展创新活动进行财政补贴。政府非研发补贴对企业创新活动的开展没有直接影响。本篇在划分研发补贴时采用 Chen 等[1]和郭玥[2]的做法，依据企业财务情况中披露的政府补贴明细数据作为原始数据，手工整理出补贴项目中含有研发、专利、技术创新、技术改造、自主创新、研究、产学研、瞪羚、博士等关键词的补贴将其计为研发补贴。政府总补贴扣除研发补贴即为非研发补贴，它主要包括地方政府招商引资、财政贡献奖励、税收返还、贷款贴息、污染治理、拆迁补偿等与企业创新活动非直接相关的补贴。

（二）生物医药企业

生物医药企业与人民群众的健康生活息息相关。全球疫情背景下，各国愈加重视生物医药企业的发展。将基因工程、细胞工程、蛋白质工程等生物技术的研究成果应用于制药行业的企业就被称为生物医药企业[3]。生物医药产业上游的原材料，中游的医药研发与制造衍生，下游的流通与终端构成了医药产业链。上游领域主要为原材料和配套设备。其中原材料主要包括原料药、中药材等，配套设备技术主要包括药用辅料、医药包装材料等。中游领域主要分为制药生产商和医疗器械生产商。其中制药生产商主要生产各类生物药、化学药、中药和生物技术研究，医疗器械生产商主要从事医疗设备及器械制造。下游领域主要包括药品流通、衍生产品和终端应用三个部分。药品流通主要包含了药品批发、零售和电商；衍生产品指的是下游保健产品、医用食品和日化品；终端应用市场主要面对医疗机构、药店等最终消费者。研制前期由于面

---

[1] Chen J, Heng C S, Tan B C Y., et al. The Distinct Signaling Effects of R&D Subsidy and Non-R&D Subsidy on IPO Performance of IT Entrepreneurial Firms in China［J］. Research Policy, 2018, 47:108-120.

[2] 郭玥. 政府创新补助的信号传递机制与企业创新[J]. 中国工业经济, 2018(09):98-116.

[3] 于亮. 科创板生物医药企业价值评估研究［D］. 内蒙古科技大学, 2022.

临研发资金较多需求，探究政府补贴与其创新之间的关系，对创新发展与政策制定也具有一定的意义。

本研究选取具有生物技术与医药行业特征的企业，上游领域中的原料药、生物疫苗、血液制品板块，中游领域中的医药制造、仿制药、医疗器械、医疗制造板块，下游领域中的医疗保健、生物安全、医废处理板块，将不同来源概念的板块进行汇总整理。

（三）企业创新

Schumpeter[①]在 1934 年首次提出创新概念，并将其运用到经济学领域。熊彼特赋予创新一种新的生产函数，在生产过程中引入生产要素和生产条件的重新组合。创新是新的生产方法代替旧生产方法、新产品代替旧产品、商品新特点代替商品旧特点、新的市场代替旧的市场，即主要在创新产出中得以体现。企业核心在于创新，创新是企业得以长期发展的重要因素。

现有研究主要将创新分为创新过程与创新结果。创新过程是创新最终成果转化的过程，包括期间所形成的想法、思维模式、创造出新的生产方式等，能够提高企业创新效率。创新结果包括创新形成的新的产品、营销模式的创新、技术升级改造等。企业在创新过程中需要投入大量资源，包括原材料、资金、人员、知识、技术等。一方面临床研究与基础实验过程中需要大量资金支持，研发过程需要投入高技术研发人员。另一方面研发周期长，药品研制到最终投放需要严格审核，在研制过程中任何步骤失败，都会造成不可挽回的损失，具有较高的风险。同时生物医药业预期收益高，能够形成创新的可持续性影响，药品研制成功之后，政府会有专利保护机制保护该行业的发展，发展前景良好。本篇探讨的是政府研发补贴和非研发补贴与企业创新产出之间的关系，结合

---

① Schumpeter J A. The Theory of Economic Development［M］. Cambridge M A, Harvard University Press，1934.

企业创新理论，认为创新投入是企业从事创新活动的过程，最终转化为
企业创新产出。创新投入是企业根据自身能力，投入一系列资源之后，
所带来的成果体现，一方面可能会受到资金及自身资源限制，另一方面
也会受到外界政府干预。创新产出为创新活动成果，可以反映企业创新
状况。本篇以企业创新产出衡量企业的创新能力，将专利数量作为衡量
指标。

二、理论基础

（一）资源传递机制

资源是组织维持生存发展的条件，组织通过环境中的各种资源包括
人力、物力、财力来保障企业发展。由于外部环境的变化与组织内部
变革，组织会追求较多的资源减少不确定性影响[①]。企业是一个开放型的
社会组织，企业发展的必由之路是不断获取社会经济活动中的各种资源
以维持市场竞争。而自主创新是企业发展的灵魂，企业在创新过程中需
要较高研发资金，因此如何获取资源来支持企业创新发展已成为研究的
热点[②]。企业在创新发展过程中面临着资源缺乏困境，创新所生产的高风
险特征使得企业难以从外部获得资源，面临融资困难。

资源传递机制在政府补贴和企业创新关系中可以得以体现。政府补
贴作为一种无偿性补贴是企业获得外部资源的重要途径，能够给企业创
新带来以下影响：首先，政府补贴能够为企业带来直接创新资源。政府
补贴缓解了企业面临的资金困难，为企业带来了直接资金。同时政府

[①]　Pfeffer J，Salancik G R. The External Control of Organizations: A Resource Dependence
　　Perspective［M］. Harper & Row，New York，1978.

[②]　江永红，杨春. 政府补贴能否促进技术创新由"量"到"质"转变——知识产权保
　　护的门槛效应［J/OL］. 科技进步与对策，2022:1-9.

补贴能够为企业带来高技术研发人员与技术研发平台等有形资源，提高企业创新的积极性。产学研和校企合作已成为企业参与科研创新的重要方式，政府补贴为企业带来了研发平台等有形资源，可以加强企业内部研发与科研机构的合作，可以共享创新资源，并且有机会获得关键核心技术，充分发挥创新资源与创新平台的最大效益，促进企业创新。其次，补贴能够降低企业创新成本。创新的不确定性使得企业具有一定的风险，一旦研发失败，企业自身研发投入资金将不可回收。一般来说创新对技术水平要求较高，前期需要投入大量资金与人才，自身资金不雄厚的企业创新积极性不高，即使具备知识与技术也不会无条件开展。政府补贴给企业带来额外资金，缓解企业面临的资金约束困难，使企业有动力开展创新项目，分散了企业风险，降低了创新成本。最后，补贴能够合理引导企业自身研发投入。补贴是外部资金的支持，研发投入是企业内部用于创新的投入。政府补贴可以合理调节企业研发投入，一方面企业可以根据补贴加大投入，当政府补贴金额低于企业创新项目的开展，同时该创新项目风险较低，企业在获得补贴时会加大研发投入，利用补贴的支持积极开展创新活动。另一方面补贴可以挤出企业自身研发投入，当政府补贴金额高于企业创新活动的开展，意味着企业有大量资金创新，因此企业可以将资金用于固定设备更换、污染排放治理等间接促进企业创新活动项目。当企业补贴金额远远低于创新活动的总金额，同时企业自身资金不雄厚，可能因资金缺乏减少创新投入，降低创新生产，不利于创新活动开展。政府补贴同时也是企业研发投入的参考依据。

（二）信号传递机制

由于市场中各类主体对信息掌握程度不同，交易双方可能掌握对方不了解的信息，信息掌握者并以此谋求私人利益，于是产生了信息不对称行为。信号传递机制是由于信息不对称的存在，拥有信息一方向外界释放信号传递积极信息，信息接收者会以此为依据接收企业传递的正面信息，双方跨越信息鸿沟实现双方共同利益。信号传递机构是由 Michael Spence 提出，运用于经济学领域。市场双方在信息不对称情况下，信号传递能够向彼此释放有效信息，减少双方的信息差异，一定程度上缓解企业之间存在的不对称行为。

关于补贴与企业创新之间关系，信号传递机制首先能够降低企业与市场投资者之间的信息不对称行为[①]。市场投资者无法获得企业内部经营状况、发展能力等有效信息，企业向外界发布的一般是有利于企业发展的正面信息，外部投资者无法了解企业内部真实经营状况，因此市场投资者与企业之间存在信息不对称行为。而得到补贴的企业，政府会通过经营风险、内部财务情况、发展能力等一系列综合评估，当企业内部经营状况具有良好的发展前景时，政府会发放补贴支持企业创新发展。政府掌握了市场投资者无法获得的信息，因此可以向市场投资者释放良好信号，缓解信息不对称行为。其次，能够调节市场投资者与企业自身的研发投入。政府补贴一般能够释放积极信息，拓宽企业融资渠道。对市场投资者来说，追求短期或长期利益会影响企业创新方面投入，过于追求短期利益会将资金用于低风险项目，不利于企业管理者创新决策制定，抑制企业研发投入，不利于企业创新。追求长期利益可能会将资金用于预期收益好、稳定性强的高风险项目，市场投资者会积极参与企业管理决策制定，因此企业会加大研发投入，有动力积极促进企业创新。对企业来说，企业研发投入受到自身与外部资源的影响，当机构投资者投入大量资金，企业合理运用外部资源，根据创新实施情况，适当调整自身研发投入，调节与企业创新之间的关系。最后，信号传递机制可以最终影响企业创新生产。受到政府补贴的企业，一般是创新项目活动开展过程中资金匮乏，但同时企业创新风险较低、预期可收益高，政府通过一系列严格审核预测企业创新项目是具有良好发展前景的。因此政府

---

① 赵宝芳，陈晓丹.政府创新补贴、风险投资与企业创新——基于信号传递的视角[J].管理评论，2022，34（12）:109-120.

会通过给企业带来直接资金和有形资源形式缓解企业面临的资金及资源问题，当企业收到补贴的同时会受到政府的监督。当创新开展情况不符合预期发展要求，政府会进一步提供技术人员引导企业创新过程，避免创新失败导致企业面临资金难以回收困难。当企业创新活动开展顺利时，政府也会通过信号传递机制向市场投资者传递积极信号，扩大企业融资渠道，提高企业创新活动的积极性。

（三）市场失灵

市场失灵是资源在市场环境中由于正负外部效应、信息不对称、收入分配不公平等行为的出现，导致资源不能实现最优配置。完全竞争是市场实现资源配置的最优状态，但由于市场缺陷和外部环境的限制，如果仅仅以市场价格机制进行自发调节，会导致市场失灵，因此政府需要宏观和微观手段进行参与，调节资源配置。首先，企业在创新活动中会通过外部性导致市场失灵。企业创新形成的创新成果会带来知识溢出效应，同类竞争者会通过模仿和剽窃无成本地使用创新信息，因此出现"搭便车"现象①，降低企业创新积极性。其次，企业创新过程中的高额投资会导致市场失灵。企业在创新生产中，需要投入大量资金，创新成本高，研发周期长，创新成果具有不确定性。资金缺乏会使得企业创新生产处于停滞状态，创新成果无法按期完成，外部投资者会减少投资，面临融资约束问题。因此，自身资金不雄厚的企业，为了规避风险会降低创新的动力，更愿将资金用于非创新项目。最后，机构与企业之间面临信息不对称会导致市场失灵。机构投资者是企业融资的重要途径，机构投资者不能时刻监督与参与企业创新行为，无法全面掌握资金使用情况。对企业来说，为了提高融资能力，会向外界发布有利信息，一些未必有创新能力的企业可能会获得大量资金，实际具有创新潜力的企业可能会因为资金缺乏降低

---

① Bointner R. Innovation in the energy sector: Lessons learnt from R&D expenditures and patents in selected IEA countries [J] . Energy Policy，2014，73:733-747.

创新生产。因机构投资者未能掌握企业全部信息，与企业之间存在信息不对称，会影响企业创新过程，影响市场竞争，政府调控可以提高资源配置效率，缓解市场失灵[①]。政府补贴一方面可以缓解企业融资困境，解决企业创新活动中的资金困难，提高企业创新积极性，使市场经济正常运行。另一方面得到政府补贴的企业可以为外部投资者释放有利信号，降低投资者与企业之间的信息不对称行为。政府会从财务状况、经营能力、发展前景等方面综合评估企业能力，一般来说得到政府补贴的企业可能是优质企业，具有良好的发展前景，向投资者释放良好的信号，提高企业融资能力。政府的监督会使企业将资金运用研发活动，调节机构投资者与企业研发资金，降低创新风险，有利于企业创新活动开展。

① 王喜莲，李竹梅．政府补贴、融资约束与资本配置效率研究——基于高端装备制造业上市公司数据［J］．投资研究，2023，42（01）:73-87.

第三章　研发补贴、
非研发补贴与企业创新的研究设计

一、研究假设

（一）补贴、研发投入与创新产出的作用分析

生物医药企业创新投资金额大，新药研发需要临床申请、临床试验、药物基础研究等，需要投入大量科技研究人员，具有较高的创新成本[①]。政府补贴可以缓解生物医药企业资金短缺困难，降低创新风险。政府研发补贴首先可以向企业提供直接资源。生物医药企业研发周期较长，药物研发过程不能中断，否则将面临成本无法回收的风险，因此大量的资金支持是保障创新顺利开展的有利条件[②]。研发补贴是针对企业创新活动给予的无偿性补贴，能够直接为企业带来资金支持，有效缓解资金困难问题[③]。同时政府给予生物医药企业补贴的同时还会为企业带来相关领域专家、技术人员对创新过程进行针对性指导。政府在补贴

[①] 曹阳，孟媛，席晓宇．所得税优惠政策对战略性新兴产业的创新作用——以生物医药产业数据为样本［J］．财会月刊，2017，787（03）:112-117.

[②] 陈文俊，彭有为，贺正楚，等．中国生物医药产业发展水平综合评价及空间差异分析［J］．财经理论与实践，2018，39（03）:147-154.

[③] 尚洪涛，黄晓硕．政府补贴、研发投入与创新绩效的动态交互效应［J］．科学学研究，2018，36（03）:446-455，501.

时会了解该行业具有发展前景的创新项目，降低创新活动中的不确定性风险。其次生物医药企业可以增加企业研发投入。研发投入是企业根据自身创新能力与外部资源获取能力进行创新生产中所投入的各种资源[①]。生物医药企业整个创新活动实施过程中，资金问题是面临的主要难题，因此研发补贴给企业带来了创新动力，增加了创新的积极性。最后生物医药企业可以通过研发投入促进企业创新产出。政府研发补贴为企业创新带来人力、物力及资金。政府在研发补贴时会进行适当的引导和激励，企业会根据政府指导合理投入内部资源，共同推动企业创新[②]。非研发补贴未能直接作用于企业创新过程，并且生物医药企业创新的形成具有可持续影响，创新形成周期长，滞后期补贴可能会对当期创新产生影响。Thomson 和 Jensen[③] 通过研究发现补贴对企业创新绩效的影响存在1—2年的滞后期。Jian 等[④] 对中国医药上市公司研究，发现研发补贴显著促进了企业创新绩效，政府总补贴与非研发补贴对企业创新绩效没有显著影响。政府研发补贴会激发企业创新活力，增加企业的研发投入，并且研发补贴与企业研发投入可能存在滞后效应。基于以上分析本篇提出以下假设：

Ha1：滞后期研发补贴对当期生物医药企业创新产出可能具有促进作用。

Ha2：滞后期非研发补贴对当期生物医药企业创新产出可能没有明

① 黎雨韵 . 高管薪酬差距会影响公司研发投入吗？——以医药制造业上市公司为例 [J]. 财会通讯，2019，818（18）:74-77.

② 李宛亭，王素，陈玉文 . 我国区域医药经济发展水平与医药制造业研发资金投入关系研究 [J]. 中国新药杂志，2021，30（01）:6-12.

③ Thomson R，Jensen P. The effects of government subsidies on business R&D employment: evidence from OECD countries [J]. National Tax Journal, 2013, 66（2）:281-309.

④ Jian X，Wang X，Liu F. Government subsidies, R&D investment and innovation performance: analysis from pharmaceutical sector in China [J]. Technology Analysis & Strategic Management, 2020, 33（5）.

显的促进作用。

Ha3：研发投入在政府研发补贴和生物医药企业创新产出之间可能起着中介作用。

（二）机构投资者的作用分析

机构投资者是生物医药企业获得外部融资的重要途径。机构投资者一方面可以为企业带来资金，缓解企业融资困难，另一方面机构投资者持股可以从分红中获取预期收益，实现利益双方共赢。生物医药企业研发周期长，资金缺口大，创新的不确定风险较高[1]。虽然政府补贴向机构投资者释放了积极信号，有利于拓宽融资渠道，但是由于市场中存在信息不对称行为，可能会导致机构投资者不利于生物医药企业创新决策的制定。从长远来看，生物医药企业预期可收益高，创新形成的持续性影响长[2]。投资者看重企业给自身带来的收益回报，而非企业长期价值。因此投资者可能会由于医药企业的创新周期长，通过抛股追求自身利益。生物医药企业可能面临资源匮乏，需要重新调整企业对创新的投入，阻碍企业创新。即便接收到政府补贴的积极信号，机构投资者也可能会重新调整企业创新投入，对企业创新行为起到一定的阻碍作用。对生物医药企业来说，企业面临的不确定风险，会影响投资者对企业决策的制定。生物医药企业需要大量研究，需要投入创新资源[3]。创新过程需要企业管理者参与，机构投资者可能会不定期监督企业决策制定，并参与其中。但企业长期视角行为与机构投资者追求短期效益形成矛盾，因此会影响企业创新资源投入，进而影响企业创新。蔡倩倩[4]通过机构投资

---

[1] 沙德春，胡鑫慧，赵翠萍.中国创新型产业集群创新效率研究［J］.技术经济，2021，40（02）:18-27.

[2] 张朦，蒋丹，韩朦，等.生命周期视角下多维邻近性对长三角生物医药产业集群创新的动态影响研究［J］.中国医药工业杂志，2022，53（04）:584-588.

[3] 邵云飞，谢丽.网络结构嵌入对企业突破性创新绩效的影响——以生物医药上市企业为例［J/OL］.科技进步与对策，2022：1-8.

[4] 蔡倩倩.机构投资者调节下财务柔性对创新绩效的影响研究［D］.燕山大学，2022.

者的调节效应分析，发现规避风险的机构投资者为了减少不确定风险，可以负向调节企业财务与对创新的影响。基于以上分析提出以下假设：

Hb1：机构投资者持股在企业研发投入与创新产出中起到负向调节作用。

Hb2：机构投资者持股能够负向调节研发投入在研发补贴和企业创新之间的关系。

（三）银行信贷的作用分析

银行信贷是企业获得外部融资的另一主要形式。银行信贷具有期限长、规模大等特点。在市场信息不对称情况下，银行信贷的规避风险倾向使得信贷资金更多流向低风险企业[①]。同时银行可能会降低风险，提高贷款利息，甚至要求获得更多的抵押物以降低坏账损失，于是会抑制企业研发投入，阻碍企业创新。生物医药企业初创前期，技术、设备以及人员等方面需要投入高额资金，创新成果形成过程需要资金支持保障创新项目顺利开展。对生物医药企业而言，企业内部资金缺乏，会向以银行为主体的金融机构申请贷款，外部债务利息和内部风险同时存在的情况下，生物医药企业可能会面临长期与短期创新决策的矛盾。创新成果一旦失败，企业将面临高额债务违约风险，给企业带来重大损失[②]，于是企业不会将高风险资金用于高风险创新活动。生物医药企业成果形成周期长，并且具有一定的不确定性。生物医药企业在获得银行贷款之后，可能综合考量企业内部创新情况，合理有效利用资金，因此针对创新风险高且具有高度不确定的项目，生物医药企业在获得银行信贷之后可能会挤出企业自身研发投入，减少创新失败带来的损失。即使政府给予较多的补贴，银行也会综合考量生物医药企业资金经营与利用情况，进

---

① 袁庆禄，刘翠侠.京津冀地区银行信贷、技术创新与经济增长［J］.财会月刊，2019，853（09）:123-130.

② 张平，陈倩雯.银行信贷扩张有助于制造业升级吗?——基于研发创新的中介影响［J］.产业经济研究，2021，113（04）:42-54.

一步调整企业自身研发投入，从而影响企业创新。肖海莲等 [1] 从探索式创新投资和常规式创新投资出发，发现银行贷款会干扰企业管理者的决策行为，影响企业创新投入，导致银行信贷与企业创新投入呈现负相关关系。基于以上分析本篇提出以下假设：

Hc1：银行信贷在企业研发投入与创新产出中起到负向调节作用。

Hc2：银行信贷能够负向调节研发投入在研发补贴和企业创新之间的关系。

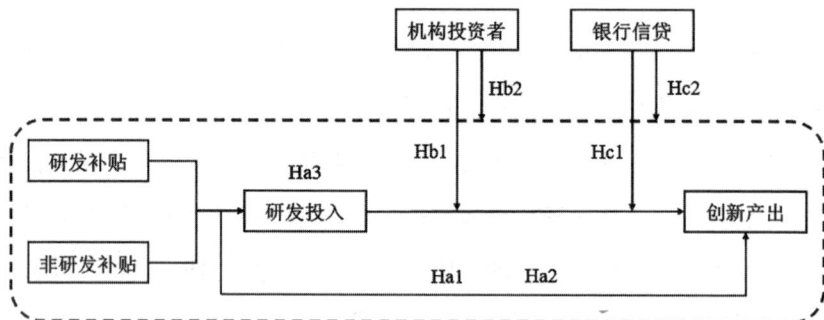

图 3-3-1　理论分析模型

二、研究设计

（一）样本选取和数据来源

选取 2013—2021 年沪深 A 股生物医药企业上市公司作为研究样本。为了避免生物医药企业遗漏，我们对不同概念来源板块的生物医药企业进行汇总整理，其中包括原料药板块、生物疫苗板块、血液制品板块、医药制造板块、仿制药板块、医疗器械板块、医疗制造板块、医疗保健板块、生物安全板块、医废处理板块，生物医药上市公司搜集主要来源

---

① 肖海莲，唐清泉，周美华. 负债对企业创新投资模式的影响——基于 R&D 异质性的实证研究［J］. 科研管理，2014，35（10）:77-85.

于东方财富网、新浪财经、巨潮网数据库。在样本整理时进行了如下筛选：第一，剔除 ST、ST* 等特殊处理的企业；第二，剔除发明专利、研发投入数据等关键变量缺失较多的企业。经过筛选得到 181 家生物医药企业 1629 个样本。政府补贴、研发投入、机构投资者持股、银行信贷及企业基本特征数据来源于国泰安（CSMAR）；企业专利数据来源于国泰安（CSMAR）和中国知网专利检索与分析系统整理。

（二）变量定义

1. 被解释变量

创新产出（Ipatent）：由于企业的创新产出无法直接测量，因此通常采用一些替代性指标反映。现有研究对创新产出的衡量各有不同，主要包括专利数、新产品销售收入等指标。本研究采用专利数量总和，即发明专利、实用新型专利和外观设计专利总和作为创新产出的衡量指标。考虑到部分企业的专利数量为 0，参考已有研究通常做法，对专利总数量加 1 后取自然对数。

2. 解释变量

政府研发补贴（Rsub）：由于上市公司获得的研发补贴数据没有正式披露，目前学术界划分微观企业数据中的政府补贴总额中的研发补贴和非研发补贴主要采用关键词搜索方式进行[①]。本研究参考 Li 等[②]做法在划分研发补贴时，依据生物医药企业财务情况中披露的政府补贴明细数据作为原始数据，手工整理出补贴项目中含有研发、专利、技术创新、技术改造、自主创新、研究、新产品、科技、产业创新、产业升级、知

[①]　Wu T，Yang S，Tan J. Impacts of government R&D subsidies on venture capital and renewable energy investment—an empirical study in China [J]. Resources Policy，2020，68:101715.

[②]　Li Q，Wang M，Xiangli L. Do government subsidies promote new-energy firms' innovation? Evidence from dynamic and threshold models [J]. Journal of Cleaner Production，2021，286（2）: 124992.

识版权、技术标准、设计规范、发展、高新、瞪羚、博士等关键词并将其计为研发补贴，并对研发补贴取自然对数。

政府非研发补贴（NRsub）：政府总补贴扣除研发补贴即为非研发补贴，它主要包括地方政府招商引资、财政贡献奖励、税收返还、贷款贴息、污染治理、拆迁补偿等，我们对非研发补贴取自然对数。

3. 中介变量

研发投入（RD）：将研发投入作为中介变量来研究政府研发补贴对生物医药业创新产出的影响，主要考察企业在进行研发活动时所支出的研发额[①]。现大多数学者选用研发投入强度作为研发投入的衡量指标[②]。选用研发投入强度来衡量企业的研发投入水平，即研发投入额和营业收入比值。

4. 调节变量

机构投资者持股（VC）：股权和债务融资是企业外部获得资金来源的主要形式。本研究参照张宏亮等[③]采用机构投资者持股比例衡量外部投资，主要包括券商、基金、保险、信托和其他机构投资持股等，是所有机构投资者的持股总比例。

银行信贷（Loan）：银行信贷是企业获得债务融资的主要形式，本研究参照易志高等[④]做法将长期借款加上短期借款加上 1 年到期非流动负债和总资产的比值作为银行信贷的替代指标。

① Huang J, Zhao J, Cao J. Environmental regulation and corporate R&D investment—evidence from a quasi-natural experiment [J]. International Review of Economics & Finance, 2020, 72:154-174.
② Wang J, Yang N, Zhang Y, et al. Dynamics of firm's network community associations and firm's innovation performance [J]. Technology Analysis & Strategic Management, 2020, 32（3）:239-255.
③ 张宏亮，周宇彤，王靖宇. 机构投资者持股与企业创新质量——基于非线性视角的研究 [J]. 南京审计大学学报，2023，20（01）:49-59.
④ 易志高，柏淑嫄，孔悦欣. 企业参与精准扶贫能促进企业创新吗？[J]. 财政研究，2021，464（10）:103-113.

5.控制变量

企业年龄（Age）：企业年龄对企业创新活动有着密切的影响，一般来讲企业年龄越大，该企业的组织凝聚力、协调力相对较强，有更多的经验来开展创新活动，但老企业也可能因为上市年限较长，对往年积累的资本形成依赖关系，从而妨碍企业的创新活动，本研究参照相关文献将企业上市年数定义为企业年龄。

股权集中度（Holder）：在企业中，股权适度集中的情况下，大股东的持股比例越高，其抗风险能力相对较强，股东会从长远考虑企业自身的发展，重视企业创新活动。并且在企业中独立董事可以专注于技术创新的决策管理，投入更多的精力在企业的创新活动。本研究将第一大股东持股比例作为股权集中度的衡量指标。

独立董事占比（Indir）：一般来说独立董事拥有较强的科研背景，在对公司的重大方案进行决策时，主观性相对较强，因此对企业创新方案的实施可能会产生一定的影响。本研究将独立董事在董事会中的占比作为控制变量。

资本密集度（Fasset）：固定资产较多意味着企业拥有更多的基础设备，可能会对企业的创新活动提供良好的创新环境。本研究将固定资产总额与总资产合计来衡量资本密集度。

所有者权益比率（Ower）：所有者权益反映的是投资人所得股份的多少，不同投资人拥有不同比例的所有者权益代表对企业拥有不同的控制程度。本研究将股东权益合计与资产总额衡量所有者权益比率。

经营负债比率（Oplr）：经营负债作为与特定交易行为相联系的特殊类型负债，可约束管理层行为，发挥信息传递效应，间接影响企业的行为决策与外部融资，经营负债率考察企业的风险状况。

盈利能力（Roe）：企业的盈利能力反映了企业的经营状况，盈利能力越高的企业会为了巩固并且提高自身的市场地位，会进一步提高技术创新水平来保持市场竞争力[1]。本研究参照已有文献将净利润与净资产的比值作为盈利能力的衡量指标。各变量定义如表 3-3-1 所示。

表 3-3-1 变量定义表

变量类型	变量名称	符号	定义
被解释变量	创新产出	Ipatent	企业当年发明专利数量总和加 1 后取自然对数
解释变量	研发补贴	Rsub	政府当年获得的研发补贴取自然对数值
	非研发补贴	NRsub	政府当年获得的非研发补贴取自然对数值
调节变量	机构投资者	VC	机构投资者持股比例
	银行信贷	Loan	（短期＋长期借款＋1 年到期非流动负债）/总资产
中介变量	研发投入强度	RD	企业研发投入/营业收入
控制变量	企业年龄	Age	企业上市年限
	股权集中度	Holder	第一大股东持股比例
	独立董事占比	Indir	独立董事占董事人数比例
	资本密集度	Fasset	固定资产总额/总资产
	所有者权益比率	Ower	股东权益合计/资产总额
	经营负债比率	Oplr	长期负债/所有者权益
	盈利能力	Roe	净利润/净资产

（三）模型设定

1. 理论分析

经典的中介效应检验方法是温忠麟和叶宝娟[2]的依次检验法，三变量之间的关系如下所示：

$$Y = cX + e_1 \tag{1}$$

$$M = aX + e_2 \tag{2}$$

$$Y = c'X + bM + e_3 \tag{3}$$

---

[1] Klingenberg B, Timberlake R, Geurts T G, et al. The relationship of operational innovation and financial performance—A critical perspective [J]. International Journal of Production Economics, 2013, 142（2）:317-323.

[2] 温忠麟，叶宝娟. 有调节的中介模型检验方法:竞争还是替补? [J]. 心理学报, 2014, 46（05）: 714-726.

其中，c 为自变量 X 对因变量 Y 的总效应；a 为自变量 X 对中介变量 M 的效应；b 是在控制了自变量之后中介变量 M 对因变量 Y 的效应；c' 为控制中介变量 M 之后，自变量 X 对因变量 Y 的直接效应；e_1-e_3 为回归方程的残差（具体三变量中介效应模型图如下图 3-3-1 所示）。

其中总效应等于直接效应加上间接效应：

$$c = c' + ab \tag{4}$$

检验中介效应最常用的方法是逐步检验回归系数，第一步检验 X 对 Y 的总效应 c（检验 H_0：$c=0$）；第二步检验系数乘积 ab（检验 H_0：=0）的显著性，通过检验系数 a（检验 H_0：$a=0$）和系数 b（检验 H_0：$b=0$）依次来进行；逐步法结果准确，需要 a、b 均显著才能检验出中介效应，当存在中介效应较弱时，依次进行检验 a 和 b 的显著性检验力不高。

现在较常用的是用 Bootstrap 方法构造中介效应的置信区间，进行中介效应的检验，Bootstrap 方法具有较强的检验力，至少 a、b 有一个系数不显著，仍然可以检验，并且可以相较于 Sobel 法可以克服检验统计量存在的非正态问题。因此本研究采用 Bootstrap 法检验中介效应。Bootstrap 是一种非参数重新抽样方法：首先将原始样本 n 当作 Bootstrap 总体，从总体中有放回地重复抽样得到 Bootstrap 的 n 个样本；其次对 n 个样本可以得到 n 个中介效应估计值，其全体记为 $|\hat{a}\hat{b}|$；将它们按数值从小到大排序，其中第 2.5 百分位点和第 97.5 百分位点构成了一个置信度为 95% 的中介效应置信区间，如果置信区间不包含 0，则系数乘积显著，即间接效应显著。

在公式（1）、公式（2）和公式（3），即中介效应模型成立基础上，对调节中介效应后半段路径进行分析（如图 3-3-2 所示）：

$$Y = c' + c''U + b_1 M + b_2 UM + e_4 \tag{5}$$

将公式（5）合并成 $Y = c' + c''U + (b_1 + b_2 U) M + e_4$ 形式，因此由表达式可知当 $b_2 \neq 0$ 时，调节中介效应显著。

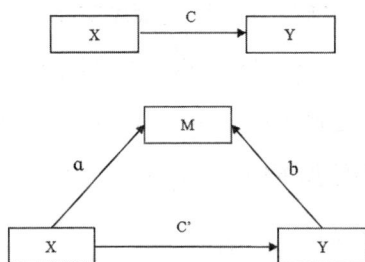

图 3-3-1　中介效应示意图　　图 3-3-2　调节中介效应后半径示意图

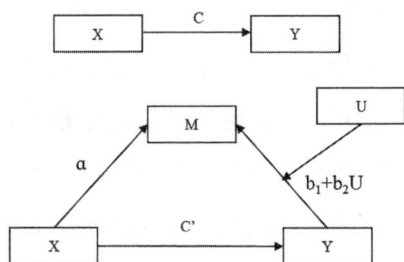

2. 静态中介效应模型

基于前文假设，为了检验政府补贴对生物医药企业创新产出是否能够产生显著的促进作用，以及研发投入是否在政府补贴与生物医药企业创新产出之间起到中介作用，设定如下计量模型：

$$Ipatent_{it} = \alpha_0 + \alpha_1 Sub_{i,t-1} + \sigma_1 Controls_{it} + \lambda_i + \eta_t + \varepsilon_{it} \tag{6}$$

$$RD_{it} = \beta_0 + \beta_1 Sub_{i,t-1} + \sigma_2 Controls_{it} + \lambda_i + \eta_t + \varepsilon_{it} \tag{7}$$

$$Ipatent_{it} = \lambda_0 + \lambda_1 Sub_{i,t-1} + \lambda_2 RD_{it} + \sigma_3 Controls_{it} + \lambda_i + \eta_t + \varepsilon_{it} \tag{8}$$

其中，i 代表企业，t 代表年份。$Ipatent_{it}$ 为被解释变量，代表企业创新产出；$Sub_{i,t-1}$ 为核心解释变量代表政府补贴，包括研发补贴（$Rsub_{i,t-1}$）和非研发补贴（$NRsub_{i,t-1}$）；RD_{it} 代表研发投入；$Controls_{i,t-1}$ 为影响企业创新产出的控制变量，包括企业年龄（Age）、企业规模（$Size$）、盈利能力（Roe）、股权集中度（$Holder$）、独立董事占比（$Indir$）、资本密集度（$Fasset$）、所有者权益比率（$Ower$）、经营负债比率（$Oplr$）。λ_i 为个体固定效应，η_t 为时间固定效应，ε_{it} 为随机扰动项。在回归中，进行了如下处理：第一，考虑到政府补贴影响企业创新产出需要一定的时间，对政府补贴进行滞后处理，这也能适度减轻反向因果的内生性问题[①]。第二，考虑到企业创新过程受时间和个体影响，采用经典的"双向

————————

① Xu J, Wang X, Liu F. Government subsidies, R&D investment and innovation performance: analysis from pharmaceutical sector in China [J]. Technology Analysis & Strategic Management, 2021, 33（5）:535-553.

固定效应模型"进行检验。第三，在回归检验中默认采用了稳健标准误。

3. 动态中介效应模型

考虑到生物医药企业创新的可持续影响及可能存在遗漏变量与双向因果等内生性问题，本研究参照王垒等[①]的做法，引入被解释变量的滞后项作为解释变量减少不可观测的遗漏变量带来的偏误，构建了如下计量模型：

$$Ipatent_{it} = a_0 + a_1 Ipatent_{i,t-1} + Ipatent_{i,t-2} + a_2 Rsub_{i,t-1}$$

$$+ \sigma_4 Controls_{it} + \lambda_i + \eta_t + \varepsilon_{it} \tag{9}$$

$$RD_{it} = b_0 + b_1 RD_{i,t-1} + b_2 Sub_{i,t-1} + \sigma_5 Controls_{it} + \lambda_i + \eta_t + \varepsilon_{it} \tag{10}$$

$$Ipatent_{it} = c_0 + c_1 Ipatent_{i,t-1} + Ipatent_{i,t-2} + c_2 Rsub_{i,t-1}$$

$$+ c_3 RD_{it} + \sigma_6 Controls_{it} + \lambda_i + \eta_t + \varepsilon_{it} \tag{11}$$

其中，$Ipatent_{i,t-1}$、$Ipatent_{i,t-2}$、$RD_{i,t-1}$ 为引入的解释变量；$Controls_{it}$ 为控制变量，变量的定义与上文相同。

4. 调节效应模型

基于前文假设，为了检验机构投资者和银行信贷在生物医药企业自身研发投入和创新产出之间能否起到调节作用，构建了如下计量模型：

$$Ipatent = \alpha_0 + \alpha_1 RD + \sigma_1 Controls_{it} + \lambda_i + \eta_t + \varepsilon_{it} \tag{12}$$

$$Ipatent = \beta_0 + \beta_1 RD + \beta_2 VC + \beta_3 RD \times VC + \sigma_2 Controls_{it} + \lambda_i + \eta_t + \varepsilon_{it} \tag{13}$$

$$Ipatent = \beta_0 + \beta_1 RD + \beta_2 Loan + \beta_3 RD \times Loan + \sigma_2 Controls_{it} + \lambda_i + \eta_t + \varepsilon_{it} \tag{14}$$

其中，VC、$Loan$ 为引入的解释变量，分别代表机构投资者和银行信贷；$RD \times VC$、$RD \times Loan$ 分别代表研发投入与机构投资者和银行信贷的交乘项，$Controls_{it}$ 为控制变量，变量的定义与上文相同。

---

① 王垒，牛文正，刘新民. 财政自主能力与碳经济绩效：产业结构升级的中介效应[J]. 中国环境管理，2019，11（06）:75-81.

5. 有调节的中介效应模型

基于前文假设检验机构投资者和银行信贷是否能够调节研发投入在研发补贴和企业创新产出之间的关系，构建了如下计量模型：

$$Ipatent = \beta_0 + \beta_1 Sub_{i,t-1} + \beta_2 RD + \beta_3 VC + \beta_4 RD \times VC + \sigma_2 Controls_{it}$$
$$+ \lambda_i + \eta_t + \varepsilon_{it} \tag{15}$$

$$Ipatent = \beta_0 + \beta_1 Sub_{i,t-1} + \beta_2 RD + \beta_3 Loan + \beta_4 RD \times Loan +$$
$$\sigma_2 Controls_{it} + \lambda_i + \eta_t + \varepsilon_{it} \tag{16}$$

第四章　研发补贴、
非研发补贴对相关企业创新影响的实证分析

一、描述性统计分析

表 3-4-1 展示了样本的描述性统计结果，结果可以看出生物医药企业创新产出均值为 3.14，最大值为 9.28，表明我国生物医药企业创新水平整体较弱，这与 Woolliscroft[1] 的研究结果一致。政府研发补贴的标准差为 5.85，即不同的生物医药企业可能因企业的不同的特征获得不同的政府研发补贴额，研发补贴的最大值为 19.58，最小值为 0，即有部分生物医药企业并未获得政府的研发补贴。政府非研发补贴无论是均值、标准差还是最大值都要高于非研发补贴，表明生物医药企业获得的政府补贴中，对创新活动无直接影响的非研发补贴要高于直接作用于企业创新活动的研发补贴。在政府给予企业补贴时，生物医药企业可能将更多补贴金额用于企业非直接创新活动，非研发补贴可能未能促进企业创新产出，这一关系需要在后文进行论证。在研发投入方面，研发投入强度均值为 5.86，标准差相对较大，表明我国生物医药企业整体研发投入水平偏低。从表中可以看出机构投资者均值为 37.63，表明生物医药企业

---

① Woolliscroft J O. Innovation in Response to the COVID-19 Pandemic Crisis [J]. Academic Medicine，2020，95（8）:1140-1142.

机构投资者持股也是重要的融资渠道。

表 3-4-1　描述性统计分析

变量名	N	mean	sd	min	max
Ipatent	1629	3.14	1.40	0.00	9.28
Rsub	1629	12.37	5.85	0.00	19.58
NRsub	1629	16.03	2.51	0.00	20.66
RD	1629	5.86	5.53	0.00	59.47
VC	1629	37.63	22.98	0.00	91.98
Loan	1629	0.05	0.25	0.00	3.85
Age	1629	11.01	6.61	1.00	29.00
Holder	1629	0.30	0.13	0.05	0.72
Indir	1629	0.39	0.06	0.20	0.67
Fasset	1629	2.49	2.35	−1.74	30.34
Ower	1629	0.64	0.20	−1.13	0.99
Oplr	1629	0.57	0.25	0.04	1.00
Roe	1629	0.07	0.18	−4.70	0.68

二、相关性分析

从表 3-4-2 看出，政府研发和非研发补贴、研发投入与创新产出存在正相关关系。通过方差膨胀因子检验多重共线性，结果表明变量间的相关系数绝对值均小于 0.5，变量间膨胀因子均小于 3，容忍度大于 0.1，即排除变量之间存在多重共线性的可能。

表 3-4-2　相关性分析（1）

	Ipatent	RD	Rsub	NRsub	VC	Loan	Age
Ipatent	1						
RD	0.130***	1					
Rsub	0.00300	0.0370	1				
NRsub	0.262***	0.076***	−0.100***	1			
VC	−0.0210	−0.167***	0.150***	0.0310	1		
Loan	0.196***	−0.061**	0.0240	0.175***	0.122***	1	
Age	0.142***	−0.173***	−0.098***	0.255***	0.330***	0.195***	1

续表

	Ipatent	RD	Rsub	NRsub	VC	Loan	Age
Holder	−0.0370	−0.148***	0.158***	−0.068***	0.394***	−0.0210	−0.045*
Indir	−0.0310	0.128***	−0.063**	0.073***	−0.083***	0.0360	−0.0370
Fasset	0.0270	0.176***	0.0280	−0.091***	−0.0340	−0.00400	−0.065***
Ower	−0.151***	0.165***	0.066***	−0.166***	−0.0280	−0.326***	−0.274***
Oplr	−0.00200	0.0250	0.0230	−0.0400	0.0100	−0.179***	0.0290
Roe	0.0420	−0.066**	0.0420	0.060**	0.156***	−0.0100	0.0290
VIF		1.25	1.03	1.12	1.43	1.18	1.43
Tolerance		0.80	0.97	0.89	0.70	0.85	0.70

注：*、**、*** 分别表示 10%、5%、1% 的显著性水平。下同。

表 3-4-2　相关性分析（2）

	Holder	Indir	Fasset	Ower	Oplr	Roe
Holder	1					
Indir	−0.0360	1				
Fasset	0.091***	0.0140	1			
Ower	0.135***	0.0200	−0.00900	1		
Oplr	0.135***	−0.057**	−0.235***	0.362***	1	
Roe	0.145***	−0.075***	−0.081***	0.150***	0.123***	1
VIF	1.34	1.04	1.20	1.46	1.36	1.08
Tolerance	0.75	0.96	0.83	0.68	0.73	0.92

三、回归分析

（一）基准回归模型

本部分内容实证分析了政府研发补贴和非研发补贴对生物医药企业创新产出的影响，考虑到创新产出具有可持续影响，因此建立了静态面板固定效应模型与动态面板 Sys-GMM 进行比较分析。表 3-4-3 给出了基本模型回归结果，总体而言，两种模型回归结果是相似的。首先静态模型回归结果表明，滞后一期的政府研发补贴对当期生物医药企业的创新产出在5%水平上显著为正；滞后一期的政府非研发补贴对企业创新产出促进作用不明显，但系数为正。从动态模型回归结可以看出，AR（2）的P值大于0.1，说明不存在扰动项自相关问题，Hansen统计量对应的P值均大于0.1，表明无法拒绝"所有工具变量均有效"的原假设，以上检验结果说明了模型设定的合理性和工具变量的有效性；并且滞后一期研发补贴在5%水平上显著促进企业的创新产出，非研发补贴对企业创新产出没有显著的促进作用，这一结果与静态模型一致，即假设Ha1和Ha2得到了验证。具体而言，政府研发补贴首先给生物医药企业补充了直接的资源，包括财政形式的研发资金和引进的高技术人才；其次政府研发补贴也间接为生物医药企业释放了良好的信号，缓解了企业融资难的困境，因此研发补贴在一定程度上会促进企业的创新生产。针对政府非研发补贴资金的用途，企业可以根据自身的发展需要灵活、方便地加以有效利用，如购买新的设备、污染治理等非研发活动，因此非研发补贴对企业的创新产出可能并不会产生显著促进作用。但政府给予企业补贴到最终创新成果的转化需要一定的时间，因此补贴对创新产出的影响存在滞后期。本研究采用的是三变量中介效应模型检验，由于非研发补贴对生物医药企业创新产出没有显著的促进作用（核心解释变量对因变量的总效应），因此在下文的中介效应模型中重点研究政府研发补贴、研发投入与生物医药企业创新产出三者之间的关系。

表3-4-3　基准回归结果

	Fixed Effects		System GMM	
	Ipatent	Ipatent	Ipatent	Ipatent
L.Ipatent			0.257***	0.294***
			（2.843）	（3.555）
L2.Ipatent			0.162***	0.188***

续表

	Fixed Effects		System GMM	
	Ipatent	Ipatent	Ipatent	Ipatent
			（2.385）	（2.798）
Rsubi,t−1	0.017**		0.022**	
	（2.217）		（1.972）	
NRsubi,t−1		0.007		0.075
		（0.606）		（0.992）
Age	−0.266***	−0.271***	0.015*	0.009
	（−5.533）	（−5.596）	（1.656）	（0.943）
Holder	−0.315	−0.151	−0.003	0.050
	（−0.483）	（−0.234）	（−0.009）	（0.139）
Indir	−2.106***	−2.081***	−1.884***	−1.927***
	（−2.967）	（−2.925）	（−2.714）	（−2.941）
Fasset	−0.055**	−0.055**	−0.008	0.010
	（−2.155）	（−2.156）	（−0.321）	（0.350）
Ower	0.077	0.076	0.211	0.083
	（0.249）	（0.242）	（0.609）	（0.239）
Oplr	−0.596***	−0.583***	−0.869	−0.617
	（−2.821）	（−2.766）	（−1.509）	（−1.105）
Roe	−0.016	−0.026	−0.087	0.142
	（−0.121）	（−0.207）	（−0.171）	（0.246）
样本量	1088	1088	907	907
Hansen test			p=0.227	p=0.108
AR（1）			p=0.000	p=0.000
AR（2）			p=0.505	p=0.541

从控制变量的结果来看，静态模型中，企业资本密集度在5%水平上显著抑制生物医药企业的创新产出；在动态模型中，对企业的创新产出在10%的显著性水平上并不显著，但系数为负，说明资本密集度越高的企业，创新产出水平在一定程度上相对较弱。独立董事占比在静态和动态模型中与生物医药企业创新产出在1%水平上显著负相关，独立董事占比过高可能会使控股股东对公司产生不满情绪，反而对企业创新产出产生负作用。经营负债比率在静态模型中分别在1%和10%水平上与企业的创新产出负相关，在动态模型中，在10%的显著性水平上并不

显著，但系数为负，经营负债率反映的是企业财务与风险状况，负债率越高的企业意味着公司的财务结构可能会存在一定的问题，会对企业的创新产生不利的影响。

（二）研发投入的中介效应分析

表 3-4-4 显示了研发投入作为中介变量的回归结果。首先静态模型回归结果表明，滞后一期的政府研发补贴对研发投入在 5% 的水平上显著为正，系数为 0.048，说明滞后期研发补贴的增加会提高企业研发投入。政府研发补贴在 5% 置信水平下对企业创新产出具有显著的促进作用，同时研发投入也能在 5% 水平上显著促进企业创新产出，即政府研发补贴能够通过增加研发投入促进生物医药企业创新产出，Ha3 得到验证。具体而言，政府研发补贴每提升 1 个单位，企业的创新产出会直接增加 0.016 个单位，同时会促使企业研发投入增加 0.048 个单位，从而导致企业创新产出间接增长 0.000912（0.048×0.019），则直接效应与中介效应之和是 0.016912（0.016+0.000912），中介效应占总效应的比重为 5.39%，即存在较弱的中介效应。同时从表 3-4-5 Fixed Effects 检验结果可以看出 Bootstrap 检验 95% 置信区间不包含 0，即研发投入的中介效应是存在的。动态模型回归结果表明，滞后一期的政府研发补贴对研发投入促进作用不明显，因此需要进行 Bootstrap 检验。从表 3-4-5 System GMM 检验结果来看，Bootstrap 检验 95% 置信区间包含 0，即研发投入的中介效应不存在。

表3-4-4 研发投入的中介效应

	Fixed Effects		System GMM	
	R&D	Ipatent	R&D	Ipatent
L.Ipatent				0.255***（2.890）
				0.162**（2.503）
L2.Ipatent				
			0.769***	
L.R&D			（5.152）	
Rsubi,t−1	0.048**	0.016**	0.019	0.017
	（2.251）	（2.105）	（0.947）	（1.593）
R&D		0.019**		0.032***
		（2.016）		（2.845）
Age	−0.794***	−0.250***	−0.002	0.021**
	（−4.599）	（−5.127）	（−0.054）	（2.117）
Holder	1.176	−0.337	−1.992	0.249
	（0.589）	（−0.514）	（−1.444）	（0.634）
Indir	1.439	−2.134***	1.754	−2.299***
	（0.458）	（−3.017）	（0.911）	（−3.229）
Fasset	1.399***	−0.082***	0.126	−0.024
	（5.176）	（−2.749）	（0.535）	（−0.793）
Ower	3.305***	0.014	2.159	0.055
	（3.128）	（0.045）	（1.178）	（0.161）
Oplr	−1.209	−0.572***	−0.221	−0.853
	（−1.513）	（−2.735）	（−0.202）	（−1.479）
Roe	−2.054***	0.023	−1.043	0.057
	（−4.689）	（0.168）	（−0.567）	（0.109）
样本量	1088	1088	1086	907
Hansen test			p=0.319	p=0.268
AR（1）			p=0.017	p=0.000
AR（2）			p=0.871	p=0.435

　　在静态模型中，研发补贴首先给生物医药企业补充了直接的资源，包括财政形式的研发资金和引进的高技术人才；其次研发补贴也为企业释放了良好的信号，缓解了融资难的困境，因此研发补贴在一定程度上会促进企业创新生产。不考虑创新的可持续影响下，生物医药企业仅需要根据本企业的实际能力开展创新活动。疫苗和药物等相关试剂的研制

需要较高资金，研发补贴能够直接给予企业经济扶持，因此企业会不断加大研发投入力度如引进高技术人才等，促进企业创新绩效的提升。并且政府给予企业补贴到最终创新成果转化需要一定时间，因此补贴对创新产出的影响存在滞后期。在动态模型中，生物医药企业会根据往年研发投入、创新产出的可持续影响以及本企业创新活动开展具体情况投入研发金额。而研发补贴不能通过企业的研发投入来间接促进企业的创新产出，可能的原因是生物医药企业的创新是一个可持续行为的过程，回归结果也表明滞后一期和两期的创新产出都会在 1% 的水平上正向影响企业当期的创新产出。生物医药企业在临床研究以及疫苗药物研发等创新过程中会形成一种创新思维模式和长期思想，这种思维和长期思想会持续影响生物医药企业的创新，企业持续保持创新就会形成创新的套路和简单规则，即形成创新惯性。生物医药企业创新水平的提高依赖的不仅仅是企业的研发投入，而是企业自身形成的一种内在创新能力，并且在生物医药企业创新的可持续性影响下，这种内在创新能力的作用要远大于企业当期的研发投入带来的影响，即生物医药企业主要是靠自身创新的持续性影响来提高创新水平。因此，在动态模型中，研发投入的中介效应并不显著。

表 3- 4-5　效应分解表

	效应	Z 值	P>|Z|	95% 置信区间
Fixed Effects	间接效应	3.54	0.000	[0.003，0.012]
	直接效应	4.45	0.000	[0.026，0.067]
System GMM	间接效应	1.24	0.216	[-0.000，0.002]
	直接效应	1.90	0.057	[-0.000，0.030]

（三）机构投资者的调节效应分析

从表3-4-6的列（1）回归结果可以看出，生物医药企业自身研发投入对创新产出的估计参数在 5% 水平上，系数为 0.020，显著为正，即生物医药企业自身研发投入在 5% 的水平上显著促进企业创新产出。具体而言研发投入每增加 1 个单位，创新产出增加 0.020 个单位。从第（2）列回归结果可以看出，自身研发投入和机构投资者持股交乘项在 10% 水平上显著为负，表明机构投资者持股可以负向调节生物医药企业研发投入和创新产出之间的关系，假设 Hb1 得到验证。列（3）回归结果表明，在控制机构投资者持股之后研发投入在静态固定效应模型中仍能发挥中介效应。研发投入和机构投资者持股交乘项在 5% 水平上显著为负，表明机构投资者持股能够负向调节研发投入在研发补贴和创新产出之间的中介效应，即假设 Hb2 得到验证。

机构投资者负向调节研发投入的中介效应表现在企业创新成功，收益高，吸引更多投资者参与。一方面，对生物医药企业来说，企业面临创新的风险高，不确定性大，创新形成过程周期长，一旦失败将面临资金不可回收。机构投资者可能不会将资金用于高风险的创新项目，因此企业在资金匮乏的情况下将会降低研发投入。另一方面，机构投资者看重的是企业给自己带来的收益而非企业价值。部分投资者为了规避风险追求企业短期行为带来的好处，可能会出现短期内"抛售股票"，获得利益之后快速退出，因此生物医药企业在机构投资者持股比例逐渐增加之后，会避免短期行为损失，降低创新风险较高的研发投入，降低企业创新生产。机构投资者对企业投资一般倾向于企业发展前景良好的企业，得到政府补贴的企业向机构投资者释放了良好信号，但机构投资者会不定期参与企业创新决策过程并进行严格监督，在企业业绩较差和创新风险较高的情况下，机构投资者支持企业将获得的研发补贴用于创新风险小的项目，削减企业创新投入费用，降低企业研发投入的中介效应，抑制生物医药企业创新生产。

表 3-4-6 机构投资者调节效应分析

	（1）	（2）	（3）
	Ipatent	Ipatent	Ipatent
R&D	0.020**	0.043**	0.045***
	（1.993）	（2.590）	（2.749）
VC		−0.001	−0.001
		（−0.213）	（−0.144）
R&D×VC		−0.001*	−0.001**
		（−1.890）	（−2.335）
Rsubi,t−1			0.016**
			（2.171）
Age	−0.231***	−0.204***	−0.211***
	（−4.333）	（−3.679）	（−3.971）
Holder	−0.124	0.059	−0.143
	（−0.200）	（0.094）	（−0.219）
Indir	−1.675***	−1.664***	−2.104***
	（−2.658）	（−2.643）	（−2.989）
Fasset	−0.063*	−0.067*	−0.086***
	（−1.951）	（−1.957）	（−2.752）
Ower	−0.104	−0.056	0.067
	（−0.299）	（−0.159）	（0.211）
Oplr	−0.376*	−0.388*	−0.583***
	（−1.842）	（−1.899）	（−2.827）
Roe	0.018	0.046	0.055
	（0.128）	（0.302）	（0.374）
样本量	1，269	1，269	1，269

（四）银行信贷的调节效应分析

从表 3-4-7 列（2）回归结果可以看出，银行信贷与生物医药企业研发投入交乘项在 1% 的水平上显著为负，表明银行信贷可以负向调节企业研发投入与创新产出的关系，即银行信贷程度越高，生物医药企业自身研发投入对创新的影响越弱，假设 Hc1 得到验证。列（3）的回归结果表明在控制银行信贷之后，研发投入的静态固定效应中介效应仍然显著。研发投入和银行信贷交乘项在 1% 水平上显著为负，表明银行信贷能够负向调节研发投入在政府研发补贴和生物医药企业创新产出之间的关系。生物医药企业将大量资金从事高风险创新项目时，无非面临两种结果：一是创新成功，二是创新失败。当企业创新成功时，企业获得预期收益，银行不会因此获得超额收益。当企业创新失败时，银行可能面临资金无法收回风险。因此银行可能倾向于将贷款提供给低风险项目。同时企业获得银行信贷之后将面临偿还利息的压力，会使得企业面临创新失败后的债务危机，因此生物医药企业获得银行信贷之后可能会减少研发支出费用。同时银行会参照政府补贴金额和企业内部经营状况为企业发放信贷资金，当生物医药企业开展创新风险高的项目活动时，银行为了避免创新不确定带来的损失，间接抑制企业创新投入，不利于企业创新生产。

表 3-4-7 银行信贷的调节效应分析

	(1)	(2)	(3)
	lpatent	lpatent	lpatent
R&D	0.020**	0.022**	0.021**
	（1.993）	（2.146）	（2.170）
Loan		0.081**	0.079**
		（1.996）	（−0.144）
R&D × Loan		−0.046***	−0.045***
		（−3.247）	（−3.148）
$Rsub_{i,t-1}$			0.016**
			（2.109）
Age	−0.231***	−0.226***	−0.247***
	（−4.333）	（−4.342）	（−5.220）
Holder	−0.124	−0.109	−0.349
	（−0.200）	（−0.175）	（−0.537）
Indir	−1.675***	−1.631**	−2.102***
	（−2.658）	（−2.584）	（−2.969）
Fasset	−0.063*	−0.062*	−0.080***
	（−1.951）	（−1.951）	（−2.725）
Ower	−0.104	−0.070	0.033
	（−0.299）	（−0.209）	（0.108）
Oplr	−0.376*	−0.351*	−0.553***
	（−1.842）	（−1.743）	（−2.670）
Roe	0.018	0.016	0.021
	（0.128）	（0.112）	（0.154）
样本量	1，269	1，269	1，269

四、异质性检验

（一）不同企业规模的异质性讨论

表 3-4-8　分企业规模样本静态回归结果

	大规模		小规模	
	lpatent	lpatent	lpatent	lpatent
$Rsub_{i,t-1}$	0.018**		0.010	
	（1.781）		（0.863）	
$NRsub_{i,t-1}$		0.007		0.006
		（0.427）		（0.389）
Age	0.071***	0.065***	−0.204***	−0.205***
	（3.117）	（2.797）	（−4.385）	（−4.440）
Holder	−0.215	0.095	−0.440	−0.338
	（−0.190）	（0.086）	（−0.481）	（−0.371）
Indir	−0.839	−0.856	−2.411***	−2.417***
	（−0.646）	（−0.660）	（−2.760）	（−2.782）
Fasset	−0.041	−0.046	−0.026	−0.023
	（−1.214）	（−1.437）	（−0.658）	（−0.597）
Ower	−0.674	−0.715	0.490	0.504
	（−1.144）	（−1.156）	（1.398）	（1.430）
Oplr	−0.161	−0.129	−0.705***	−0.694**
	（−0.591）	（−0.475）	（−2.590）	（−2.560）
Roe	0.337*	0.305	−0.190*	−0.198*
	（1.701）	（1.520）	（−1.727）	（−1.857）
样本量	509	509	579	579

本研究参照赵晓艳[1]做法，依据企业资产总额自然对数的平均值对企业规模进行划分，高于资产总额平均值划分为大规模企业，低于资产总额平均值的划分为小规模企业，探讨政府研发补贴和非研发补贴对生物医药企业创新产出的影响。与前文基准回归保持一致，考虑生物医药企业创新可持续影响，采用静态和动态模型进行对比分析研发补贴和非

---

① 赵晓艳. 融资约束对企业出口决策影响［D］. 对外经济贸易大学，2021.

研发补贴对企业创新所起的作用。从表 3-4-8 回归结果可以看出,在静态模型中,大规模企业政府研发补贴在 5% 的水平上显著为正,政府研发补贴每增加 1 个单位,生物医药企业创新产出增加 0.018 个单位。大规模企业的政府非研发补贴对企业创新产出在 10% 水平上不显著,表明政府非研发补贴不能有效促进生物医药企业创新产出。小规模企业中政府研发补贴和非研发补贴置信水平在 10% 均不显著,即小规模企业得到的政府补贴未能有效显著促进企业创新。表 3-4-9 动态回归结果与静态回归结果的显著性基本一致,只有大规模企业政府研发补贴在 5% 水平上,能够显著促进企业创新。动态模型中非研发补贴在大规模和小规模企业中均未能促进生物医药企业创新生产。动态小规模企业中的研发补贴的系数为 0.014,且不显著,表明在小规模企业中非研发补贴对企业创新没有显著的促进作用。

具体而言,一方面大规模企业具有较高的资金基础,风险承担能力较强。大规模企业比小企业更容易获得更多的社会关系,更容易向市场投资者释放积极信号,比小企业更容易获得政府补贴、机构投资者和银行信贷的资金支持。因此大规模企业比小规模企业更容易解决创新过程中面临的资金缺乏问题。在资金基础较强的情况下,大规模企业可以聘请高技术人员参与企业创新决策的制定,对该企业的创新项目进行针对性指导,减小不确定性所造成的损失,有利于企业创新。另一方面,大规模企业内部可能拥有更加完善的管理制度。大规模企业内部决策管理能力相对成熟,对研发整个过程的管理相对标准,可以减少人员决策失误、管理不当等风险带来的损失,有效促进创新成果的转化。小规模企业可能处于初创阶段,自身资金、社会关系及内部科技人员可能比不上大规模企业,创新决策制定和实施可能缺乏经验,缺少专业人士的指导。并且处于初创型的小规模生物医药企业面临更加困难的创新不确定性带来的压力,面对创新风险高、预期收益大的创新项目小规模企业由于资金与技术不足,会直接放弃创新生产。因此获得政府研发资助的小规模企业可能由于自身研发能力的不足，放弃创新活动，于是在小规模生物医药企业中，政府研发补贴和非研发补贴均不能有效促进企业创新生产。

表3-4-9　分企业规模样本动态回归结果

	大规模		小规模	
	lpatent	lpatent	lpatent	lpatent
L.lpatent	0.414***	0.429***	0.341***	0.320***
	（4.996）	（5.218）	（2.991）	（2.591）
L2.lpatent	0.196***	0.206***	0.257**	0.251**
	（3.588）	（3.629）	（2.538）	（2.433）
Rsubi,t−1	0.028**		0.014	
NRsubi,t−1	（2.206）	−0.006	（0.924）	0.006
		（−0.292）		（0.203）
Age	−0.007	−0.007	−0.000	−0.003
	（−0.798）	（−0.913）	（−0.019）	（−0.192）
Holder	−0.272	−0.236	−0.137	−0.126
	（−0.715）	（−0.632）	（−0.233）	（−0.217）
Indir	−1.158	−0.962	−1.678**	−1.821**
	（−1.241）	（−0.996）	（−2.037）	（−2.361）
Fasset	0.026	0.020	0.027	0.031
	（0.997）	（0.738）	（0.683）	（0.790）
Ower	−1.570**	−1.437**	0.619	0.679*
	（−2.104）	（−2.182）	（1.597）	（1.763）
Oplr	0.871*	0.882**	−1.073	−1.059
	（1.861）	（1.992）	（−1.577）	（−1.575）
Roe	−0.392	−0.448	0.462	0.458
	（−0.695）	（−0.805）	（0.599）	（0.558）
样本量	460	460	447	447
Hansen test	P=0.220	P=0.180	P=0.226	P=0.235
AR（1）	P=0.000	P=0.000	P=0.000	P=0.000
AR（2）	P=0.455	P=0.389	P=0.433	P=0.458

（二）不同企业生命周期的异质性讨论

参照 Dickinson[①] 做法，依据企业投资、经营及筹资活动现金流的正

---

① Dickinson V. Cash flow patterns as a proxy for firm life cycle ［J］. The Accounting Review，2011，86（6）:1969−1994.

负等指标将企业分为成长期企业、成熟期企业及衰退期企业。生物医药企业中衰退期子样本较少，研究结果不能够代表企业与创新产出之间的关系，本研究将其剔除，主要研究成长期与成熟期企业。表 3-4-10 静态回归结果表明，对于成长期企业，政府研发补贴在 10% 水平上不显著，但系数为正，政府非研发补贴系数为负在 10% 置信水平不显著，表明成长期的生物医药企业政府给予的研发补贴和非研发补贴未能显著促进企业创新生产。处于成熟期的企业，政府研发补贴在 10% 置信水平上显著为正，即政府研发补贴每提升 1 个单位，企业创新产出将增加 0.024 个单位，政府非研发补贴对成熟期的企业没有显著促进作用。从表 3-4-11 动态回归结果表明，成长期企业中研发与非研发补贴均在 10% 的置信水平上对企业创新生产没有促进作用，成熟期企业研发补贴每提升 1 个单位，创新产出增加 0.025 个单位，且在 10% 置信水平上显著，同样政府非研发补贴未能有效促进企业创新生产。

表 3-4-10 分企业生命周期样本静态回归结果

	成长期		成熟期	
	lpatent	lpatent	lpatent	lpatent
Rsubi,t−1	0.007		0.024*	
	（0.575）		（2.049）	
NRsubi,t−1		−0.008		0.019
		（−0.541）		（0.750）
Age	0.115***	0.115***	0.092***	0.086***
	（4.385）	（4.333）	（4.083）	（3.623）
Holder	−0.301	−0.294	−0.875	−0.310
	（−0.363）	（−0.357）	（−0.701）	（−0.248）
Indir	−2.372	−2.412	−1.998*	−2.298**
	（−1.393）	（−1.408）	（−1.891）	（−2.233）
Fasset	−0.038	−0.042	0.022	0.015
	（−1.393）	（−1.256）	（0.294）	（0.197）
Ower	−0.001	0.014	−0.253	−0.131
	（−0.003）	（0.034）	（−0.326）	（−0.165）
Oplr	−0.801**	−0.802**	−0.041	−0.015
	（−2.530）	（−2.533）	（−0.111）	（−0.041）
Roe	−0.056	−0.057	0.279	0.210

	成长期		成熟期	
	Ipatent	Ipatent	Ipatent	Ipatent
	（−0.777）	（−0.801）	（0.865）	（0.667）
样本量	504	504	528	528

表3-4-11　分企业生命周期样本动态回归结果

	成长期		成熟期	
	Ipatent	Ipatent	Ipatent	Ipatent
L.Ipatent	0.368***	0.378***	0.368***	0.390***
	（3.935）	（4.277）	（3.520）	（3.542）
L2.Ipatent	0.151**	0.143***	0.271***	0.281***
	（2.740）	（2.594）	（3.060）	（3.137）
$Rsub_{i,t-1}$	0.002		0.025*	
	（0.188）		（1.766）	
$NRsub_{i,t-1}$		0.006		0.015
		（0.420）		（0.529）
Age	0.021	0.020	0.002	0.001
	（1.233）	（1.205）	（0.222）	（0.066）
Holder	−0.411	−0.342	0.059	0.088
	（−0.859）	（−0.726）	（0.129）	（0.199）
Indir	−1.615*	−1.573**	−1.691*	−1.932**
	（−1.945）	（−2.020）	（−1.763）	（−2.213）
Fasset	−0.058	−0.061	−0.050	−0.042
	（−1.291）	（−1.308）	（−1.373）	（−1.278）
Ower	0.288	0.329	0.107	0.146
	（0.305）	（0.333）	（0.275）	（0.413）
Oplr	−1.174	−1.289	−0.557	−0.710
	（−1.348）	（−1.385）	（−0.956）	（−1.429）
Roe	0.001	0.015	−0.810	−0.427
	（0.005）	（0.123）	（−0.782）	（−0.505）
样本量	416	416	426	426
Hansen test	P=0.671	P=0.426	P=0.185	P=0.191
AR（1）	P=0.002	P=0.002	P=0.000	P=0.000
AR（2）	P=0.129	P=0.141	P=0.144	P=0.133

具体而言，不论是在静态还是动态模型中政府研发补贴都能显著促进成熟期生物医药企业创新，非研发补贴对成熟期和成长期企业没有显著促进作用。成熟期企业内部管理制度相对完善，基础资金相对雄厚，

在企业内部经营活动一切有序的情况下，研发补贴能够有效促进企业创新，因此企业更有动力进行创新生产，并且能够合理有效利用研发补贴，促进企业创新。对成长期生物医药企业来说，企业自身资金相对缺乏，内部经营管理可能相对成熟期企业来说并非非常完善，企业可能将补贴运用于风险小的非创新项目，因此研发补贴对生物医药创新产出并没有直接的促进作用。

五、稳健性检验

（一）替换被解释变量

进一步替换被解释变量，考察基准回归结果的稳健性。参照王義[1]等人的做法，改变企业创新产出的衡量方式，对企业发明专利申请数量加 1 后取自然对数来表示企业的创新产出。从表 3-4-12 回归结果可以看出，不同类型的补贴对企业创新产出的作用一致。静态模型中，滞后期研发补贴在 5% 的水平上显著为正。静态模型中的非研发系数为 0.012，但不显著，研发补贴未能促进企业创新生产。在动态模型中，滞后期研发补贴系数为 0.025，且在 5% 的置信水平上显著，研发补贴能够激励企业创新生产。政府非研发补贴在 10% 水平上不显著，但系数为正，表明在创新可持续影响下，政府非研发补贴不能够有效促进企业创新生产。核心变量回归不因改变创新产出测量指标而发生实质性变化，说明核心结果较为稳健。

---

[1] 王義，张强，侯稼晓.研发投入、政府补贴对企业创新绩效的影响研究［J］.统计与信息论坛，2022，37（02）:108-116.

表 3-4-12　基准模型的稳健性检验

	Fixed Effects		Sys-GMM	
	lpatent1	lpatent1	lpatent1	lpatent1
L.lpatent1			0.180*	0.163*
			（1.882）	（1.943）
L2.lpatent1			0.129**	0.126**
			（2.134）	（2.165）
Rsubi,t−1	0.019**		0.025**	
	（2.203）		（2.447）	
NRsubi,t−1		0.012		0.033
		（0.874）		（1.625）
Age	−0.033	−0.038	0.022**	0.024**
	（−0.753）	（−0.870）	（2.008）	（2.389）
Holder	−0.896	−0.706	0.330	0.369
	（−1.480）	（−1.193）	（0.804）	（0.843）
Indir	−1.660**	−1.623**	−2.038***	−2.046***
	（−2.393）	（−2.306）	（−2.936）	（−2.958）
Fasset	−0.041	−0.040	−0.023	−0.022
	（−1.607）	（−1.570）	（−0.670）	（−0.530）
Ower	−0.061	−0.059	−0.040	0.115
	（−0.215）	（−0.206）	（−0.103）	（0.321）
Oplr	−0.522**	−0.507**	−1.002*	−1.126**
	（−2.429）	（−2.366）	（−1.853）	（−2.404）
Roe	−0.028	−0.040	−0.313	−0.583
	（−0.328）	（−0.496）	（−0.647）	（−0.898）
样本量	1,088	1,088	907	907
Hansen test			P=0.456	P=0.539
AR（1）			P=0.000	P=0.000
AR（2）			P=0.134	P=0.153

（二）中介变量的重新测算

考虑到中介变量测算可能存在误差，本篇参照Saidani等[1]人的做法，将研发投入与期末总资产的比重作为研发投入的衡量指标，进一步考

---

[1] Saidani W, Msolli B, Ajina A. Research and development investment, and financing constraints: The case of Japan [J] .Research in International Business and Finance, 2017, 42:1336−1342.

察中介模型的回归结果。从表 3-4-13 回归结果可以看出，政府研发补贴对生物医药企业的研发投入估计参数在 5% 的水平上显著为正，系数为 0.018，说明滞后期的政府研发补贴增加会提高生物医药企业的自身研发投入。政府研发补贴对于生物医药业研发投入分别在 5% 水平上显著为正和 10% 的置信水平上不显著但系数为正，因此需要进行 Bootstrap检验。从表 3-4-14 检验结果来看，95% 置信区间水平不包含 0，即研发投入的中介效应是存在的，这一结论进一步解释了前文关于研发投入可能存在微弱的中介效应的假设，因此在创新的可持续影响下，导致企业创新思维带来的影响要远远大于企业研发投入对创新产生的影响。从动态回归结果可以看出，非研发补贴对生物医药企业创新产生无显著促进作用，并进行了 Bootstrap 检验，从表 3-4-14 可以看出，动态模型的间接效应 95% 置信区间包括 0，研发投入的中介效应不存在，这一结论与前文保持一致。

表 3-4-13　研发投入的中介效应

	Fixed Effects		Sys-GMM	
	RD1	Ipatent	RD1	Ipatent
L.Ipatent				0.253***
				（3.279）
L2.Ipatent				0.186**
				（3.111）
L.RD1			0.994***	
			（9.293）	
$Rsub_{i,t-1}$	0.018**	0.016**	−0.000	0.020*
	（2.104）	（2.153）	（−0.016）	（1.789）
RD1		0.029		0.041
		（1.068）		（0.543）
Age	0.116***	0.084***	−0.003	0.015
	（3.735）	（5.418）	（−0.282）	（1.557）
Holder	1.072	−0.346	−0.098	0.029
	（1.288）	（−0.528）	（−0.280）	（0.075）
Indir	−0.849	−2.082***	−0.428	−1.776***

	Fixed Effects		Sys-GMM	
	RD1	Ipatent	RD1	Ipatent
	（−0.989）	（−2.941）	（−0.703）	（−2.402）
Fasset	−0.123**	−0.051**	−0.037	0.003
	（−2.549）	（−2.005）	（−0.960）	（0.114）
Ower	0.502	0.063	−0.085	0.190
	（1.329）	（0.199）	（−0.120）	（0.471）
Oplr	0.351	−0.606***	0.329	−0.823
	（1.117）	（−2.842）	（0.702）	（−1.411）
Roe	−0.341***	−0.006	−0.469	−0.043
	（−3.454）	（−0.047）	（−1.090）	（−0.102）
样本量	1,086	1,086	1,086	905
Hansen test			P=0.401	P=0.466
AR（1）			P=0.000	P=0.000
AR（2）			P=0.007	P=0.761

表 3-4-14 效应分解表

	效应	Z 值	P>|Z|	95% 置信区间
Fixed Effects	间接效应	3.22	0.001	[0.003，0.015]
	直接效应	4.18	0.000	[0.023，0.066]
System GMM	间接效应	1.37	0.171	[−0.000，0.002]
	直接效应	1.16	0.246	[−0.006，0.025]

第五章　研究结论与政策建议

一、研究结论

　　生物医药产业作为知识密集型和技术驱动型的高技术产业，提高科技创新能力对保证行业健康稳定发展和提高企业核心竞争力具有非常重要的意义。近几年，随着新冠疫情的暴发，全球不断加大疫苗和药物的研发，生物医药业发展进程明显加快。生物医药企业临床研究与基础实验离不开长期稳定的资金支持并且药物研制与创新需求远高于其他行业，补贴政策的实施一方面可以引导企业自身的研发投入，另一方面也向市场投资者释放了积极信号，可以对企业创新产出有一定的促进作用。因此本研究考察不同类型补贴起到的作用，深入探究内部资源与外部资源在其中起到的作用，具体结论如下：

　　第一，不同类型的政府补贴对生物医药企业创新的影响是不同的。滞后一期的研发补贴能够显著促进生物医药企业创新产出的提升；非研发补贴对生物医药企业创新产出没有显著的促进作用。研发补贴是针对企业创新活动的直接资金支持，能增加企业创新资源，进而促进企业创新产出；非研发补贴是政府给予企业开展非研发活动的一种补贴，对企业研发活动以及相关技术、人员的引进没有直接影响，因此非研发补贴对生物医药企业创新产出没有显著促进作用。并且政府给予企业补贴到最终创新成果的转化需要一定时间，即补贴对创新产出的影响存在滞后期。

第二，在静态模型中，政府研发补贴可以通过研发投入间接促进生物医药企业创新产出，但由于创新惯性的影响使研发投入在动态模型中不能有效地发挥中介作用。研发补贴通过缓解企业资金需求不足、融资困难等困境可以加大企业研发投入力度，促进创新产出水平的提升。基于研发投入在动态模型中未能有效地发挥中介作用，本研究认为在创新惯性的影响下，生物医药企业自身形成的创新能力要远大于企业研发投入所带来的创新生产。生物医药企业对已经研制出的药物以及疫苗等已经形成一定的创新思维，并且这一过程需要消耗大量时间。研发投入可以为生物医药企业开展创新活动带来直接的资金，但补贴政策的实施可能会对生物医药企业自身研发投入产生挤出效应。因此政府研发补贴政策不能仅仅通过影响企业自身研发投入来促进生物医药企业的创新生产，生物医药企业应注重培养自身内在的创新能力，增强内部核心技术优势，长效持续地促进企业创新绩效的提升。

第三，机构投资者与银行信贷分别在生物医药企业研发投入与创新产出之间起到负向调节作用。机构投资者与银行信贷均属于企业从外部获得的资源。首先机构投资者为企业融资能够获得预期分红，但生物医药企业创新风险高，机构投资者可能更倾向于将资金用于低风险项目。同时机构投资者可能更加注重自身利益，短期内通过抛股形式获得股价差额，从中获得利润。对于生物医药企业来说，机构投资者持股比例越高，企业面临的创新过程中的资金中断风险越大，因此企业可能会降低企业创新方面的投入，不利于创新生产。其次银行信贷也是生物医药企业获得融资的重要渠道。银行提供给生物医药企业贷款，无论企业创新结果如何，银行并不能获得预期收益，只能获得约定的本金利息，因此银行同样会选择风险较少的项目。并且在获得银行信贷之后，创新的高风险使得企业面临成本难以回收与研发失败负债的压力，因此生物医药企业在获得银行信贷之后，会将资金运用于风险较小的项目，同时减少高风险创新项目的投入，抑制企业创新生产。

第四，相对于小规模企业，政府研发补贴更能有效促进规模较大的生物医药企业创新生产。大规模企业自身研发人员、技术、设备等相对成熟，内部管理制度比较完善。并且大规模企业比小规模企业更容易获得更多社会关系，更容易获得市场投资者的支持，研发过程具有较高的抗风险能力，因此大规模企业为企业创新活动提供了有力支持，在获得政府研发补贴之后更能有效促进企业创新。小规模企业内部设施、技术、资金等可能相对缺乏，内部经营、决策、管理等需要进一步完善，生物医药企业创新周期长，对技术要求相对较高，规模较小的企业可能不具备创新活动的条件，因此一旦研发过程失败，将面临无法收回资金的压力，因此对小规模企业来说，由于企业自身能力达不到要求，即使获得政府研发补贴也未能有效促进企业创新生产。

第五，补贴对处于不同的生命周期阶段生物医药企业创新的促进作用不同。政府研发补贴更能有效促进成熟期企业创新产出，研发补贴未能显著促进成长期企业创新产出。无论是企业处于成长期还是成熟期，非研发补贴都对生物医药企业创新产出没有显著促进作用。成熟期企业创新环境已经形成，面临创新失败的高风险，成熟期企业能更加有效应对，政府研发补贴更能有效促进企业创新。成长期企业更需要完善内部管理，标准化创新流程，面对创新失败的高风险可能不具备一定的应对能力，因此获得的政府研发补贴不能有效激励企业创新。

二、政策建议

虽然中国生物医药研发投入和技术创新能力都得到了显著提升，但与先进国家相比，还存在补贴形式设定不全、自主创新能力不足、补贴政策监管力度不够等差距。根据上述结论，提出了以下建议：

对政府相关部门而言，第一，政府要合理分配研发补贴和非研发补贴。不同补贴政策对生物医药企业创新发挥不同的作用，建议政府应当考虑多种类型的补贴：要持续加大对生物医药企业研发补贴支持力度，加速驱动生物医药业的创新发展，解决企业创新不足的困境，从而使企业获得持续创新资源。并且可以提供一些额外的税收优惠、技术补偿等方面的激励政策，鼓励生物医药企业加大研发投入力度，提高创新绩效；另外，政府要根据生物医药企业内部创新环境、创新开展情况合理分配非研发补贴，帮助企业改善基础设施，为企业创新发展提供良好的环境。第二，政府应该建立生物医药企业监督管理机制。政府给予生物医药企业研发和非研发补贴，应该有效监督企业自身研发投入与企业的创新成果。针对小规模企业和生命周期处于成长期的生物医药业，应该及时督查生物医药企业开展创新情况，使不同类型的补贴得到充分利用，避免生物医药企业出现恶意获取补贴的情况，以使有限的补贴资源发挥最大的影响力。

对生物医药企业而言，第一，建议生物医药企业获得政府研发补贴时，合理加大研发投入力度。静态中介效应模型中研发补贴可以通过研发投入促进企业创新产出，并且在现实创新生产中企业会投入一定的资金促进创新生产，建议生物医药企业根据政府研发补贴的实际力度，合理分配企业内部投入的资金，在获得研发补贴之后可以引进的新的外来技术人员以及相关技术等，提高补贴的利用率，提升企业的创新水平。第二，针对企业创新存在的惯性，建议生物医药企业不能忽视创新的可持续影响，在当前内部创新模式的基础上，更加重视自主创新能力的培养，在企业内部设立专门的科研基地，加强对外合作，吸引重大创新项目，充分发挥创新的主观能动性，形成长期可持续机制。第三，建议生物医药企业在获得机构投资者和银行信贷之后，要合理分配企业自身研发投入。生物医药企业获得外部融资之后不能一味地加大企业研发投入，投入大量资金与研发人员等，生物医药企业一方面要根据自身能力及项目开展情况，合理利用外部投资者的资金，避免创新失败带来的无法偿还本金和利息带来的损失，另一方面生物医药企业尽量选择追求长期效益的机构投资者及愿意为企业提供创新风险高的信贷银行，避免外部投资者追求短期行为给企业带来资金中断损失。

三、不足与展望

本研究对如何有效利用政府研发补贴和非研发补贴才能更好地促进生物医药企业的创新生产提供了一些参考，但也存在一定局限性。本研究虽然参考相关学者做法通过关键词搜索形式对政府研发补贴和非研发补贴进行了划分，但目前关于政府对企业研发补贴、非研发补贴详细数据没有具体披露，因此关于政府研发补贴的分类方法并非最优，可能会出现关键词遗漏的问题，导致结果存在误差。因此在未来的研究中，首先可以进一步精确研发补贴和非研发补贴测度，避免误差对结果产生的差异。其次，可以划分不同类型的生物医药企业子样本进行研究。在未来的研究中可以进一步扩大样本，细致研究不同类型生物医药企业补贴与创新之间的关系，提出更具有针对性的政策与建议。最后，可以从机构投资者的异质性方面深入探究。机构投资者可以分为压力型机构投资者和敏感型机构投资者，两种投资者抗风险能力不同，会对企业创新决策制定产生不同的态度，因此在未来研究中可以深入探讨不同类型投资者对创新的影响，进行更加深刻的分析。

结　语

本书围绕政府补贴与战略新兴产业创新的相关问题展开研究，对政府补贴与新能源企业创新，政府补贴与生物医药企业创新，研发补贴、非研发补贴与生物医药企业创新等问题展开了具体研究，主要研究结果可以归纳为几个方面：

第一，基于新能源企业，运用文献研读法，探讨政府补贴对企业创新的影响机制。首次将静态门槛模型、动态门槛模型与静态和动态的线性模型进行比对分析，对总样本、分地区样本、企业性质分样本、企业生命周期分样本进行研究。

将政府补贴细分为创新补贴和非创新补贴，政府创新补贴通过资源配置效应和信号传递机制来为企业创新活动提供资金流、信息流和技术流，而政府非创新补贴通过信号传递机制为企业创新提供信息流、资金流和技术流，以促进企业创新投入与创新产出。政府应利用补贴的资源配置属性继续加大对新能源产业的补贴以促进新能源产业健康发展。政府补贴与企业创新间存在非线性关系，政府补贴在某一特定的区间对企业创新具有正向促进作用，此时，政府应考虑政府补贴的区间性。企业应当充分调动内部创新资源进行自主创新，避免被市场淘汰。在政府补贴的情形下，企业的创新惯性对企业创新活动有驱动作用，企业应增强自主创新的意识，充分发挥创新的主观能动性。政府补贴的强度和效果存在地区差异，政府补贴的力度在东部沿海地区较小，但政府补贴对该地区创新发挥了显著作用，非东部沿海地区受政府补贴力度较大，但政府补贴对企业创新的作用较弱。政府应在不同区间合理分配政府资金，并通过资源配置属性和信号传递机制来改善企业的创新环境。政府创新补贴和非创新补贴对企业创新投入和创新产出的作用在民营和国有企业、处于不同生命周期的企业中均存在差异。

第二，聚焦生物医药企业，从动态和静态的视角探究政府补贴对企业创新的影响。构建政府补贴与生物医药企业创新的分析框架和计量模型时，具体建立了动态与静态 kink 门槛模型，进一步分析了政府补贴规模的作用机理。

政府补贴显著促进了生物医药企业创新投入和创新产出。政府补贴以无偿性的财政拨付为企业带来了资源，同时，起到了政策导向作用。政府部门应为生物医药企业创新提供良好的政策和财政补贴支持。生物医药企业创新对资金的依赖性，可能导致一部分生物医药企业为了获得补贴而去迎合政策，实施非实质性创新行为，引发寻租。政府补贴的规模对生物医药企业创新存在显著的门槛效应，政府应当考虑政府补贴规模对企业创新的差异性影响，考虑对不同特征企业设置合理的补贴强度。政府补贴对生物医药企业创新的促进作用不仅受到补贴规模的影响，也受到企业创新的动态环境的显著影响。

第三，将政府补贴明细内容进行检索分类以细分研发补贴和非研发补贴，运用固定效应的中介效应模型和系统 GMM 的动态中介效应模型比较分析资源传递机制（研发投入）在补贴与生物医药企业创新产出之间所起到的作用。

不同类型的政府补贴对生物医药企业创新的影响是不同的。滞后一期的研发补贴能够显著促进生物医药企业创新产出的提升；非研发补贴对生物医药企业创新产出没有显著的促进作用。政府要合理分配研发补贴和非研发补贴。在静态模型中，政府研发补贴可以通过研发投入间接促进生物医药企业创新产出，政府相关部门提供一些额外的税收优惠、技术补偿等激励政策鼓励生物医药企业加大研发投入力度，提高创新绩效。企业需合理分配研发投入资金。相对于小规模企业，政府研发补贴更能有效促进规模较大的生物医药企业创新生产。企业处于不同的生命周期阶段，补贴对生物医药企业创新的促进作用不同。对小规模企业和生命周期处于成长期的生物医药业，应该进行及时督查生物医药企业开展创新情况，避免生物医药企业出现恶意获取补贴的情况，以使有限的补贴资源发挥最大的影响力。

战略性新兴产业代表新一轮科技革命和产业变革的方向，是国家培育发展新动能、赢得未来竞争新优势的关键领域，是现代化产业体系建设的关键带动力量，也是我国实现第二个百年奋斗目标的重要支撑。同样，战略性新兴产业是引领国家未来发展的重要决定性力量，对我国形成新的竞争优势和实现跨越发展至关重要。战略性新兴产业在我国的发展过程中的重要作用日益凸显，不仅发挥着巨大的带动作用，而且能够维持我国经济与环境间的动态平衡，实现绿色化需求。2010 年，国务院发布了《国务院关于加快培育和发展战略性新兴产业的决定》，明确提出抓住机遇，加快培育和发展战略新兴产业，坚持创新发展，将战略性新兴产业加快培育成为先导产业和支柱产业，强化科技创新，提升产业核心竞争力。此后 24 年间我们不断探索和发展战略性新兴产业，经过"十二五""十三五"两个时期的发展，战略性新兴产业的科技创新的驱动能力不断增强、产业规模与竞争力发展迅速、带动作用不断提升、产业集群规模优势突出、产业生态活力日益凸显。党的二十大报告提出"推动战略性新兴产业融合集群发展，构建新一代信息技术、人工智能、生物技术、新能源、新材料、高端装备、绿色环保等一批新的增长引擎"，对我国新阶段产业发展提出更高要求。与此同时，虽然国家不断地对我国战略性新兴行业的发展进行补贴，战略性新兴行业的发展依然与理想状况存在着一些差距。具体如下：

一是政府补贴与战略性新兴行业创新发展之间的关系还不是很

明晰。在大量的政府补贴下，支撑战略性新兴产业各领域发展的产业基础相对薄弱。在高端芯片、工业软件、生物医药等战略性新兴产业重要领域，产业技术基础不够完善，产业链存在明显短板。虽然我国拥有较为齐全的工业品门类，但在部分门类的细分领域，一些关键产品目前仍无法生产，或者在良率、性能、稳定性等方面与国际先进水平仍有差距。例如，高档数控机床与基础制造装备、高技术船舶与海洋工程装备、高性能医疗器械、航空发动机、农业装备等领域产业基础薄弱，先进工艺应用程度不高，核心基础部件和材料严重依赖进口，科技创新对战略性新兴产业的产业链供应链韧性和安全保障能力仍需加强。

二是战略性新兴产业创新水平受国际市场准入的技术壁垒和政治干扰因素增加的影响。在技术管制上，管制范围从军用技术、关键技术扩大到基础技术、新兴技术，特别是在半导体、信息通信技术、医疗器械、高铁设备、生物医药、新材料和航空设备等高技术产业重点领域打压我国科技进步，对我国的战略性新兴产业技术创新产生了不利影响。

三是战略性新兴产业需要通过创新提升与新一代数字化、绿色化技术的融合度。当前，我国数字化技术与战略性新兴产业融合发展的要素培育、制度建设仍不完备，数据采集利用的相关权属有时不够清晰，企业能耗与排放数据的采集、交换、运用受到标准和使用规范缺位的制约，数字化发展人才、资金、技术等要素培育不充分，特别是数字化转型人才方面，既懂数字技术又懂行业知识的人才紧缺是数字化转型的巨大挑战，而在数字化与绿色化发展中，更是需要创造性培养出"数字化＋绿色化＋行业知识"的复合型人才。

参考文献

一、连续出版物

［1］任海云，聂景春.企业异质性、政府补贴与 R&D 投资［J］.科研管理，2018，39（06）：37-47.

［2］郑烨，吴建南，王焕.打开政府支持行为与企业创新绩效关系的"黑箱"——一个研究综述［J］.华东经济管理，2017，31（10）：155-163.

［3］邢会，王飞，高素英.政府补贴促进企业实质性创新了吗——资源和信号传递双重属性协同视角［J］.现代经济探讨，2019（03）：57-64.

［4］彭俞超，倪骁然，沈吉.企业"脱实向虚"与金融市场稳定——基于股价崩盘风险的视角［J］.经济研究，2018，53（10）：50-66.

［5］黄淑芳.我国生物医药创新绩效影响因素研究——科学创新视角［J］.科学学与科学技术管理，2013，34（06）：8-13.

［6］李钰婷，高山行.制度资本对生物医药企业突破性创新的影响研究［J］.科学学研究，2021：1-12.

［7］韩鹏，武志昂.我国生物医药可持续创新政策体系框架研究［J］.中国新药杂志，2022，31（01）：1-11.

［8］肖春明，岳树民.增值税留抵退税、融资约束与企业研发投入——基于上市公司的实证分析［J］.地方财政研究，2022（12）：71-78，88.

［9］苏屹，林雨侬.政府补贴对新能源企业R&D投入影响研究［J］.科学管理研究，2021，39（01）：102-110.

［10］白俊红，王林东.政府科技资助与中国工业企业全要素生产率——基于空间计量模型的研究［J］.中国经济问题，2016（03）：3-16.

［11］张彩云，姜楠，吕越.补贴是否有利于企业技术创新？［J］.重庆理工大学学报（社会科学）2022，36（08）：100-115.

［12］尚洪涛，胡莹颖，王士晓.企业内外资金持有量对研发补贴激励作用的门槛效应——来自民营科技企业的数据分析［J］.科技进步与对策，2023：1-10.

［13］汪涛，王璐玮，张晗.中国城市新兴技术的双元创新路径与发生机制——以生物医药技术为例［J］.科技进步与对策，2022，39（06）：29-39.

［14］邓若冰.产权性质、政府补贴与企业研发投入——基于政治寻租视角［J］.软科学，2018，32（03）：5-9.

［15］Jiang C, Zhang Y, Zhao Q, et al. The impact of purchase subsidy on firms' R&D efforts: evidence from China's new energy vehicle industry［J］. Sustainability, 2020, 12（3）：1105.

［16］Czarnitzki D, Lopes-Bento C. Innovation Subsidies: Does the Funding Source Matter for Innovation Intensity and Performance？Empirical Evidence from Germany［J］. Industry and Innovation, 2014, 21（5）：380-409.

［17］Akintande O J, Olubusoye O E, Adenikinju A F, et al. Modeling the determinants of renewable energy consumption: Evidence from the five most populous nations in Africa［J］. Energy, 2020, 206：117992.

［18］Wesseh P K, Lin B. Renewable energy technologies as beacon of cleaner production：A real options valuation analysis for Liberia［J］. Journal of Cleaner Production, 2015, 90：300-310.

［19］Moriarty P, Honnery D. Can renewable energy power the future？［J］. Energy Policy, 2016, 93：3-7.

［20］Gu J, Renwick N, Xue L. The BRICS and Africa's search for green growth, clean energy and sustainable development［J］. Energy Policy, 2018, 120：675-683.

［21］Sung B. Public policy supports and export performance of bioenergy technologies：A dynamic panel approach［J］. Renewable and Sustainable Energy Reviews, 2015, 42：477-495.

［22］Tsai K-H. Collaborative networks and product innovation performance：Toward a contingency perspective［J］. Research Policy, 2009, 38（5）：765-778.

［23］Hussinger K. R&D and subsidies at the firm level：An application of parametric and semiparametric two-step selection models［J］. Journal of Applied Econometrics, 2008, 23（6）：729-747.

［24］Wang C C, Wu A. Geographical FDI knowledge spillover and innovation of indigenous firms in China［J］. International Business Review, 2016, 25（4）：895-906.

［25］Sulistyo H, Siyamtinah. Innovation capability of SMEs through entrepreneurship, marketing capability, relational capital and empowerment［J］. Asia Pacific Management Review, 2016, 21（4）：196-203.

［26］Lev B, Sougiannis T. The capitalization, amortization, and value-relevance of R&D［J］. Journal of Accounting and Economics，1996，21（1）：107-138.

［27］Muhammad A，Yun X，Fei X，et al. Diagnosis of COVID-19，vitality of emerging technologies and preventive measures［J］. Chemical Engineering Journal，2021，423：130189.

［28］Steven S，Isabelle H. How much do the public sector and the private sector contribute to biopharmaceutical R&D？［J］. Drug Discovery Today，2021，27（4）：939-945.

［29］Jia L，Nam E，Chun D. Impact of Chinese Government Subsidies on Enterprise Innovation：Based on a Three-Dimensional Perspective［J］. Sustainability，2021，13（3）：1288.

［30］Hadlock C J，Pierce J R. New Evidence on Measuring Financial Constraints：Moving Beyond the KZ Index［J］. Social Science Electronic Publishing，2010，23（5）：1909-1940.

［31］Whited T M，Wu G. Financial Constraints Risk［J］. Rev. Financ. Stud，2006，19（2）：531-559.

二、图书

［1］［美］熊彼特. 熊彼特：经济发展理论［M］.邹建平，译.北京：中国画报出版社，2012.

［2］［美］罗伯特·J.凯伯.国际经济学（8版）［M］.原毅军，等译.北京：机械工业出版社，2002.

［3］［美］杰弗里·摩尔.跨越鸿沟［M］.赵娅，译.北京：机械工业出版社，2009.

［4］［美］肯尼思·B.卡恩，等.PDMA新产品开发手册［M］.赵

道致，等译．北京：电子工业出版社，2007.

［5］［英］戴维·福特，［英］迈克尔·萨恩．技术管理与营销［M］．高邦，等译．北京：中信出版社，2002.

［6］［英］保罗·罗伯特．创新管理和新产品开发（第2版）［M］．吴东，等译．北京：中国人民大学出版社，2005.

［7］［美］克莱顿·克里斯坦森．创新者的窘境［M］．胡建桥，译．北京：中信出版社，2010.

［8］雷家骕，洪军．技术创新管理［M］．北京：机械工业出版社，2012.

［9］傅家骥．技术创新学［M］．北京：清华大学出版社，2000.

［10］［美］玖·笛德，［美］约翰·本珊特，［美］凯思·帕维特．创新管理［M］．金马工作室，译．北京：清华大学出版社，2004.

［11］［日］野中郁次郎，［日］竹内弘高．创新知识的企业：日美企业持续创新的动力［M］．李萌，高飞，译．北京：知识产权出版社，2006.

［12］［美］迈克尔·波特．竞争优势［M］．陈小悦，译．北京：华夏出版社，2005.

［13］［美］彼得·德鲁克．创新与企业家精神［M］．蔡文燕，译．北京：机械工业出版社，2008.

［14］［美］杰恩，［美］川迪斯，［美］韦克．研发组织管理：用好天才团队［M］．柳御林，等译．北京：知识产权出版社，2005.

［15］［美］欧内斯特·冈德林．创新沃土［M］．陈雪松，等译．北京：华夏出版社，2001.

［16］［英］大卫·史密斯．创新［M］．秦一琼，等译．上海：上海财经大学出版社，2008.